家計と世界情勢の
関係がまるわかり！

暮らし。と物価の地政学

日本の物価上昇を引き起こす
世界経済の混乱と気候変動

総監修 小山 堅
日本エネルギー経済研究所

ナツメ社

はじめに

　私たちの日々の暮らしは実に多種多様な「モノ」「製品」などによって支えられています。エネルギーや食料はその代表です。これらがなければ、私たちの暮らしは成り立ちません。これらの重要な「モノ」の値段が手ごろであることも大事です。最近はさまざまな「モノ」の値上がりが目に付き、私たちの暮らしに影響を及ぼしています。

　暮らしを支える重要な物資は、海外で生産され、そこからさらに輸入されて製品となり、流通網に乗ってようやく私たちの手元に届くため、世界的なサプライチェーンに依存しています。そのため、国際政治・世界経済・地政学などの影響を受けて、その物資の供給に問題が発生したり、値段が上がったりすることがあるのです。

　本書は、「暮らしと物価の地政学」という書名の通り、エネルギー、鉱物資源、食料、半導体や自動車といった産業資源など、多様な重要物資を巡る世界情勢を、図表や最新のデータを豊富に使ってできるだけ分かりやすく解説したものです。また問題の全体像を理解していただくため、重要物資との関わりに焦点を当てて、世界経済のしくみ、国際貿易の基礎、主要国を取りまく地政学についても、分かりやすく解説しています。

　本書をお読みいただくことで、暮らしに影響を及ぼす重要物資について、これまで以上に関心をもっていただくと同時に、より良い問題理解への一助となれば、監修者としてそれ以上に喜ばしいことはありません。

　　　　　　　　　　日本エネルギー経済研究所　小山 堅

● 総監修

小山 堅(こやま けん)

1959年長野県生まれ。日本エネルギー経済研究所専務理事・首席研究員。東京大学公共政策大学院客員教授、東京工業大学科学技術創成研究員特任教授を兼務。1986年、早稲田大学大学院経済学研究科修士課程を修了し、日本エネルギー経済研究所入所。2001年に英国ダンディ大学博士号(PhD)を取得。2023年にはアジア人で初めて権威あるOPEC賞を受賞した。著書に『エネルギーの地政学』(朝日新聞出版)、『激震走る国際エネルギー情勢』(エネルギーフォーラム)、『地政学から読み解く！戦略物資の未来地図』(あさ出版)など。

● 部分監修(第5章)

古橋 元(ふるはし げん)

1972年神奈川県生まれ。放送大学教養学部教授。東京大学大学院農学生命科学研究科博士課程修了。博士(農学)。農林水産政策研究所上席主任研究官等を経て現職。農林水産政策研究所の在職中、世界銀行本部(ワシントンDC)客員研究員、経済協力開発機構(パリ)農業政策アナリストの経歴をもつ。専門は、世界の食料需給及び将来見通し、農産物等の国際市場の研究。現在、農林水産政策研究所の食料需給分析チーム長も兼ねる。共著書に『SDGs下のアジア産業論』(放送大学教育振興会)、『日本の食料安全保障と国際環境』及び『大豆の政治経済学』(ともに筑波書房)など。共著ペーパーに「Market Implications of Integration of Asian Rice Markets」(OECD Publishing)、「Global Rice Market Projections Distinguishing Japonica and Indica Rice under Climate Change」(Japan Agricultural Research Quarterly)など。

● 部分監修(第6章/半導体)

山田 周平(やまだ しゅうへい)

1968年兵庫県神戸市生まれ。桜美林大学大学院特任教授。早稲田大学政治経済学部卒業。北京大学外資企業EMBA修了。日本経済新聞社で台北支局長、産業部キャップ、中国総局長などを歴任し、2023年から現職。専門は中華圏の産業動向や経済安全保障。共著書に『アジアの経済安全保障 新しいパワーゲームの構図』(日本経済新聞出版)、『点検 習近平政権 長期政権が直面する課題と展望』(文眞堂)など。

CONTENTS

はじめに ………………………………… 2

第1章 世界経済のしくみ

自由貿易と世界経済の成長 ………… 10
WTOの役割と関税の種類 ………… 12
二国間の経済連携協定 ……………… 14
地域連合と関税同盟 ………………… 16
EUによる欧州の統合 ……………… 18
基軸通貨となる米ドルの信用 ……… 20
経済制裁と金融制裁 ………………… 22

第2章 国際貿易の基礎知識

国際貿易が支える安全保障 ………… 26
4大安全保障のバランス …………… 28
資源メジャーと穀物メジャー ……… 30
サプライチェーンリスク …………… 32
海上輸送のチョークポイント ……… 34
海上輸送の地政学リスク …………… 36
先物取引と指標価格 ………………… 38
輸入品の価格が決まるしくみ ……… 40
主要国の貿易収支 …………………… 42

第3章 現代世界の地政学

ランドパワーとシーパワー ………… 44
拡大を続けるNATO ……………… 46
中国の一帯一路と海洋進出 ………… 48
アメリカ軍による地域安全保障 …… 50
アメリカの地政学 …………………… 52
中国の地政学 ………………………… 54
日本の地政学 ………………………… 56
インドの地政学 ……………………… 58
ロシアの地政学 ……………………… 60
EU（欧州連合）の地政学 ………… 62
イギリスの地政学 …………………… 64

第4章 鉱物資源の地政学

エネルギー資源①
石油 シェール革命でアメリカが中東やロシアに並ぶ産油国に ……… 66
　石油の基礎知識　燃料からプラスチックまで万能な石油製品 ……… 68
　世界の石油情勢　ロシアとOPECプラスが絡んだ原油の高騰 ……… 69
　日本の石油事情　サウジアラビアとUAEから約80％を輸入 ……… 70
　石油の地政学　ロシアの原油がインドを経由してEUへ ……… 72

エネルギー資源❷
天然ガス　アメリカがロシアに並ぶ天然ガス大国に変貌 ……………… 74
- 天然ガスの基礎知識　輸送方法が異なる天然ガスとLNG ……………… 76
- 世界の天然ガス情勢　天然ガスをめぐるロシアとウクライナの確執 ……………… 77
- 日本の天然ガス事情　日本の発電構成は天然ガスの火力発電がトップ ……………… 78
- 天然ガスの地政学　EUが天然ガスの不足分をLNGで穴埋め ……………… 80

エネルギー資源❸
石炭　アジアの3カ国で総生産量の約70％を占める ……………… 82
- 石炭の基礎知識　発電燃料の一般炭と鉄鋼業で使われる原料炭 ……………… 84
- 世界の石炭情勢　電源別発電量は石炭火力発電が世界でトップ ……………… 85
- 日本の石炭事情　エネルギー安全保障と気候変動対策の板挟み ……………… 86
- 石炭の地政学　世界の気候変動対策と化石燃料の位置づけ ……………… 88

エネルギー資源❹
ウラン　脱炭素社会に向けて重要視される原子力発電の燃料 ……………… 90
- ウランの基礎知識　原子力発電の有用性と課題 ……………… 92
- 世界のウラン＆原子力発電情勢　温室効果ガス削減に向けて原子力発電が拡大 ……………… 93
- 日本のウラン＆原子力発電事情　原子力発電所の稼働率が電気料金に影響 ……………… 94
- ウラン＆原子力発電の地政学　欧米も依存するロシアの低濃縮ウラン ……………… 96

鉱物資源❶
鉄鉱石　輸出される鉄鉱石の70％近くを買い占めている中国 ……………… 98
- 鉄鉱石の基礎知識　鉄鉱石が原料の高炉と鉄スクラップを使う電炉 ……………… 100
- 世界の鉄鉱石＆鉄鋼情勢　圧倒的生産量の中国に対し日本が高級鋼で対抗 ……………… 102
- 日本の鉄鉱石＆鉄鋼事情　脱炭素に向けて電炉生産のシェア拡大を推進 ……………… 103
- 鉄鉱石＆鉄鋼の地政学　鉄鉱石と石炭の高騰で日本の建設コストも上昇 ……………… 104

鉱物資源❷
リチウム　EVや携帯電話のバッテリーに不可欠なレアメタル ……………… 106
- リチウムの基礎知識　重要物資であるリチウムイオン電池の主原料 ……………… 108
- 世界のリチウム情勢　リチウム精製で中国が世界シェア60％を占める ……………… 110
- 日本のリチウム事情　中国に依存しているリチウムの調達 ……………… 111
- リチウムの地政学　米中が狙う南米のリチウムトライアングル ……………… 112

鉱物資源 ③

コバルト　コンゴ民主共和国で全世界の70%以上が採掘される重要鉱物 …… 114

- 世界のコバルト情勢　コバルト精錬で中国が世界シェア75%を占める ……………… 116
- 日本のコバルト事情　総輸入量の約50%をフィンランドから調達 ………………… 117
- コバルトの地政学　紛争鉱物が蔓延するコンゴ民主に中国が進出 ……………… 118
- 太陽光発電の生産シェア　太陽電池パネルで約80%のシェアを誇る中国 ………… 120

鉱物資源 ④

レアアース　中国の生産量が全世界の70%近くを占める希少金属 …… 122

- レアアースの基礎知識　多方面で重要物資となっているネオジム磁石 ………… 124
- 日本のレアアース事情　レアアースの調達で中国に依存する日本 ……………… 125
- レアアースの地政学　重要鉱物の調達で脱中国を目指すIPEF ……………… 126
- 風力発電の生産シェア　風力発電設備でも中国が約50%のシェア ……………… 128

鉱物資源 ⑤

金（ゴールド）　世界各国の中央銀行が金融資産として保有する黄金の金属 ‥ 130

- 世界の金（ゴールド）情勢　不況でも価値が落ちにくい世界共通の安全資産 ………… 132
- 金（ゴールド）の地政学　ロシアが獲得を目指すアフリカの金鉱山権益 …………… 134

第5章　食料資源の地政学

食料資源 ①

小麦　世界で最も多くの国の主食となっている人類の食料源 …… 136

- 日本の小麦事情　政府が小麦を輸入して販売価格を調整 ………………… 138
- 小麦の地政学　ロシアによる黒海封鎖で小麦の価格が高騰 ……………… 140

食料資源 ②

コメ　アジア各国の主食として食料安全保障を支えている穀物 …… 142

- 日本のコメ事情　消費量、生産量が減り続けている日本の主食 ……………… 144
- コメの地政学　複合的な要因で世界的にコメの価格が上昇 ……………… 146

食料資源③

トウモロコシ　家畜飼料やバイオ燃料の原料としての需要が拡大 ……… 148

- 世界のトウモロコシ情勢　肉類の消費量拡大にともなって生産量が激増 ……… 150
- 日本のトウモロコシ事情　飼料用のトウモロコシは自給率がほぼ0% ……… 151
- トウモロコシの地政学　中国で需要が拡大しトウモロコシが高騰 ……… 152

食料資源④

大豆　ブラジルとアメリカで全世界の約70%を生産 ……… 154

- 大豆の基礎知識　大豆油を搾った残り粕が飼料になる ……… 156
- 日本の大豆事情　豆腐や納豆の原料も80%は外国産大豆 ……… 157
- 大豆の地政学　大豆がほしい中国と大豆を売りたいアメリカ ……… 158

食料資源⑤

牛肉　日本は世界3位の輸入量で消費量の約65%が外国産 ……… 160

- 世界の牛肉&食肉情勢　経済成長と肉類消費量の密接な関係 ……… 162
- 日本の牛肉事情　国産牛肉よりも外国産牛肉の消費量が上回る ……… 163
- 牛肉の地政学　穀物大国から牛肉を輸入する日本と中国 ……… 164

食料資源⑥

豚肉　中国は生産量・輸入量とも圧倒的シェアを誇る豚肉大国 ……… 166

- 日本の豚肉事情　飼料を含めた豚肉の自給率はわずか6% ……… 168
- 豚肉の地政学　国境を越えて伝染する家畜伝染病のリスク ……… 169

食料資源⑦

鶏肉　日本は生産量と輸入量で世界のトップ10入り ……… 170

- 日本の鶏肉事情　国産の鶏肉消費量が外国産を上回る ……… 172
- 日本の鶏卵事情　鶏卵が安価で安定供給されているしくみ ……… 173

食料資源⑧

魚介類　中国が漁獲量でも養殖業生産量でも圧倒的なシェア ……… 174

- 日本の魚介類&漁業事情　世界でも異例となる大幅な漁獲量の減少 ……… 176
- 魚介類&漁業の地政学　各国の漁場エリアを定める排他的経済水域 ……… 178

第6章 産業資源の地政学

産業資源 ①
半導体 多分野の高度化、効率化を支える産業の最重要物資 …… 182
- 世界の半導体情勢　ロジック半導体の微細化で先頭を走る台湾 …… 184
- 日本の半導体事情　政府が半導体の安定調達に向けて4兆円を支出 …… 186
- 半導体の地政学　アメリカが日韓台との連携で中国への規制を強化 …… 188

産業資源 ②
自動車 脱炭素社会に向けて脱ガソリン車の動きが加速 …… 190
- 世界の自動車情勢　CO_2排出量の削減に向けて自動車電動化へ …… 192
- 自動車の地政学　アメリカが中国のEVを規制し日韓と連携 …… 194

産業資源 ③
綿花＆衣料品 世界中の綿花がアジアの衣料品生産国に集まる …… 196
- 世界の綿花＆衣料品情勢　衣料品の生地が綿から化学繊維に移行 …… 198
- 日本の衣料品事情　衣服の供給量増加に対して販売価格が低下 …… 200
- 世界の化学繊維事情　化学合成繊維のマイクロプラスチック問題 …… 201

産業資源 ④
軍事兵器＆防衛費 年間130兆円以上の軍事費を投入しているアメリカ …… 202
- 世界の核兵器事情　核兵器不拡散条約で「核兵器国」を認定 …… 204
- 日本の軍事兵器＆防衛費事情　アメリカからの軍事兵器購入コストが増大 …… 206
- 軍事兵器の地政学　イランが中東の武装組織に対して軍事支援 …… 208
- 防衛費の地政学　増加傾向にある徴兵制を敷いている国 …… 210

第7章 人とお金の地政学

移民・難民 祖国・故郷を追われた難民が全世界で1億人を突破 …… 212
- 日本の難民事情　難民認定率が先進国の中で著しく低い日本 …… 214
- 世界の気候難民事情　世界各地で増え続けている気候難民 …… 215

お金（資金援助） 先進国が中心となって途上国の発展・成長を支援 …… 216
- 日本の資金援助事情　資金援助の国民負担は1人あたり年2万円 …… 218

索引 …… 220

第1章

世界経済のしくみ

世界経済の基盤となる自由貿易には、
関税の税率や輸出入の制限に対して
国際的なルールや協定が存在する。

自由貿易と世界経済の成長

GDPの世界総計が2022年に100兆ドルを突破

　GDP（国内総生産）とは、一定期間内に国内で生産されたモノやサービスの付加価値を表す経済規模の指標である。物価変動を考慮しない名目GDPと、物価変動を反映する実質GDPがあり、ニュースや新聞で国別の順位が報道されるのは主に名目GDPである。名目GDPの世界総計（世界GDP）は、1970年から約50年間で50倍以上に成長している。2022年には世界GDPが初めて100兆ドルを突破。世界経済の飛躍的な発展によって、先進国とともに途上国のGDPも増加した。

　世界経済の成長には、自由貿易（※政府の介入による統制や制限が一切ない自由な貿易）の発展が大きく寄与している。第二次世界大戦後、アメリカ主導の資本主義経済圏と、ソ連が主導する社会主義体制（共産圏）の対立が深まり冷戦に突入。その影響により世界経済は停滞が続いていたが、1989年に冷戦が終結し、旧共産圏の国々が資本主義経済に加わると、経済のグローバル化が一気に加速した。

　1995年には、GATT（関税及び貿易に関する一般協定）を拡充させた国際機関であるWTO（世界貿易機関）が発足。国際貿易におけるルールや権利が整理された。さらに輸送機能の進化も加わり、自由貿易の発展が促進された。

名目GDPの世界総計（世界GDP）

出典：世界銀行/OECD

世界GDPは2000年以降から上昇率が高まり、中国やインドなど新興国が成長。2002年から2022年の20年間でも60兆ドル以上増加している。

2022年：**100兆8800ドル**

経済成長と人口の増加

自由貿易の発展とともに、各国の輸出量（輸出額）も拡大。輸出額の世界総計も1970年前後から上昇を続けており、2003年から2022年までの約20年間をみても約3倍に増加している。2022年の輸出額は24兆2400万ドル。途上国の輸出額だけでも10兆ドルを超えた。こうした経済成長の裏には、人口の爆発的な増加も関係している。

世界の人口は、2023年時点で80億人に到達。1970年から約50年間で倍増している。人口が増加したのは主に途上国であり、人口とともに労働力人口も増加したため、GDPや国内需要を押し上げた。しかし、人口の増加に経済成長が追いつかず、失業率の高い国も数多く存在するなど、人口の過剰な増加による歪みも生まれている。

輸出額の世界総計

出典：Global Trade Atlas/WTOからジェトロが作成

2022年の輸出額の内訳は、中国が1位。2位アメリカ、3位ドイツ。品目別では自動車や半導体も含めた機械機器類の輸出額が1位。

24兆2400万ドル

世界の人口推移

出典：総務省「世界の統計2023」

世界の人口は、1987年に50億人、1998年に60億人、2011年に70億人、2023年には80億人に到達し、約10年ごとに10億人が増えている。

80億4500万人

WTOの役割と関税の種類

自由貿易の発展を促進するWTOの基本原則

　第二次世界大戦後、保護主義（※国内産業を保護するため政府が貿易に干渉する政策）の蔓延が大戦の一因となった反省から、多国間の貿易自由化を目指し、1948年にGATT（関税及び貿易に関する一般協定）が発効した。

　GATT体制では、最恵国待遇（※関税などでいずれかの国に与える最も有利な待遇を他の加盟国にも与える）や、内国民待遇（外国からの輸入品に対して差別待遇をせずに国産品と同等に扱う）を大原則として、以後8度の多国間交渉を経て、関税削減および貿易関連のルール整備を実現した。

世界の自由貿易を支えるWTO

　GATT体制では、1945年に40〜50％だった先進国の平均関税率が、3％前後まで引き下げられ、自由貿易を推進した。しかし、一部では保護主義的な措置も増加したため、1995年にはGATT体制を国際機関に発展させたWTO（世界貿易機関）が発足。GATT体制に沿った国際貿易ルールを整備し、164の加盟国（2024年4月時点）を監視。自由貿易の障壁を取り除く加盟国間の交渉を仲介し、貿易における国際紛争の解決の場としても機能している。

自由貿易の主なメリット

- 自国に足りない資源を補える
- 自国の資源を他の国に売れる
- 国際的な価格競争で適正価格になる
- 国際的な分業で生産性を高められる
- 地域を越えた国際交流が生まれる

エネルギー資源が乏しい国は、他の国から石油や天然ガスを輸入する必要がある。

WTOの基本原則

- **最恵国待遇の原則**
  特定の国に低い関税を適用するときは、他のWTO加盟国にも同じ条件を適用する。

- **内国民待遇の原則**
  輸入品に国内の税や法令を適用するときは、同種の国内産品に適用する税や法令よりも不利にならない条件にする。

- **数量制限の一般的廃止**
  輸出・輸入において数量制限を行わない。

- **関税の原則**
  国内産業の保護を目的とした関税は認められるが、相互的かつ互恵的に関税の引き下げを図る。

異なる関税率の優先順位

WTOでは、加盟国からの輸入品に対して一定以上の関税を課さない「WTO協定税率」を定めている。この税率が各国の基本税率(各国で定めた国定税率)より低い場合はWTO協定税率が優先され、すべての輸入品に適用される。

途上国からの輸入品に対しては、WTO協定税率より低い税率(特恵税率)を設定することが認められており、特恵税率がWTO協定税率より優先される。これは発展途上にある国の経済成長を支援するための優遇制度である。

さらに、2国間(または多国間)で経済連携協定(EPA)を結んだ国同士は、お互いの輸入品にかかる関税を低税率または無税にするEPA税率を設定し、活発な貿易を推進。WTO加盟国であってもEPA税率が優先される。

主な関税の種類

関税は下記の種類以外にも、特殊な事情がある場合などに暫定的に適用される「暫定税率」や、開発途上国の中でも後発開発途上国からの輸入品に対して適用される「特別特恵税率」がある。

基本税率 (※下図❶)	国内産業の状況等を踏まえて長期的な観点から設定される税率。関税定率法により定められている。国定税率のひとつ。
特恵税率 (※下図❷)	主に開発(発展)途上国からの輸入品に対して適用される税率。基本税率やWTO協定税率よりも低い税率に設定され、優先的に適用される。
WTO協定税率 (※下図❸)	WTOに加盟している国からの輸入品に対して適用される税率。貿易の相手国はほぼWTOの加盟国であるため、事実上の基本税率となっている。
経済連携協定税率 (EPA税率)(※下図❹)	2国間または多国間で締結された経済連携協定(EPA)で定められる税率。協定を結んだお互いの国の関税を優遇して低税率あるいは無税にする。

異なる関税の適用例

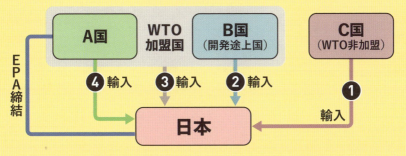

EPAを締結しているA国からの輸入品には「❹EPA税率」が、WTO加盟国からの輸入品には「❸WTO協定税率」が適用される。ただし、開発途上国であるB国からの輸入品には「❷特恵税率」が適用される。C国はWTO非加盟国であるため「❶基本税率」が適用される。

二国間の経済連携協定

EPAやFTAによる経済連携と自由貿易の推進

　国際貿易において、2国間（または多国間）で経済関係を強化する協定の締結が活発に行われている。主な協定には、EPA（経済連携協定）とFTA（自由貿易協定）があり、いずれも協定を結んだ国からの輸入品に対し、関税の撤廃または引き下げが行われる。

　FTAが国（および地域）同士の貿易にかかる関税の撤廃・削減などを定めた国際協定であるのに対し、EPAはFTAの内容に加えて、投資やビジネス環境の整備、知的財産保護の強化などを含めた広範囲の包括的協定となる。

　ただし、EPAやFTAで関税が撤廃されると輸入品が安く販売されるため、国内産業の衰退を招くリスクもある。

EPAとFTAの違い

EPA（経済連携協定）
関税の撤廃、削減に加えて、ビジネス環境や投資環境の整備、知的財産の保護など、包括的な内容を含んだ国際協定。

FTA（自由貿易協定）
国や地域間の輸出入にかかる関税の撤廃や削減などを定めた協定。基本的にEPAにはFTAの協定内容も含まれている。

日本の経済連携協定（EPA/FTA）　（※2024年3月末時点）

日本のEPAおよびFTAはこれまで21の協定が発効済み。日本とアメリカは日米貿易協定とは別に、日米デジタル貿易協定（※デジタルデータの流通や保護を定めた協定）も締結している。

地域	EPA/FTA締結国（※カッコ内は発効年）
アジア	シンガポール（2002年）、マレーシア（2006年）、タイ（2007年）、インドネシア（2008年）、ブルネイ（2008年）、ASEAN（2008年）、フィリピン（2008年）、ベトナム（2009年）、インド（2011年）、モンゴル（2016年） （※シンガポール、メキシコとは後年に改正議定書を発行）
欧州	スイス（2009年）、EU（2019年）、イギリス（2021年）
北米	メキシコ（2005年）、アメリカ（2020年 ※日米貿易協定/FTA）
オセアニア	オーストラリア（2015年）
南米	チリ（2007年）、ペルー（2012年）
太平洋	TPP11（CPTPP）（2018年/FTA）、RCEP（2022年/FTA）

※TPP12はアメリカ離脱後、2018年にTPP11として改めて発効されているため、リストからTPP12は割愛している

多数の国が連携するメガFTA

　WTO（世界貿易機関）の発足後、世界各国でEPAやFTAの締結が増加し、自由貿易の発展を促進した。2000年代に入ると多国間でFTA（またはEPA）を結び、より広い自由貿易の経済圏を構築する動きが現れた。これがメガFTA（EPA）である。2国間の協定とは異なり、資源供給国から生産国、消費国まで含めたサプライチェーン（供給網）を同じ貿易ルールで統合できるため、より活発な国際貿易が行われる。

　日本も積極的にメガFTAの交渉を進め、2016年にアメリカやオーストラリアなど12カ国とTPP（環太平洋パートナーシップ協定）を発効。アメリカの離脱後はTPP11として再発効され、イギリスの加入で再び12カ国となっている。アメリカとは、2020年に2国間で日米貿易協定を新たに締結した。

　2022年には、RCEP（地域的な包括的経済連携）に日本が加盟。RCEPは、TPP11には不参加の中国、韓国やASEAN（東南アジア諸国連合）の主要国が加盟しているため、アジア貿易における影響力はTPP11を大きく上回る。RCEPの協定によって、中国や韓国からの輸入品も多くの品目で関税の撤廃または引き下げが行われるなど、日本において重要度の高い対中国、対韓国の貿易拡大につながっている。

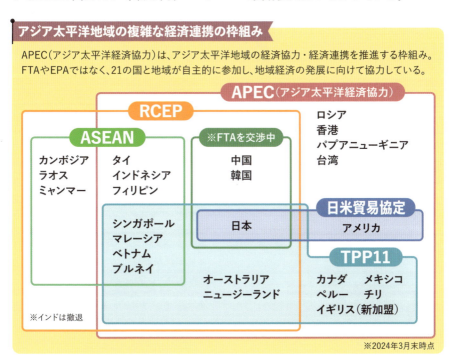

アジア太平洋地域の複雑な経済連携の枠組み

APEC（アジア太平洋経済協力）は、アジア太平洋地域の経済協力・経済連携を推進する枠組み。FTAやEPAではなく、21の国と地域が自主的に参加し、地域経済の発展に向けて協力している。

※2024年3月末時点

地域連合と関税同盟

自由貿易を促進する関税撤廃と共通関税

　アフリカや南米、東南アジアなどでは、それぞれ地域連合が存在する。主に各地域の新興国同士が連携し、地域経済の安定や発展に取り組んでいる。
　AU（アフリカ連合）には、アフリカ大陸の55の国と地域が加盟。アフリカ地域の平和や経済成長に向けて協力し、2019年にはアフリカ諸国によるメガFTA（AFCFTA）の発効を実現した。
　UNASUR（南米諸国連合）には、南米大陸の12カ国が加盟。さらに南米には、MERCOSUR（南米南部共同市場）という5カ国の関税同盟が存在する。関税同盟ではメガFTAと同様に域内の関税が撤廃・削減され、なおかつ非加盟国からの輸入品にかかる関税率がすべての加盟国において同率となる。
　ASEAN（東南アジア諸国連合）には、東南アジアの10カ国が加盟。さらに、ASEAN加盟国のメガFTAであるAFTA

世界の主な地域連合と関税同盟

（2024年3月末時点）

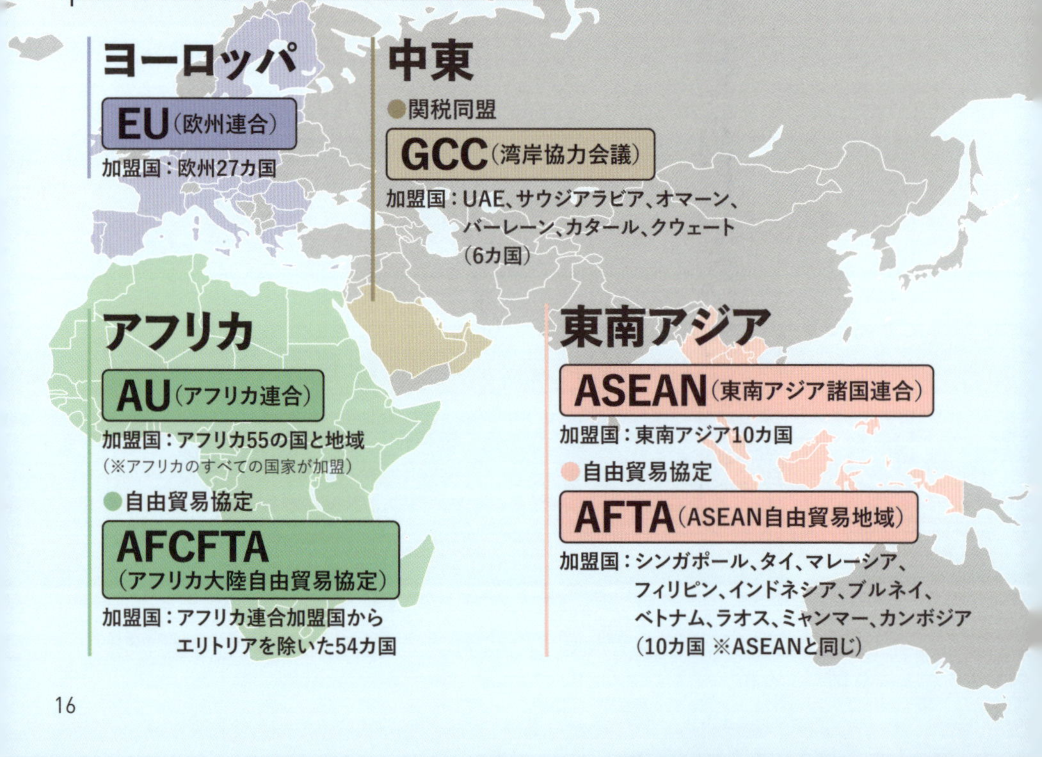

ヨーロッパ
- EU（欧州連合）
- 加盟国：欧州27カ国

中東
- ●関税同盟
- GCC（湾岸協力会議）
- 加盟国：UAE、サウジアラビア、オマーン、バーレーン、カタール、クウェート（6カ国）

アフリカ
- AU（アフリカ連合）
- 加盟国：アフリカ55の国と地域
- （※アフリカのすべての国家が加盟）
- ●自由貿易協定
- AFCFTA（アフリカ大陸自由貿易協定）
- 加盟国：アフリカ連合加盟国からエリトリアを除いた54カ国

東南アジア
- ASEAN（東南アジア諸国連合）
- 加盟国：東南アジア10カ国
- ●自由貿易協定
- AFTA（ASEAN自由貿易地域）
- 加盟国：シンガポール、タイ、マレーシア、フィリピン、インドネシア、ブルネイ、ベトナム、ラオス、ミャンマー、カンボジア（10カ国 ※ASEANと同じ）

（ASEAN自由貿易地域）を発効し、東南アジアの自由貿易を推進している。

中東地域でも、サウジアラビアやアラブ首長国連邦など6カ国でGCC（湾岸協力会議）という関税同盟を結成している。加盟国は共同防衛協定も結んでおり、地域の安全保障でも協力する。

欧州のEU（欧州連合）は、地域連合を発展させた国家共同体であり、EU基本条約に基づき27の加盟国が政治から経済まで幅広く連携している。またEUの全加盟国でEUCU（欧州連合関税同盟）という関税同盟を結成しており、非加盟国からの輸入品に対して、同率の共通関税を設定している。

関税同盟のしくみ

関税同盟の加盟国に輸出をする場合、どの加盟国に輸出しても関税率は同じになる。

共通関税をかける

関税同盟を結んだ国 ← 輸入 ← 外国（非同盟国）

世界の主な関税同盟

- MERCOSUR（南米南部共同市場）
- GCC（湾岸協力会議）
- EU（欧州連合）

※EUはEUCU（欧州連合関税同盟）としてEU加盟国とモナコ、イギリス領のアクロティリおよびデケリアで関税同盟を締結

AU（アフリカ連合）は、2023年にG20（※先進国、EU、新興国からなる国際会議）に加わるなど、国際舞台でも存在感を高めている。中東地域では、中東諸国に北アフリカの国々を加えた18カ国でGAFTA（大アラブ自由貿易地域）というメガFTAを発効しているが、協定で定めた関税の撤廃が行われていない国もあるなど、実態がともなっていない側面もある。

北米
- 貿易協定

USMCA（米墨加三カ国協定）

加盟国：アメリカ、メキシコ、カナダ

南米

UNASUR（南米諸国連合）

加盟国：南米12カ国

- 関税同盟

MERCOSUR（南米南部共同市場）

加盟国：アルゼンチン、ボリビア、ブラジル、パラグアイ、ウルグアイ（5カ国）
※ベネズエラは資格停止中

※色がついている国は各地域の地域連合加盟国

EUによる欧州の統合

EUによる経済統合とNATOによる集団防衛

アメリカやソ連（現ロシア）に対抗するべく、欧州域内の経済的統合を進めてきたEC（欧州共同体）の首脳陣が、1993年にマーストリヒト条約（EU基本条約）に調印。欧州で政治・経済の統合を推進するこの条約に従って、新たにEU（欧州連合）が創設された。

12カ国で発足したEUはその後、東欧諸国の加入などで徐々に拡大。2024年時点で27カ国が加盟している。

EUとは国家共同体であり、加盟国はそれぞれ主権国家のままEUに加わり、主権の一部をEUに移譲。全加盟国が共有する権限として扱われる。

EUには民主国家と同様の体制が整備され、最高機関として重要事項を決定する欧州理事会、立法機関の欧州議会、行政機関である欧州委員会、司法機関となるEU司法裁判所などが設置されている。各機関はEU基本条約で付与された権限の範囲内で職務を遂行する。欧州議会がEUの国会にあたり、欧州議会議員は各加盟国から5年ごとに直接選挙を行って選出される。

EU域内ではユーロに通貨を統合し、為替変動リスクを撤廃。国境の出入国審査も廃止するなど、欧州で巨大経済圏を構築し自由貿易を実現している。

EU（欧州連合）とNATO（北大西洋条約機構）

EUとNATOは安全保障で連携している。EU加盟国のうちデンマーク、ブルガリア、チェコ、ハンガリー、ポーランド、ルーマニア、スウェーデンの7カ国はユーロではなく自国通貨を採用している。

	EU	NATO
属性	国家共同体	軍事同盟
設立年	1993年（マーストリヒト条約の締結）	1949年（NATO条約の締結）
基本原則	EU（欧州連合）基本条約	NATO条約（北大西洋条約）
加盟国数	27カ国	32カ国
設立目的・活動内容	欧州連合条約に基づく経済通貨同盟、共通外交、安全保障政策など、幅広い分野で協力をする政治・経済統合体。	「集団防衛」「危機管理」「協調的安全保障」の3つが中核的な任務。ソ連を中心とするワルシャワ条約機構に対抗するために発足。
加入・離脱	東欧諸国の加盟で拡大、2020年にイギリスが離脱	2023年にフィンランドが加盟、2024年にはスウェーデンが加盟

※加盟国数は2024年3月末時点

NATOによる欧州の安全保障

　欧州の政治・経済を主導しているEUに対し、欧州の安全保障を担っているのがNATO（北大西洋条約機構）である。

　第二次世界大戦後、アメリカを中心とした西側諸国と、ソ連（現ロシア）が主導する東側諸国の対立が続いていた冷戦下で、アメリカやイギリスなど西側の12カ国はソ連に対抗する軍事同盟として、1949年にNATOを設立。条約では加盟国に対して集団的自衛権（※1国でも加盟国が攻撃された場合は全加盟国で防衛する権利）の行使を規定し、同盟国の連携による危機管理や集団防衛を中核的任務とした。加盟国は2024年時点で32カ国となり、世界最大の軍事同盟となっている。

　集団防衛の一環として、アメリカはドイツやイタリア、イギリスなど同盟国である欧州各国に米軍基地を配備し、危機管理にあたっている。

　欧州ではNATOが強大な軍事力を保有することで、経済活動を支える安全保障が堅持され、ロシアとも均衡状態が保たれていた。しかし、2022年から続くロシアのウクライナ侵攻により、NATOの警戒感が高まっている。

　ウクライナは同盟国ではないため、NATOによる派兵は行われていないが、ウクライナに対してはEUが資金援助や武器供与などの支援を行っている。

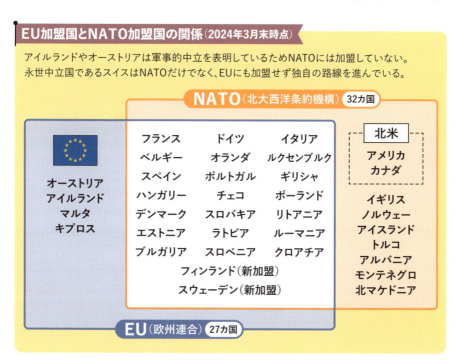

EU加盟国とNATO加盟国の関係（2024年3月末時点）

アイルランドやオーストリアは軍事的中立を表明しているためNATOには加盟していない。永世中立国であるスイスはNATOだけでなく、EUにも加盟せず独自の路線を進んでいる。

基軸通貨となる米ドルの信用

国際貿易において決済通貨となっている米ドル

世界に流通している国際通貨の中で最も信用が高く、中心的な地位にある通貨を「基軸通貨」という。基軸通貨とは、外国との貿易や金融取引における決済手段に用いられる通貨であり、各国の通貨の価値基準にもなる。

基軸通貨の存在は、世界経済にとって大きなメリットとなっている。各国が国際的な貿易決済をそれぞれの自国通貨間で行うと、多額の両替コストや複雑な手続きが必要となるが、基軸通貨を用いる場合は、基軸通貨と自国通貨の交換を行うだけで決済が完結するため取引コストを低く抑えられる。

国際貿易において基軸通貨となっているのはアメリカのドル（米ドル）である。基軸通貨のドルを価値基準とすることで、各国の通貨の為替レートが決まり、すべての通貨において国際的

国別の名目GDP（2023年通年）

アメリカは世界のGDPの20％以上を占める経済規模を誇っており、米ドルは世界で最も信用のある通貨として、基軸通貨になっている。

1位	アメリカ	26兆9496億4300万ドル
2位	中国	17兆7008億9900万ドル
3位	ドイツ	4兆4298億3800万ドル
4位	日本	4兆2308億6200万ドル
5位	インド	3兆7322億2400万ドル
世界計		104兆4764億3200万ドル

出典：IMF（国際通貨基金）が集計した統計データによる推計値

アメリカは世界の中でも最強の軍事力を保有しているため、米ドルは有事の際でも通貨としての価値が落ちにくいと考えられている。

基軸通貨のしくみ

現在はアメリカのドルが基軸通貨となっており、各国の通貨の交換レートを設定する際の基準となる。異なる国の通貨を交換する外国為替市場の取引は主にドルを介して行われる。

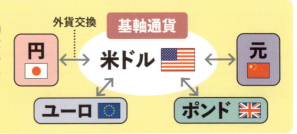

な交換比率が設定されている。

基軸通貨の発行国であるアメリカは、国際貿易や金融取引における為替の変動リスクが低減し、国外からの資金調達も容易となる。さらに、基軸通貨であるドルは通貨発行益（※中央銀行が無利息の負債である貨幣の発行と引き換えに保有する有利子の国債から得られる金利収入）も莫大になるなど、特別なメリットを享受している。

アメリカは膨大な貿易赤字を出し続けているが、ドルに基軸通貨としての信用がある限り、理屈の上では、ドル紙幣を刷れば世界中の国から何でも買うことができる。ドルが基軸通貨としてこれだけ信用されているのは、アメリカが世界最大の経済力を有しているため。さらにアメリカが世界最強の軍事力を保有していることもドルの信用につながっている。

外国為替市場（※金融取引で異なる通貨を交換する市場）で取引されている通貨をみても、ドルが40〜50％で圧倒的なシェアを占めている。2位はEUのユーロで約15％となっている。

日本の貿易取引における決済通貨の割合をみても、輸出・輸入ともにドルが50％を超えるシェアを占めており、世界各国の貿易においてドルが基軸通貨としての役割を果たしている。

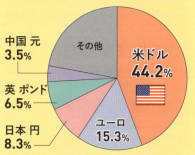

外国為替市場取引額の通貨別シェア（2022年）

外国為替取引で決済通貨となった割合は、米ドルが約45％のシェアを占めた。GDPが世界2位である中国の元は3.5％だった。

- 米ドル 44.2％
- ユーロ 15.3％
- 日本円 8.3％
- 英ポンド 6.5％
- 中国元 3.5％
- その他

出典：BIS（国際決済銀行）「2022年 外国為替及びデリバティブに関する中央銀行サーベイ」

日本における貿易取引の通貨別シェア（2023年下半期）

日本の国際貿易においても輸出をして外国から受け取った通貨、輸入をして外国に支払った通貨は、いずれも米ドルが圧倒的なシェアを占めている。輸入の決済では約70％が米ドルとなっている。

●日本からの輸出の決済通貨

順位	通貨	シェア
1位	米ドル	51.0％
2位	日本円	33.8％
3位	ユーロ	7.2％
4位	中国元	2.1％
5位	オーストラリアドル	1.5％

●外国からの輸入の決済通貨

順位	通貨	シェア
1位	米ドル	69.5％
2位	日本円	23.4％
3位	ユーロ	3.4％
4位	中国元	1.7％
5位	タイバーツ	0.6％

財務省「貿易取引通貨別比率」

経済制裁と金融制裁

国際法を違反した国への非暴力的な制裁措置

　国際的な取り決めに違反した国（または関係者）に対し、国連の安全保障理事会（安保理）は、安保理決議に基づき経済制裁を発動することができる。経済制裁は武力ではなく、経済的ダメージを与えることで制裁措置とする。

　しかし、2022年から続くロシアのウクライナ侵攻では、国連安保理の常任理事国であるロシアが制裁対象国となるため、安保理決議での制裁は発動されず、G7（先進国首脳会議）やアメリカ、EU（欧州連合）、日本などからそれぞれ制裁措置が発動されている。

　経済制裁の手段には、貿易規制、資

国連安保理を構成する15カ国

国連安保理の15カ国には投票権が与えられ、決議案への投票については9票で可決となる。ただし、常任理事国が1カ国でも投票せず反対をした場合は否決となる。（国連憲章27条）

常任理事国（5カ国）

| アメリカ | フランス | イギリス | ロシア | 中国 |

非常任理事国（10カ国） ※任期は2年

| 2023〜2024年 | 日本、マルタ、モザンビーク、スイス、エクアドル |
| 2024〜2025年 | スロベニア、アルジェリア、シエラレオネ、ガイアナ、韓国 |

G7（先進国首脳会議）の構成国

先進国とよばれる7カ国の枠組みで主要国首脳会議ともいう。国際社会における重要課題について意見を交換している。各国の首脳による首脳会議や、外交・経済などについての大臣会議がある。

| アメリカ | イギリス | ドイツ | フランス | イタリア | 日本 | カナダ |

本取引規制、出入国の禁止などがある。貿易規制では、主に制裁対象国との輸出・輸入を制限する禁輸措置が発動される。禁輸対象となる品目の内容や数によって制裁の強度が調整される。

資本取引規制では、制裁対象国（および対象者）の金融取引の停止や銀行口座の凍結などが行われる。口座が凍結されると入金や引き出し、解約等ができなくなるため、制裁対象国が外国（※制裁に協調しない国を除く）で所持する資産を差し押さえる形となる。

ウクライナ侵攻後、ロシアに対して発動された主な経済制裁は、ロシア産の石油（原油）や石炭の輸入を停止する禁輸制裁、ロシア中央銀行の資産凍結、半導体など先端技術製品のロシアへの輸出停止など多岐にわたる。

ただし、こうした経済制裁では、制裁を課す側にも重要物資の調達先を失うリスクがあるため、禁輸制裁の対象品目は各国の事情により異なっている。

経済制裁の種類と実施する内容

国連安保理による経済制裁の発動には、常任理事国5カ国すべての賛成票が必要となるため、常任理事国であるロシアへのウクライナ侵攻に対する制裁は、主に各国の主導で行われている。

主な経済制裁

● **貿易規制**
制裁対象国との輸出入を制限または停止する。最恵国待遇を取り消す場合もある。輸出制限、輸入制限の対象となる品目の数が多くなるほど制裁のレベルは強くなる。

● **資本取引規制**
制裁対象の政府機関や企業、個人による銀行からの預金の引き出しや海外への送金などが制限される（資産凍結）。制裁対象企業の取引先も制裁を受ける場合がある。

● **出入国の禁止**
制裁対象の政府関係者や企業関係者、個人の出入国を禁止する。入国禁止（渡航禁止）のみで出国は許されるケースも多い。出入国の禁止で大使館が閉鎖される場合もある。

● **SWIFTからの締め出し**
制裁対象国の金融機関を国際的な決済ネットワークである「SWIFT」から締め出す。経済制裁の中ではかなり重い金融制裁となる。（※詳細はP.24を参照）

ロシアへの金融制裁

経済制裁の中でも、金融取引の停止や資産凍結など、金融機関が関係する制裁措置は「金融制裁」とよばれる。

金融制裁は、テロ組織や武装グループなどに対して活動資金を絶つ目的でも頻繁に用いられる。日本でも財務省により、資産凍結を中心とした金融制裁がいくつも実行されている。

金融制裁で特に重い処分となるのが、SWIFT（国際銀行間通信協会）からの排除である。SWIFTとは、銀行間の国際金融取引を仲介する世界規模の送金システムであり、200以上の国と地域で利用されている。世界各国の1万を超える金融機関でネットワークを構築し、国際貿易における外国への送金は、ほぼSWIFTのシステムを通して行われている。SWIFTのネットワークから除外されると、実質的に国際送金ができなくなるため、制裁対象国は、禁輸措置などに協調しない友好国との貿易にも大きな支障が出る。

ウクライナに軍事侵攻したロシアに対し、欧米諸国は戦費を絶つ目的でSWIFTから締め出す金融制裁に踏み切った。ロシア国営会社のグループ銀行などロシア産天然ガスの調達に関わる一部の金融機関を制裁の対象外にしたため、SWIFT除外の効果は限定的となったが、欧米諸国との貿易が減少し、ロシア通貨のルーブルも大幅に下落するなど一定の効果はみられた。

しかし、ロシアは友好国である中国との貿易を増やしている。中国はSWIFTとは別に独自の決済ネットワークを運営しているため、送金方法の問題もない。ロシアにとって中国との貿易は金融制裁の抜け道となっている。

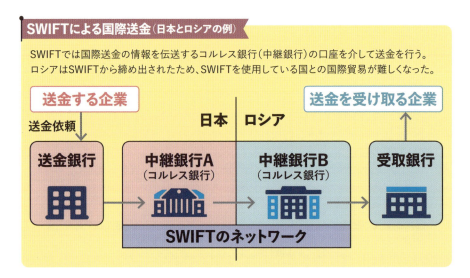

SWIFTによる国際送金（日本とロシアの例）

SWIFTでは国際送金の情報を伝送するコルレス銀行（中継銀行）の口座を介して送金を行う。ロシアはSWIFTから締め出されたため、SWIFTを使用している国との国際貿易が難しくなった。

第2章

国際貿易の基礎知識

現代社会において国家運営に基づく
国民生活や経済活動の安全保障は、
国際貿易によって成り立っている。

国際貿易が支える安全保障

自国に足りないエネルギーや食料を外国から調達する

　国家の安全保障とは、国の平和を脅かす軍事的脅威に対する安全保障だけでなく、国民生活や経済活動を支える安全保障も不可欠となる。エネルギー分野、食料分野、経済分野の安定および発展が国家運営の基盤となる。

　国家の安全保障は、主に「地域安全保障（※狭義の国家安全保障）」「エネルギー安全保障」「食料安全保障」「経済安全保障」という4つの分野に分けられる。この4大安全保障を堅持することが国家運営の基本となる。

　日本はエネルギー自給率が13.3％（2021年時点）、食料自給率が38％（2022年時点）であり、不足しているエネルギー資源や食料は、外国からの輸入に依存するしかない。日本のような資源輸入国にとっては、国際貿易が国家運営の要となっている。

　4大安全保障の中で、地域安全保障（※軍事的安全保障）に関しては、政府主導で行われている。日本の地域安全保障の中核となっているのが、1960年にアメリカとの間で結ばれた日米安全保障条約である。日本は米軍が駐留する基地や施設を提供し、アメリカは日本への武力攻撃に対して防衛する義務を担う。憲法で戦争放棄、戦力不保持を定めている日本にとっては、在日米軍の軍事力が、他国の軍事的脅威に対する抑止力となっている。

　経済安全保障とは、経済的な繁栄や国益の確保を目的とするものであり、国民の収入や生活水準、雇用率などにも関係する。政府も2022年に経済安全保障推進法を制定し、日本企業の経済活動を多方面でサポートしている。

　これらの4大安全保障に関する政策とともに、近年は地球温暖化の抑制に向けた気候変動対策が、日本を含む各国共通の重要政策となっている。

日本の主要輸入品（2022年）

海外から調達している品目の輸入額トップ3はいずれもエネルギー資源。石油や天然ガスを輸入することで日本の国民生活は成り立っている。

順位	品目	金額	シェア
1位	原油	134527億円	(11.4％)
2位	LNG	84614億円	(7.1％)
3位	石炭	78199億円	(6.6％)

出典：財務省貿易統計
（※カッコ内は輸入総額に占めるシェア）

毎日食卓に並んでいるパンやうどんなども原料の小麦はほぼ海外から輸入されている。

日本の国家運営を支える4分野の安全保障と気候変動対策

地域安全保障 ※狭義の国家安全保障

領土の安全を守り国家の平和と安定を維持する。

- **重点要素**　軍事力および防衛力。軍事同盟
- **日本の取り組み**　1960年に日米安保条約（新安保条約）を締結。
  （アメリカは日本への武力攻撃に対して防衛義務）
  自衛隊の防衛力強化。防衛装備品の開発・輸入

エネルギー安全保障

国民生活や経済活動に必要なエネルギーを安定供給する。

- **重点要素**　電力、燃料の量および価格面での安定供給
- **日本の取り組み**　エネルギー源の多様化、資源調達先の分散化、省エネ推進など

食料安全保障

人間の生命維持に欠かせない食料を安定的に供給する。

- **重点要素**　自給率の低い穀物や肉類の安定供給
- **日本の取り組み**　食料自給率の上昇および農業生産量の拡大。
  コメ、小麦の一定量の備蓄

経済安全保障

国益を生み出す基幹産業を支援。重要物資の安定供給。

- **重点要素**　自動車産業や半導体産業など主要産業の成長と発展
- **日本の取り組み**　政府が先端技術分野への投融資などの支援

気候変動対策

気候変動対策を推進して地球温暖化や自然災害を抑制。

- **重点要素**　温室効果ガスおよび二酸化炭素の排出量を削減する
- **日本の取り組み**　化石燃料からの二酸化炭素排出削減。
  再生可能エネルギーや原子力発電の導入拡大 など

第2章　国際貿易の基礎知識

4大安全保障のバランス

世界経済の成長と地球環境の保全を共存させる

　国家運営の基盤となる「地域安全保障」「エネルギー安全保障」「食料安全保障」「経済安全保障」と「気候変動対策」はそれぞれ異なる分野であるが、各分野が密接に関係している。この5分野で適切なバランスを維持することが世界共通の課題となっている。

　たとえば、エネルギー安全保障を維持するために発電量を増やすと、温室効果ガスの排出量も増加し、気候変動対策に影響が及ぶ。気候変動が進展すると干ばつや気温上昇で農作物の生産量が減少し、食料安全保障が確保できなくなる。一方、気候変動対策として再生可能エネルギー（太陽光発電、風力発電など）の導入を推進すると、発電コストや電気料金が上昇する。その結果、光熱費の高騰を招いて経済活動が圧迫され、経済安全保障に影響が及ぶ。このように各分野の安全保障は、社会の中で密接に関係している。

　経済安全保障の中核となっている重要物資（半導体、蓄電池、永久磁石など）の安定供給は、経済の発展・成長だけでなく、地域安全保障における防衛力の維持・強化にも寄与している。

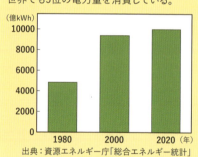

日本の発電電力量の推移

日本の発電電力量は1980年から20年間で倍増している。2020年までは微増であるが、世界でも5位の電力量を消費している。

出典：資源エネルギー庁「総合エネルギー統計」

化石燃料の利用による温室効果ガスの排出は、近年の気候変動の主要因として考えられている。

気候変動で干ばつや洪水が世界中で頻発し、農産物の生産量にも影響が出始めている。

4大安全保障の密接な関係

「地域」「エネルギー」「食料」「経済」「気候」の安全保障と気候変動対策は国家政策の基盤となる。国家運営ではこの4分野の安全保障と気候変動対策が共存するバランスを見出す必要がある。

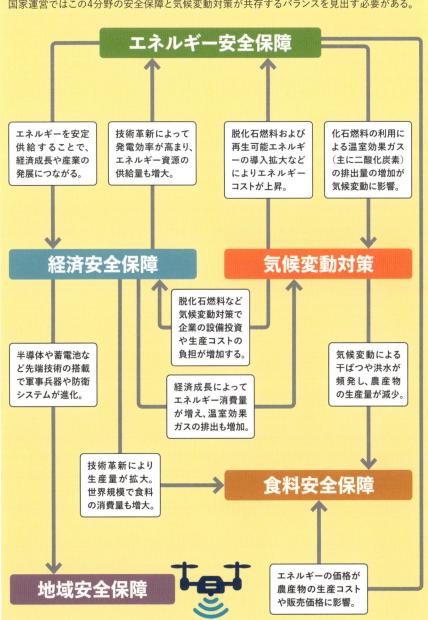

資源メジャーと穀物メジャー

エネルギーや食料の調達を担う巨大多国籍企業

　自由貿易が行われている資本主義の国家では、安全保障に関わるエネルギー資源や食料資源も、政府ではなく、民間企業によって調達されている。

　資源の貿易では、特に「資源メジャー」とよばれる巨大な多国籍企業が大きな影響力をもっており、採掘から生産、販売までを総合的に行っている。

　資源メジャーは、扱っている資源によって石油系、鉱物系、穀物系などに分類される。石油（系）メジャーは、20世紀初頭からセブンシスターズとよばれた7社を中心に世界各国の油田の開発権や採掘権を寡占的に保有していた。ただし、産油国や資源国では現在、各国の国営企業が中心となって資源の開発、生産を行っている。

　資源を輸入する企業は、売り手企業と一定期間にわたるターム契約、または1回限りのスポット契約を結んで購

長期契約とスポット契約

	長期（ターム）契約	スポット契約
契約形態	長期契約で毎年一定量を購入（購入価格は先物価格などに連動）	時価のスポット価格で購入
契約期間	1年〜20年以上	1回限りの契約
メリット	長期間の供給が確約される	輸入量を調節しやすい
デメリット	輸入量を調節しにくい。輸入先が固定される	入札で価格が競り上がる場合や競り負けて買えない場合がある

垂直統合型の資源メジャー（石油メジャーの例）

探鉱（※地下資源の調査）から開発、生産、販売まで一貫して行う垂直統合型の石油メジャーは油田の開発などを通して原油生産量の拡大にも貢献している。

※探鉱：地下資源が存在する場所を調査・探査すること

入している。ターム契約の価格は、先物取引価格やそれらを反映した市場価格に連動して決まる場合が多い。日本が輸入している原油や天然ガス（LNG）の多くはターム契約である。

鉱物系の資源メジャーは、鉄鉱石や石炭を中心に幅広い鉱物資源の採掘、生産、販売を行っている。近年はニッケルやコバルトなどレアメタルの調達でも存在感を高めている。

穀物メジャーは、1970年代に台頭し、現在も穀物市場を独占。主に小麦、トウモロコシ、大豆など主要穀物の生産、販売を行っており、カーギル、ADM、ブンゲ、ルイ・ドレフュスの4社で世界の穀物取引の70％前後を占めている。

世界の主な資源メジャーと穀物メジャー

資源メジャー

●石油系メジャー
世界各地で石油や天然ガスの採掘、生産、販売をしている5大石油メジャー。

- エクソンモービル（アメリカ）
- シェル（イギリス/オランダ）
- BP（イギリス）
- シェブロン（アメリカ）
- トタルエナジーズ（フランス）

●鉱物系メジャー
石炭や鉄鉱石、ニッケルなど希少鉱物の開発から採掘、生産、販売までを手がける。

- ヴァーレ（ブラジル）
- リオ・ティント（イギリス）
- BHP（オーストラリア）
- アングロ・アメリカン（アメリカ）
- グレンコア（スイス）

穀物メジャー

小麦やトウモロコシ、大豆などの穀物を集荷、保管、販売。グレンコアは鉱物資源企業でありながら穀物も扱う。

- カーギル（アメリカ）
- ADM（アメリカ）
- ブンゲ（アメリカ）
- ルイ・ドレフュス（フランス）
- グレンコア（スイス）

主な国営の資源企業

サウジアラムコはサウジアラビアの国営石油企業。ガスプロムはロシアの国営企業で天然ガス生産量が世界一。ADNOCはアラブ首長国連邦最大の国営石油企業。

- サウジアラムコ（サウジアラビア）
- ガスプロム（ロシア）
- ADNOC（アラブ首長国連邦）

日本の主な資源企業

INPEXは石油、天然ガスの採掘や生産を中心としたエネルギー企業で筆頭株主は経済産業大臣。JERAはLNG（液化天然ガス）を日本で最も多く輸入している。

- INPEX
- JERA
（※東京電力と中部電力が出資した合弁企業）

サプライチェーンリスク

輸入先によって異なる供給の安定性と調達コスト

　海外で生産される原材料を調達し、製品化したものを消費者のもとに届けるまでの一連の流れを「サプライチェーン」という。消費者が購入（または消費）する商品の価格には、調達から販売まで各部門のコストが加算されている。サプライチェーンはどの工程がストップしても寸断される。日本の場合、外国から多くの原材料を輸入しているため、特に調達の過程においてサプライチェーンの寸断リスクが問題となる。

　安定供給が求められる重要物資の調達では、輸入先（供給国）との関係性や現地の政情などを考慮してサプライチェーンを構築する必要がある。

　近年は干ばつや気温上昇など気候変動の影響によって不作となり、農作物の供給量が減少するケースも増えてい

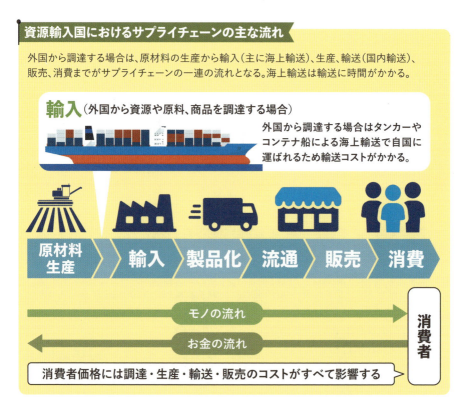

資源輸入国におけるサプライチェーンの主な流れ

外国から調達する場合は、原材料の生産から輸入（主に海上輸送）、生産、輸送（国内輸送）、販売、消費までがサプライチェーンの一連の流れとなる。海上輸送は輸送に時間がかかる。

輸入（外国から資源や原料、商品を調達する場合）

外国から調達する場合はタンカーやコンテナ船による海上輸送で自国に運ばれるため輸送コストがかかる。

原材料生産 ＞ 輸入 ＞ 製品化 ＞ 流通 ＞ 販売 ＞ 消費

モノの流れ
お金の流れ
消費者

消費者価格には調達・生産・輸送・販売のコストがすべて影響する

る。2022年にはウクライナ侵攻を続けるロシアに対し、日本政府が経済制裁を発動したため、禁輸となった品目の輸入業者は、ロシアを外したサプライチェーンの再構築を迫られた。

調達先を分散させる

安定したサプライチェーンの構築で有効となるのは、輸入先の分散である。特定の国からの輸入に依存せず、複数の国から輸入すれば、1つの国からの供給が停止しても、他の国からの輸入量を増やして補うことができる。ただし、1つの国から大量に輸入するほうが調達コストを抑えられる場合もある。輸入先は同じ地域よりも、異なる地域、異なる大陸の国に分散するほうが、より安定した供給につながる。

しかし、生産国が限られている一部の鉱物資源などは、特定の国からの輸入に依存するしかないため、各国で争奪戦となるなど、安定した供給が難しくなる。

輸出先（供給国）の主なサプライチェーンリスク

政情が不安定な国は内戦や他国との紛争などによって機能不全に陥るリスクをはらんでいる。干ばつや洪水など自然災害により農作物の生産量が減少すると供給が途絶えるリスクとなる。貿易摩擦や外交問題を抱えている国との貿易では、突発的に輸出が制限される場合もある。

- 政情不安
- 経済制裁
- 自然災害
- サイバー攻撃
- 輸出制限
- パンデミック

コロナ禍には世界的なコンテナ不足や人員不足で物流の停止や遅延が発生した。

特定の国に輸入を依存するリスク

1つの国だけに輸入を依存していると供給が滞った際、一気に供給不足となり、別の国から同じ量を調達することも困難となる。分散型の輸入であれば、1つの国から供給が滞っても他の輸入先からそれぞれ輸入量を増やしたり、別の国（複数）から調達したりして補うことが可能となる。

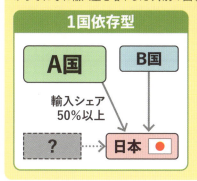
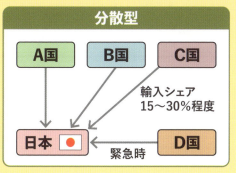

海上輸送のチョークポイント

国際貿易の要となる海上輸送の最重要ポイント

　世界各国へ物資を運ぶ物流は国際貿易の要であり、物流の中核となっているのが海上輸送である。資源を輸入に依存している日本では、海上輸送が国民生活や経済活動を支えている。

　各国がそれぞれ国際貿易を円滑に行ううえで、重要度の高い海上交通路をシーレーンという。日本にとっては、中東のペルシャ湾からホルムズ海峡を通り、アラビア海、インド洋を横断。そこからマラッカ海峡、バシー海峡を抜けて日本に到達するまでのルートが、最も重要なシーレーンとなる。

　さらに、シーレーンのルートにおいて、必ず通らなければならない要衝を「チョークポイント」という。チョークポイントとは地政学的な概念であり、チョークポイントを安全に航行することがシーレーンの確保につながる。特徴としてチョークポイントは、狭い海峡（または運河）を通り抜ける航路上の要衝の役割を果たしている。チョー

世界の主なチョークポイント

❶ ジブラルタル海峡
地中海と大西洋をつなぐ海峡でスペインとモロッコの間の海域を通過する。

❷ ボスポラス海峡
トルコを通過して地中海と黒海をつなぐ。ロシアやウクライナの重要経路。

クポイントを通過できなくなると、航路は遠回りを強いられるため、航行距離や輸送時間が長くなり、輸送コストも大幅に増加する。

日本におけるチョークポイントは、前述したシーレーンで通過するホルムズ海峡やマラッカ海峡、バシー海峡など。対アメリカ貿易の要衝となるパナマ運河、欧州との貿易の要衝となるスエズ運河なども該当する。

日本は石油（原油）の90％以上を中東諸国から輸入しており、中東から日本へ向かうタンカーはほぼホルムズ海峡を通過する。日本へ向かう船舶が外国や敵対勢力からホルムズ海峡の航行を妨げられた場合、日本への石油の供給が途絶えてしまう事態となる。

日本の同盟国であるアメリカは中東のクウェートやカタールなどに米軍基地を設置しており、ホルムズ海峡の円滑な航行を守る役割を担っている。日本も中東に海上自衛隊の艦艇を派遣し、周辺海域の安全確保に協力している。

第2章 国際貿易の基礎知識

スエズ運河は日本と欧州をつなぐ海上輸送経路。通過する船舶はエジプト政府に通行料を支払う。

---

❸ スエズ運河
エジプトを通る人工の運河で地中海と紅海をつないでいる。欧州の海上貿易の要となる。

❺ ホルムズ海峡
中東のペルシャ湾とアラビア海およびインド洋をつなぐ海峡。中東国の原油の主要輸出経路。

❼ バシー海峡
フィリピンと台湾の間に位置し、南シナ海と太平洋をつなぐ海峡。日本の海上貿易の主要経路。

❹ バブ・エル・マンデブ海峡
アラビア半島とアフリカの間にありインド洋と紅海を結ぶ。欧州のアジア向け輸出経路。

❻ マラッカ海峡
マレー半島とスマトラ島の間。インド洋と南シナ海をつなぐ。日本向け原油の主要経路。

❽ パナマ運河
パナマを横断する人工の運河で太平洋と大西洋をつないでいる。アメリカのアジア向け輸出経路。

❷ ボスポラス海峡の拡大図

ボスポラス海峡はロシアやウクライナにとって、地中海やインド洋に抜ける最重要ルートとなる。

大西洋　太平洋　❽ パナマ運河

海上輸送の地政学リスク

チョークポイントを直撃した中東情勢と異常気象

　世界の航路でチョークポイントとよばれる要衝は10カ所ほど。なかでも近年、最重要ポイントとして注目されたのがスエズ運河とパナマ運河である。

　スエズ運河は1869年に開通した人工運河。地中海と紅海をつなぐことで、欧州とアジアを結ぶ航路が大幅に短縮された。通行量は年間2万隻を超え、アジアと欧州の貿易を支えている。

　しかし、2023年11月より紅海を航行する船舶に対し、イエメンの武装組織フーシ派が攻撃を展開。パレスチナのイスラム武装組織ハマスとの連帯を掲げるフーシ派は、敵対するイスラエルへの支援を阻止する目的で商船を攻撃。紅海の安全な航行が困難となり、アフリカ南端の喜望峰を迂回する航路に切り替えるケースが増加した。欧州からアジアへ向かう船舶の場合、スエズ運河から紅海を抜ける航路に比べて輸送期間が約2週間長くなり、輸送費（※40フィートのコンテナ1個あたり）も2～3倍に高騰した。

　フーシ派に対しては、アメリカ軍とイギリス軍が支配拠点を攻撃するなど、武力行使が実施されている。

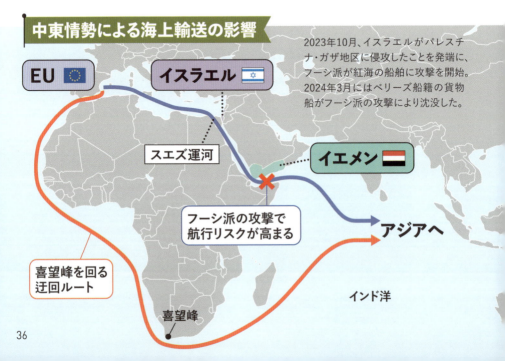

中東情勢による海上輸送の影響

2023年10月、イスラエルがパレスチナ・ガザ地区に侵攻したことを発端に、フーシ派が紅海の船舶に攻撃を開始。2024年3月にはベリーズ船籍の貨物船がフーシ派の攻撃により沈没した。

中米のパナマ運河でも航行に問題が生じている。1914年に開通したパナマ運河は、太平洋と大西洋をつなぐ重要航路。年間通行量は1万3000隻前後で、アメリカの東海岸とアジアを結ぶ最短航路にもなっている。通行する船舶の貨物量では日本が世界で3番目に多く、アメリカから天然ガス（LNG）を輸入する主要ルートでもある。

パナマでは、2023年に記録的な雨量不足が続き、長期的な干ばつ被害に見舞われた。パナマ運河は隣接する人工湖から水を引き入れ、水位を上げることで船舶を通過させている。しかし、干ばつにより人工湖も干上がり、船舶の通行に必要な水量が不足する事態に発展。その結果、通行数に制限がかかり、通行料も値上げされた。

アメリカ東海岸からアジアへ向かう船舶は、大西洋を通って地中海からスエズ運河、紅海を抜けるルートに変更するケースが増加。パナマ運河を通るよりも輸送期間は約13日間長くなり、輸送費も3～4倍に跳ね上がる。

パナマ運河の通行制限は2024年前半まで続いたため、輸送コストの上昇が日本の物価にも影響を及ぼした。

パナマ運河は水位を上げるのに必要な量の水が湖から引き込めず、通行制限を余儀なくされた。

気候変動がもたらした海上輸送の影響

パナマ運河はアメリカによって開設され、1999年よりパナマ政府が運営。アメリカの西海岸と東海岸を最短でつなぐ海上輸送ルートでもある。2024年6月から通行数の制限が緩和された。大西洋を進む迂回ルートでは紅海を回避し、さらに遠回りとなる喜望峰を回るルートを選んだ船舶もあった。

アメリカ🇺🇸

大西洋

大西洋を航行して、地中海を抜けてスエズ運河を通る迂回ルート

水不足により通行数を制限 ✕

パナマ運河

太平洋

先物取引と指標価格

国際的な市場価格の基準となる先物取引価格

　先物取引とは、将来の期日（決済期日）を定め、期日より前に特定商品の購入または売却を行う取引のこと。先物取引では必ずしも実物の商品を売買する必要はなく、商品の決済期日までに反対売買（※買い付けている商品を売る、または売りに出している商品を買い戻すこと）を行って取引を解消することもできるため、金融機関や投資家などが先物取引に参加している。

　先物取引には、債券や株価指数などを取り扱う金融先物取引だけでなく、原油やトウモロコシ、小麦、大豆、金などを取り扱う商品先物取引もある。

　通常の現物取引では、取引する時点の市場動向で商品の価格が決まるが、先物取引では、決済期日より前に取引価格が決定する。現物では「売り」、先物では「買い」のように、「売り」と「買い」を逆にしておくと、値動きがあっても損得が相殺して、価格変動のリスクが避けられるというメリットがある。

　原油の先物取引では、国際原油市場の将来の動向を予測して取引を行う。原油は北米、北海（欧州）、中東（アジア）が主要な生産地であり、この3

先物取引価格の主要な変動要因となる需給バランス

基本的に市場価格は需要と供給のバランスで変動する。市場価格は買い手側の需要を上回る供給があれば下落し、売り手側の供給を上回る需要があれば上昇する。売り手側が市場への供給量を増減することによって市場価格および先物取引価格をある程度調整する場合もある。

●市場価格が下落　　　　　　　●市場価格が上昇

需要 ＜ 供給　　　　　　　　　需要 ＞ 供給

需給バランスに影響を与える主な事象

気候予測で暖冬や冷夏といった予測が出ると、農産物や原油などの市場価格に大きく影響する。経済大国であるアメリカと中国の景気動向は、直接的または間接的に先物価格の変動要因となる。

- 国際紛争
- 長期気候予測
- 事故・天災
- アメリカの景気
- 中国の景気
- 物流の混乱

地域に先物取引やスポット市場がある。

北米の先物市場で取引されるのはアメリカ産のWTI原油。欧州市場では北海産のブレント原油、アジア市場では中東のドバイ産・オマーン産原油がそれぞれ取引されている。なかでも取引量の多いWTI原油とブレント原油が原油価格の国際指標となっている。

日本が輸入している原油は、サウジアラビアやアラブ首長国連邦など中東諸国との直接取引であり、原油価格はドバイ原油、オマーン原油の価格を指標にして決められている。

穀物の先物取引は、アメリカのシカゴ商品取引所で行われている。アメリカはトウモロコシの世界最大の生産国であり、小麦や大豆の主要輸出国でもある。取引量が多いことからシカゴ先物取引の価格が、穀物における市場価格の国際的な指標となっている。

原油価格の基準となる指標原油

指標原油とは世界で取り引きされている原油価格の国際基準となる原油であり、北米市場ではWTI原油、欧州市場ではブレント原油、アジア市場ではドバイ原油とオマーン原油がその役割を果たしている。

	北米	欧州	アジア
指標原油	WTI原油	ブレント原油	ドバイ原油・オマーン原油
生産量	約30万バレル/日	約50〜60万バレル/日	ドバイ：約7万バレル/日 オマーン：約75万バレル/日

原油価格　天然ガス価格
連動

日本は天然ガス（LNG）を主に長期のターム契約（毎年一定量を購入する契約）で輸入。LNGの価格は主に原油輸入価格に連動する契約となっている。

穀物の価格の基準となるシカゴ先物市場

世界中で消費されている小麦、トウモロコシ、大豆などはシカゴ商品取引所における先物価格が国際的な市場価格の指標となっている。アメリカはあらゆる穀物の主要な生産国でもある。

シカゴ商品取引所

シカゴ先物市場は世界各国の生産者、販売企業、購入企業が常に相場を注視している。

市場価格に反映

シカゴの先物取引価格が世界各国の取引価格に反映される。

作付面積に影響

シカゴの先物取引価格を見て生産者が作付面積を決定する。

輸入品の価格が決まるしくみ

国外からの輸入品にかかる輸送コストと保険料

外国から資源や食料を輸入する場合、輸入価格には輸入品の購入額だけでなく、輸送費や諸経費も含まれる。輸入業者は外国の輸出業者に対し、「CIF価格」または「FOB価格」という取引価格で支払うことが一般的となっている。日本の財務省が毎年発表している貿易統計では、各品目の輸入額として主にCIF価格が表示されている。

FOB価格とは、輸送船に貨物を荷積みするまでの価格である。一方、CIF価格はFOB価格に輸送費と保険料を加えた輸入価格であり、輸送船が輸入した国の港に着くまでの料金となる。

生産地や工場から港までの輸送費、輸送船への貨物の積載（荷積み）費用、海上輸送費（※主に燃料コスト）、海上保険料、これらに貨物となる輸入品の購入額を加えたものがCIF価格となり、輸入業者が支払う料金となる。

輸入業者はさらに、輸送船からの荷下ろし費用や輸入関税、通関手数料、港から工場や倉庫までの輸送費など、さまざまな経費負担がある。

輸送船の燃料費が高騰

CIF価格の内訳で、輸入品の購入額に次いで大きな割合を占めるのが貨物船の燃料費である。2022年から続くロシアのウクライナ侵攻により、原油価格が上昇し、その影響で船舶の燃料も高騰。2024年になっても燃料費は高値で推移しているため、輸入業者にとって大きな負担となっている。

海上保険料は、正式には外航貨物海上保険料という。CIF価格の取引では、輸出業者が入る保険であり、海上輸送

ロシアのサハリン（樺太）から輸入している天然ガス（LNG）は輸送距離および輸送期間が短く、航路も日本近海のみを航行するため、燃料費も海上保険料も安く抑えられる。

される貨物が保険の対象となる。

　保険料は、保険の対象となる貨物の性質、輸送経路、過去の損害実績など諸条件を勘案して算出。輸送船の航行期間が長いほど保険料は高くなる。さらに、紛争地帯の周辺海域を航行する場合など、航路にリスクがある場合などは保険料が割高になる。

　2023年11月以来、イエメンの武装組織フーシ派による商船への攻撃が続いている紅海周辺では、航行する貨物船の保険料が上昇している。

海上保険はコンテナ貨物だけでなく石油（原油）や天然ガス（LNG）なども保険の対象となる。

輸入コストとなるCIF価格の内訳（日本に輸入する場合）

実質的な輸入価格となっている「CIF価格」は、荷積みまでの費用となるFOB価格に、輸送費と外航貨物海上保険料を加えたもの。輸入港に届くまでの費用がCIF価格となる。

CIF価格（輸入価格）

　FOB価格　　海上輸送費（主に燃料費）　　外航貨物海上保険料

輸出業者 → 貨物を輸送 → 荷積み（日本へ行く船）

CIF価格が高騰する主な要因

輸入品の仕入れコストは商品の価格だけでなく、輸送費や保険料によっても大きく変動する。輸送コストは航路の変更（→P.36～37参照）による輸送距離の延長などで高くなる場合も。

原油価格の高騰
原油価格が上昇すると原油が原料の船舶燃料も連動して高くなる。

保険料の値上がり
航路に情勢不安の地域が含まれると、輸送貨物にかかる保険料は高くなる。

円安（為替レート）
外国の仕入れ先に外貨で支払うため円安になると支出額が大きくなる。

主要国の貿易収支

貿易黒字額1位は中国、貿易赤字額1位はアメリカ

　貿易収支とは、国の輸出額から輸入額を引いた額であり、輸入額より輸出額のほうが大きいと貿易黒字になる。

　世界で最も貿易黒字が多いのは中国であり、2022年、2023年とも黒字額は8000億ドルを超えている。国別では対アメリカ貿易の黒字額が最も多く、2022年は過去最高の約3800億ドル、2023年も約3300億ドルとなっている。日本の財務省によると、対日本貿易（2023年）においても、中国は9兆2914億円という大幅の黒字となった。

　一方、世界で最も貿易赤字が多いのはアメリカである。2022年には赤字額が1兆ドルを突破するなど、毎年、輸入額が輸出額を大きく上回っている。

　アメリカは、GDPの約7割を消費が占める（※中国は約4割）消費大国で、個人消費が経済成長を牽引している。しかし、2023～2024年にかけて、アメリカ政府は中国からの輸入量が急増していたリチウムイオン電池やEV（電気自動車）の輸入を規制するなど、中国依存からの脱却に向けて動いている。

貿易収支 黒字額（2022年）

黒字額で1位の中国は、2022年の輸出総額でも1位。2位のロシアはウクライナへの侵攻で各国から貿易制限を受けるも大幅な黒字となった。

1位	中国	8773億7200万ドル
2位	ロシア	3079億7500万ドル
3位	サウジアラビア	2213億700万ドル
4位	ノルウェー	1442億6000万ドル
5位	アラブ首長国連邦	1122億8700万ドル
6位	オーストラリア	1033億7300万ドル
7位	カタール	974億8500万ドル
8位	ドイツ	868億2600万ドル
9位	クウェート	689億1400万ドル
10位	オランダ	683億9800万ドル

出典：UNCTAD（国連貿易開発会議）

貿易収支 赤字額（2022年）

1位のアメリカは1兆ドルを超える大幅な赤字額。1位のアメリカから5位の日本まではいずれもGDPが世界7位以内の経済大国である。

1位	アメリカ	－1兆3115億4100万ドル
2位	イギリス	－2937億1500万ドル
3位	インド	－2670億4100万ドル
4位	フランス	－2004億500万ドル
5位	日本	－1503億2300万ドル
6位	トルコ	－1095億1900万ドル
7位	スペイン	－749億9000万ドル
8位	フィリピン	－669億3700万ドル
9位	香港	－576億2900万ドル
10位	メキシコ	－481億3100万ドル

出典：UNCTAD（国連貿易開発会議）

第3章

現代世界の地政学

アメリカ、中国、日本、EU、ロシアなど
主要国の関係性およびパワーバランスは、
世界経済に大きな影響力を及ぼしている。

ランドパワーとシーパワー

シーパワーを手に入れたいランドパワー国家

　地政学では、国家をランドパワー（大陸国家）とシーパワー（海洋国家）に分類する。ランドパワーの代表的な国は、ユーラシア大陸の内陸に位置するロシア、中国など。ロシアは国土の多くが北極海に面しているが、北極海は冬に海面が凍り、海洋進出の拠点も限られるためランドパワー国家となる。

　一方、シーパワーの代表的な国は、国土の多くが海洋に面しているアメリカ、イギリス、日本など。ランドパワーの国が陸上における軍事力や交通網を保有しているのに対し、シーパワーの国は海軍や海上交通路を保有しており、一定の海域を支配している。なおアメリカや中国のような大国は、陸海双方の特徴を併せもつ面もある。

　世界史をたどると、陸上で大きな力をもつランドパワーの国が、さらなる領土や国益の拡大を求めて海洋への進出を目指し、シーパワーの国と衝突するという歴史が繰り返されてきた。2022年に勃発したロシアによるウクライナ侵攻のような大きな国際紛争も、ランドパワーの勢力拡大をシーパワーが阻止する構図という見方ができる。

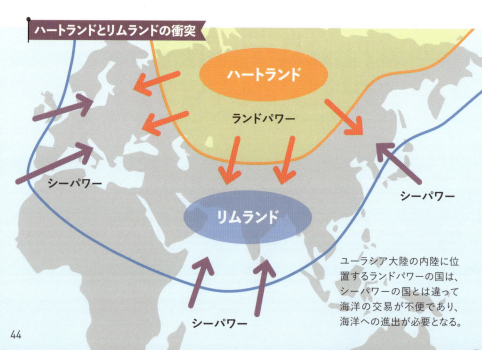

ハートランドとリムランドの衝突

ユーラシア大陸の内陸に位置するランドパワーの国は、シーパワーの国とは違って海洋の交易が不便であり、海洋への進出が必要となる。

ハートランドとリムランド

ランドパワーの地盤となっているユーラシア大陸の内陸部は、ハートランドとよばれる。海が遠いため国際的な交流が難しく、大都市も限られる。

一方、ユーラシア大陸の沿岸部一帯をリムランドという。リムランドはハートランドを取り囲むように広がり、海洋交易が発展。大都市も多く、シーパワーの恩恵を受けている。欧州や中東、インドなどがリムランドに位置し、ユーラシア大陸の国ではないアメリカやイギリス、日本は該当しない。

地理的に発展しにくいハートランドの国は、これまでの歴史で何度もリムランドに侵攻している。地政学的には、ハートランドのランドパワーが勢力を拡大し、シーパワーと衝突する場所がリムランドとなっている。

日本はシーパワーの島国であるが、かつてはユーラシア大陸に進出し、ランドパワーを手に入れようとした。1905年、日露戦争に勝利し、朝鮮半島や中国の遼東半島を獲得したが、第二次世界大戦の敗戦で失敗に終わった。

現在はランドパワー大国である中国が、一帯一路構想でインド太平洋への進出を画策。海軍も増強し、シーパワーの獲得を目指しているとみられる。

主なランドパワーとシーパワー

世界の主要国に当てはめると、国連安保理の常任理事国である5カ国はロシア、フランス、中国がランドパワーの国に該当し、アメリカ、イギリス、さらに日本がシーパワーの国に分類される。

ランドパワー
- ロシア
- ドイツ
- 中国
- フランス

シーパワー
- アメリカ
- 日本
- イギリス

アメリカは巨大なシーパワー国家

国土の多くが海洋に面していて、周囲に対立する勢力をもたないアメリカは、地政学的には1つの巨大な島国であり、シーパワーに分類される。リムランドのある欧州と連携し、ランドパワーの勢力拡大を抑えている。

第3章 現代世界の地政学

拡大を続けるNATO

NATO加盟国がバルト海でロシアを完全包囲

　1949年、ソ連が主導する東側諸国に対抗するため、アメリカやイギリスなど西側諸国が軍事同盟であるNATO（北大西洋条約機構）を設立。NATOに対抗し、ソ連も東欧諸国とともに1955年、ワルシャワ条約機構を結成した。

　ランドパワー国家であるソ連がシーパワーの西側諸国に対抗するには、強力な海軍が必要であり、ソ連は18世紀からバルト海にバルト艦隊を配備。1955年当時のバルト海沿岸には、ワルシャワ条約機構の加盟国であるソ連、ポーランド、東ドイツが連なり、バルト海の周辺海域を掌握していた。ソ連にとって北海を抜けて北大西洋や地中海に出られるバルト海は、海軍の拠点としてだけでなく、海上貿易ルートとしても重要な役割を果たしていた。

　しかし、1990年にバルト3国がソ連から離脱し、東ドイツも西ドイツに統合。翌年にはソ連が解体されてロシアが継承国となり、ウクライナやアルメニア、アゼルバイジャンなどの共和国が次々に独立した。さらに同年、ワル

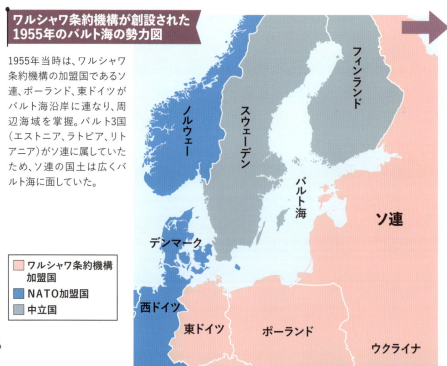

ワルシャワ条約機構が創設された1955年のバルト海の勢力図

1955年当時は、ワルシャワ条約機構の加盟国であるソ連、ポーランド、東ドイツがバルト海沿岸に連なり、周辺海域を掌握。バルト3国（エストニア、ラトビア、リトアニア）がソ連に属していたため、ソ連の国土は広くバルト海に面していた。

- ワルシャワ条約機構加盟国
- NATO加盟国
- 中立国

シャワ条約機構も解散となり、ロシアと東欧諸国の同盟は解消された。

旧東側諸国がNATOに加盟

ソ連時代とは異なり、バルト海に面したバルト3国やポーランドを失ったロシアは、バルト海での優位性が低下。ロシア本土でバルト海に面している軍港はサンクトペテルブルクのみとなり、バルト艦隊の主要拠点も飛び地であるカリーニングラードに移された。

一方、NATOは旧東側諸国を取り込んで勢力を拡大する。1999年にはポーランドなど東欧諸国が加わり、2004年にはバルト3国も加盟。さらに、2023年から2024年にかけて、北欧のフィンランドとスウェーデンが続けて加入し、バルト海でNATO加盟国によるロシア包囲網が形成されている。

バルト海での優位性が低下していたロシアは2014年、黒海に面したウクライナ領のクリミア半島を併合。半島南部のセバストポリを黒海艦隊の拠点とした。2022年のウクライナ侵攻においても、ロシアは黒海におけるウクライナの海上輸送を海軍の軍事的圧力で封鎖し、ウクライナに大きな経済的ダメージを与えている。

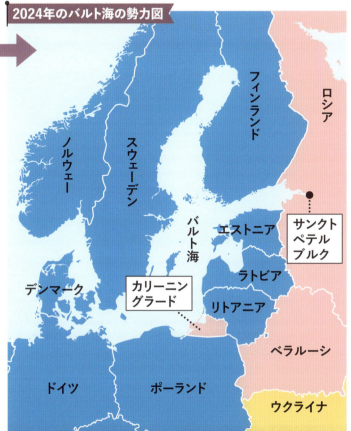

2024年のバルト海の勢力図

■ NATO加盟国

※ベラルーシはロシアの同盟国

NATOは中立国だったフィンランドとスウェーデンを取り込み、バルト海でロシアの包囲陣が完成した。ロシアはサンクトペテルブルクと飛び地のカリーニングラードに軍港を残すのみ。サンクトペテルブルクでは冬になると港の海面が凍結するため、バルト艦隊の主要拠点はカリーニングラードとなっている。（※バルト艦隊は、バルチック艦隊ともよばれている）

中国の一帯一路と海洋進出

中国がインド太平洋航路の商業港を次々に入手

　2013年、中国の習近平国家主席は、「一帯一路」という巨大経済圏構想を打ち出し、国家プロジェクトとして始動。中央アジアを経由して欧州まで陸路でつながるシルクロード経済ベルトを「一帯」、南シナ海やインド洋を経て欧州に向かう海上航路を「一路」とする。インフラ投資により域内の経済発展を推進するため、アジアインフラ投資銀行（AIIB）も設立された。

　一帯一路構想に賛同し、協力文書に署名した国に対しては、巨額の資金を融資し、道路や鉄道、港湾などのインフラを整備。プロジェクトの開始から10年以上かけて開発を進めてきた。中国が特に力を入れているのは、インド太平洋への進出である。アメリカに次ぐ経済大国となった中国は、ランドパ

中国が運営権を獲得した主な港湾
※2024年3月末時点

●ギリシャ
ピレウス港
スエズ運河を通過した地中海の玄関口。2016年に中国の国有企業が港湾の運営権を取得。

●アラブ首長国連邦
ハリファ港
ホルムズ海峡に近いUAEの主要港。2016年に中国の国有企業が埠頭の利用権（35年間）を取得した。

●パキスタン
グワダル港
2015年に中国の国有企業が港湾の租借権（43年間）を取得。中国が巨額の投資を行い港湾を整備した。

●ジブチ
ジブチ港
中国初となる国外の軍港でバブ・エル・マンデブ海峡に位置する。ジブチ政府と安全保障で合意し中国海軍の基地が建設された。空母も入港が可能となる。

●スリランカ
ハンバントタ港
スリランカの主要港のひとつ。対中債務の返済に窮したスリランカ政府から、中国が2017年に港湾の運営権（99年間）を取得。

ワー国家でありながら、圧倒的な経済力を駆使して海洋にも進出している。

中国から欧州に至る航路において、中継地となる港湾の運営権および利用権を次々と獲得。パキスタンやアラブ首長国連邦、スリランカ、ジブチ、ギリシャなどの港に中国の船舶が自由に出入りできるようになった。しかし、スリランカは中国への債務の返済が困難になったことで港湾の運営権を移譲しており、中国の「債務の罠」に対する警戒感が各国で強まっている。

一帯一路構想は、中国産製品の販路拡大を主な目的のひとつとしているが、海洋進出においてはシーレーンの構築とともに、シーパワーの獲得を目指している。アフリカのジブチに建設された港は中国にとって国外初の軍港であり、海軍の拠点を着々と拡大している。

さらに、インド洋の島国であるモルディブにも中国が進出。2023年11月に就任したモルディブのムイズ大統領は政策を転換し、それまで駐留していたインド軍が撤退。新たに中国から軍事援助を受けることで合意した。

中国軍がモルディブに駐留することで、インド太平洋における中国の拠点はさらに拡大することになる。

第3章 現代世界の地政学

●オーストラリア ダーウィン港
2015年に中国企業がオーストラリアの対アジア貿易の拠点でもあるダーウィン港の運営権（99年間）を取得した。

中国、ベトナム、フィリピンに囲まれた南シナ海では、各国がそれぞれ領有権を主張しているが、中国は九段線とよぶ独自の境界線をもとにほぼ全域の管轄権を主張。南沙諸島では岩礁を埋め立てて人工島を造成し、軍事関連の施設を整備するなど実効支配を強めており、ベトナムやフィリピンとの間で緊張が高まっている。

中国が運営するギリシャのピレウス港は商業港であるが中国海軍の軍艦が入港することもある。
(©Konstantinos Livadas / Shutterstock.com)

アメリカ軍による地域安全保障

米軍基地と海軍艦隊でインド太平洋を防衛

　1960年、アメリカと日本は日米安全保障条約の改定で合意。新条約によりアメリカは日本への武力攻撃に対して防衛する義務を担い、日本は米軍が駐留する基地や施設を提供している。

　海を挟んでロシアや中国、北朝鮮と対峙している日本の地理的条件は、アメリカの軍事戦略において極めて重要であり、駐留米軍の兵士数をみても在日米軍が世界で最も多い。

　日本では在日米軍の存在が外部からの攻撃に対する抑止力となり、アメリカにとっても日本の基地がランドパワー国家であるロシアや中国の勢力拡大を牽制する拠点となっている。

　アメリカは、中東地域やインド洋の島にも米軍基地および海軍の艦隊を配備しており、在日米軍と連携しながら太平洋からインド洋まで広く監視する役割を担っている。

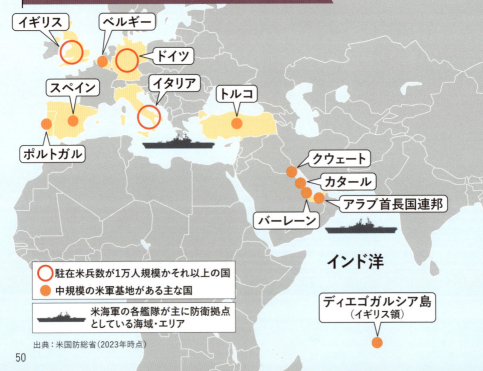

アジア〜欧州に設置された主な米軍基地

出典：米国防総省（2023年時点）

中東から日本やアジアへ原油を運ぶ石油タンカーが安全に航行できるのも、海上交通路（シーレーン）が米海軍によって守られているため。米軍は日本の地域安全保障だけでなく、エネルギー安全保障を支える存在でもある。

アメリカはさらに、一帯一路構想（→P.48〜49）でインド太平洋への進出を推し進める中国を牽制するため、イギリス、オーストラリアとともに3カ国でAUKUSという安全保障の枠組みを立ち上げた。核保有国であるアメリカとイギリスは、オーストラリアにおける原子力潜水艦の配備に向けても全面的に協力している。

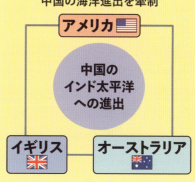

米英豪によるAUKUSの枠組み

米英豪によるシーパワーの連携で、インド太平洋における中国の勢力拡大を食い止める。AUKUSの連携では、AIや極超音速ミサイルなど、先端技術分野での協力を掲げている。

米英豪の軍事協力で中国の海洋進出を牽制

アメリカ 🇺🇸 ─ 中国のインド太平洋への進出 ─ イギリス 🇬🇧 / オーストラリア 🇦🇺

第3章　現代世界の地政学

米海軍にとっては空母の修理やメンテナンスが行える日本の横須賀基地も重要な拠点となっている。インド洋のディエゴガルシア島はイギリスから貸与され、島全体が軍用基地となっている。

アメリカの地政学

エネルギー生産量を劇的に増やした世界最大の経済大国

　アメリカは国防において、地理的な優位性がある。巨大なシーパワー国家であり、国土の多くが海に面しており他国から攻められにくい。リムランド（→P.45）が存在するユーラシア大陸とは異なり、第一次・第二次世界大戦においても、アメリカ本土が攻撃されることはなかった。さらに、世界で3番目に広い国土をもちながら、国境を接する国はカナダとメキシコのみ。どちらの国もアメリカとは国力に差があり、関係性は安定している。

　軍事面でもアメリカは世界最強の軍隊を保有しているため、国防において万全の体制を敷いている。

　さらに、NATO（北大西洋条約機構）加盟国としてロシアの動きを牽制。アジアでも日本や韓国と同盟を結んで中国を監視するなど、ランドパワー大国の勢力拡大を抑制している。

世界の基軸通貨となった米ドル

　第一次世界大戦後、アメリカは欧州の同盟国に対し、復興を支援しながら自国の物資を輸出し、その対価として得た金（ゴールド）を蓄えていた。

　その後、第二次世界大戦中の1944年、世界経済を安定させるため、各国の代表が1ドル（米ドル）を金35オンスと交換できるようにすることで合意。さらに、各国通貨と米ドルの交換比率を一定に保つ固定相場制を定めた（金・ドル本位制）。こうして米ドルが世界の基軸通貨（→P.20〜21）となった。金・ドル本位制は1971年に廃止されたが、米ドルは現在も基軸通貨であり、

基礎データ

面積	983万3517km²	世界3位
人口	3億3999万人	世界3位
GDP（名目）	26兆9496億ドル	世界1位

資源自給率

穀類自給率	115%
肉類自給率	114%
エネルギー自給率	105.9%

主な軍事同盟・安全保障協力

- 北大西洋条約機構（NATO／加盟国：欧州30カ国＋アメリカ、カナダ）
- 日米安全保障条約
- 米韓相互防衛条約
- 米比相互防衛条約

※人口、GDPは2023年時点／エネルギー自給率：国連「Energy Balances 2020」／穀物自給率：FAOSTAT ※2023年の推計

アメリカ経済に恩恵を与えている。

　2008年のリーマン・ショック（※リーマン・ブラザーズの経営破綻による世界的な金融危機）で一時アメリカ経済は落ち込んだが、2000年代後半に地下深いシェール（頁岩）層から原油や天然ガスを採掘する技術が確立され、アメリカはエネルギーの輸入国から輸出国へと変貌を遂げた。このシェール革命とよばれる技術革新でアメリカ経済は立ち直った。以後、中東の石油に対する依存度も低下し、エネルギー安全保障が強化された。

　アメリカは農業大国であり、トウモロコシや小麦、大豆など穀物類が主要な輸出品となっているが、シェール革命により原油の輸出量も増加。2023年には天然ガス（LNG）の輸出量でも世界1位となるなど、世界におけるエネルギー分野での影響力も拡大している。

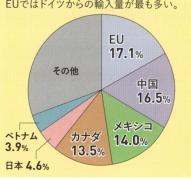

輸出相手国（2022年）
隣国のカナダ、メキシコへの輸出が中心。EUではドイツ、オランダへの輸出が多い。
- カナダ 17.3%
- EU 17.0%
- メキシコ 15.7%
- 中国 7.5%
- 日本 3.9%
- イギリス 3.7%
- その他

輸入相手国（2022年）
中国、カナダ、メキシコからの輸入が中心。EUではドイツからの輸入量が最も多い。
- EU 17.1%
- 中国 16.5%
- メキシコ 14.0%
- カナダ 13.5%
- 日本 4.6%
- ベトナム 3.9%
- その他

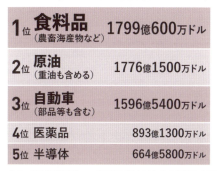

輸出品目（2022年）※FAS価格
1位の食料品はトウモロコシや大豆など穀物の輸出が中心。原油が2位の輸出額となっている。

1位	食料品（農畜海産物など）	1799億600万ドル
2位	原油（重油も含める）	1776億1500万ドル
3位	自動車（部品等も含む）	1596億5400万ドル
4位	医薬品	893億1300万ドル
5位	半導体	664億5800万ドル

輸入品目（2022年）
自動車は自国メーカーや他国メーカーの工場が集まっているメキシコからの輸入が多い。

1位	自動車（部品等も含む）	3988億6900万ドル
2位	食料品（農畜海産物など）	2083億1500万ドル
3位	原油	1979億2100万ドル
4位	医薬品	1897億9200万ドル
5位	携帯電話・日用品	1322億6600万ドル

出典：米商務省統計　※FAS価格とは売り手が貨物を輸送船の船側まで運んだ段階で売り手に支払われる価格

中国の地政学

巨大経済圏の形成を目指す世界一の輸出大国

　中国は14億人が暮らす大国であり、人口の約9割を漢民族が占めている。しかし、長い歴史の中ではモンゴル人の元王朝や満州人の清王朝など、何度も他民族の支配下におかれた。さらに、イギリスとのアヘン戦争や、日本との日清戦争で敗戦し、国土の一部を外国に明け渡した時代も長く続いた。

　こうした歴史の中で、中国では漢民族こそが世界の中心であり、漢民族以外は野蛮な民族と見なす中華思想が生まれた。習近平国家主席は中華思想を意識し、新たな中華帝国の隆盛を目指して国力を増強しているともみられる。

　ランドパワー国家である中国は、国境を接する他民族や外国との戦いを繰り返してきた。第二次世界大戦後はソ連との対立も深まり緊張状態が続いていた。しかし、ソ連が解体され、ロシアとなってからは国境を確定させるなど、関係性は改善されている。

　中国は陸における脅威を取り払ったことで、海洋進出に目を向け、シーパワーの獲得を目指している。

台湾をめぐる米中の攻防

　中国は国土の東側が太平洋に面しており、周辺海域を自国の内海にする計画を進めているとみられる。内海の範囲を示す第一列島線は台湾の外側を通るため、台湾の存在が海洋進出の障壁となる。台湾への軍事的圧力を強める中国に対し、米海軍も空母や駆逐艦を派遣して牽制。半導体生産で圧倒的シェアを占める台湾は、アメリカの経済安全保障において欠かせない存在であ

基礎データ

面積	約960万km²	世界4位
人口	14億967万人	世界2位
GDP（名目）	17兆7008億ドル	世界2位

資源自給率

穀類自給率	95%
肉類自給率	68%
エネルギー自給率	79.7%

主な軍事同盟・安全保障協力

- 上海協力機構
（SCO/加盟国：中国、ロシア、カザフスタン、キルギス、タジキスタン、ウズベキスタン、ベラルーシ、インド、パキスタン、イラン）※多国間地域協力組織

※人口、GDPは2023年時点／エネルギー自給率：国連「Energy Balances 2020」／穀物自給率：FAOSTAT ※2023年の推計

り、中国が第一列島線まで進出すると、太平洋における中国の脅威がさらに大きくなる。台湾の防衛は、アメリカにとっても重要な意味をもっている。

中国は人口14億人の内需に支えられ、経済大国に発展。輸出額や貿易黒字額でも世界1位となっている。一帯一路構想（→P.48〜49）を通して、さらなる国際貿易の拡大に着手している。

国土面積が世界4位であり、レアアースなどの鉱物資源にも恵まれているが、エネルギー自給率は80％前後であり、石油などの不足分を輸入に頼っている。脱炭素社会に向けて、世界各国で進む再生可能エネルギー導入の流れは、中国にとってエネルギー資源の輸入から脱却する好機であり、関連分野を国策として支援。太陽光発電や風力発電、EV（電気自動車）などの分野では、中国がトップシェアを獲得している。

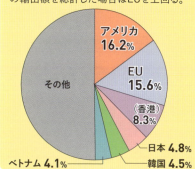

輸出相手国（2022年）

アメリカは最大の輸出先。ASEAN加盟国の輸出額を総計した場合はEUを上回る。

- アメリカ 16.2％
- EU 15.6％
- （香港）8.3％
- 日本 4.8％
- 韓国 4.5％
- ベトナム 4.1％
- その他

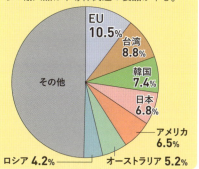

輸入相手国（2022年）

EUを除けば台湾が1位。台湾、韓国、日本からの輸入品は半導体関連の製品が中心。

- EU 10.5％
- 台湾 8.8％
- 韓国 7.4％
- 日本 6.8％
- アメリカ 6.5％
- オーストラリア 5.2％
- ロシア 4.2％
- その他

輸出品目（2022年） ※FAS価格

1位の機械類および電気機器はリチウムイオン電池やEV、太陽光発電設備などが含まれる。

1位	機械類および電気機器	1兆5067億3500万ドル
2位	紡織用繊維（および繊維製品）	3196億9600万ドル
3位	卑金属（鉄、アルミなど）	3021億5100万ドル
4位	雑製品	2610億5800万ドル
5位	化学工業製品	2466億3900万ドル

輸入品目（2022年）

1位の内訳は半導体関連製品の割合が高い。2位は主に石油やLNGなどエネルギー資源。

1位	機械類および電気機器	8468億3800万ドル
2位	鉱物性生産品	7766億9200万ドル
3位	化学工業製品	1986億600万ドル
4位	卑金属（鉄、アルミなど）	1604億2100万ドル
5位	植物性生産品（主に農産物）	1136億2800万ドル

出典：中国海関統計　（※卑金属とは、鉄、アルミ、銅、ニッケル、スズなど工業製品によく使われる金属のこと）

第3章　現代世界の地政学

日本の地政学

世界情勢に振り回される輸入依存型の先進国

　第二次世界大戦後の1946年、日本は新たに日本国憲法を公布。戦争への反省から平和主義を原則として戦争放棄を規定している。1951年にはアメリカとの間で日米安保条約を締結し、日本に米軍基地を配備。1960年の条約改定では、日本への武力攻撃に対するアメリカの防衛義務が追加された。

　日本はシーパワー国家であり、長い歴史の中で一度も領土を侵略されたことがない。しかし、海を挟んでランドパワー大国である中国、ロシアと対峙している。この地理的条件が戦争では敵国同士だった日本とアメリカの同盟結成へとつながった。アメリカからすれば、日本に米軍基地を置くことでランドパワーの勢力拡大を牽制できる。

　一方、日本にとってもアメリカに防衛を任せることで、憲法の戦力不保持を遵守しながら国を守ることが可能となった。世界最強の軍事力を誇る米軍が駐留することによって、日本の地域安全保障は成り立っている。

　さらに、日本は在日米軍を抑止力とすることで防衛費を削減。その分の予算をインフラ整備や経済政策につぎ込み、高度経済成長を加速させた。その結果、日本はGDPでアメリカに次ぐ世界2位となり経済大国に発展。先進国の仲間入りも果たした。

エネルギーと食料を輸入に依存

　日本の人口は、約1億2000万人で世界12位となっているが、国土面積が狭く、資源に乏しい。

　エネルギー自給率はわずか11％。必要なエネルギーのほとんどを外国からの輸入に依存している。輸入品目をみ

基礎データ

面積	約37万8000㎢	世界62位
人口	1億2397万人	世界12位
GDP（名目）	4兆2308億ドル	世界4位

資源自給率

穀類自給率	31%
肉類自給率	60%
エネルギー自給率	11.2%

主な軍事同盟・安全保障協力

- 日米安全保障条約

※人口は2024年3月末時点/GDPは2023年時点/エネルギー自給率：国連「Energy Balances 2020」/穀物自給率：FAOSTAT
※2023年の推計

ても、輸入額の1〜3位は原油、天然ガス（LNG）、石炭となっており、上位をエネルギー資源が占めている。

日本は2011年の福島第一原発事故の影響で原子力発電所の稼働が低下。エネルギーの安全供給には化石燃料の安定供給が必要であるが、再生可能エネルギーの導入も進めている。

さらに、小麦やトウモロコシ、大豆など穀物類の自給率も31％にとどまり、大部分を輸入に頼っている。あらゆる資源を世界各国から調達しているため、国際情勢に影響を受けやすいのが日本の大きな特徴である。

資源輸入国として、日本は外交政策を積極的に進め、TPP11やRCEP（→P.15）といった多国間の貿易協定に加盟。アメリカやEU（欧州連合）ともそれぞれ貿易協定を締結するなど、安定した物資調達の環境を構築している。

輸出相手国（2022年）

アメリカと中国が主要な輸出先。中国への輸出品は半導体関連の電子部品が中心。

- 中国 19.4%
- アメリカ 18.6%
- EU 9.5%
- 韓国 7.2%
- 台湾 7.0%
- （香港）4.4%
- タイ 4.3%
- その他

輸入相手国（2022年）

中国が最大の輸入先で、スマートフォンやノートパソコンなどの輸入額が大きい。

- 中国 21.0%
- アメリカ 9.9%
- オーストラリア 9.8%
- EU 9.7%
- アラブ首長国連邦 5.1%
- サウジアラビア 4.8%
- 台湾 4.3%
- その他

輸出品目（2022年）※FAS価格

輸出額は自動車が1位。半導体関連の輸出額が日本の主要産業である鉄鋼を上回った。

1位	自動車	13兆116億円
2位	半導体等電子部品	5兆6761億円
3位	鉄鋼	4兆7386億円
4位	半導体等製造装置	4兆652億円
5位	自動車の部分品	3兆8476億円

出典：財務省貿易統計

輸入品目（2022年）

日本は半導体の製造装置や部品を輸出しているが半導体自体は主にアメリカや台湾から輸入。

1位	原油	13兆4527億円
2位	LNG（液化天然ガス）	8兆4614億円
3位	石炭	7兆8199億円
4位	医薬品	5兆7617億円
5位	半導体等電子部品	4兆9032億円

インドの地政学

アメリカ、中国、ロシアと連携する全方位外交

　2023年、インドの人口が中国を上回り、世界で最も人口の多い国となった。1960年の人口は約4億人であり、60年あまりで10億人増えたことになる。国民の平均年齢が28.2歳と若く、労働人口が多いのもインドの特徴である。

　14億人を超える国民の内需に支えられ、人口の増加とともに経済が発展。GDPでも世界5位となっているが、労働者の50％以上が農業従事者であり、GDPに占める製造業の割合は20％以下。農業以外の産業の発展が遅れており、世界的に注目を集めているIT産業などの成長が期待されている。

　インドの社会構造として、若者の数は多いものの、女性の就業者数が少ないことも国の課題となっている。

　インドは世界7位の国土面積がありながら鉱物資源には恵まれていない。石炭の生産量で世界2位となっているが需要量には足りず、慢性的な電力不足となっている。インドのエネルギー自給率は約60％。不足分をロシアや中東からの輸入に依存している。

　ロシアからは武器や軍事兵器も輸入しており、武器の輸入額では世界2位（2022年）。2014年から国を主導するモディ首相のもと、軍事力を高めながら、独自の外交政策を進めている。

中国への警戒と連携

　インドは、国境を接している中国との間で国境係争地帯を抱えているが、2017年に中国やロシアが主導する上海協力機構（SCO）に加盟。経済や安全保障の分野で連携している。

基礎データ

面積	328万7469km²	世界7位
人口	14億2862万人	世界1位
GDP（名目）	3兆7322億ドル	世界5位

資源自給率

穀類自給率	110%
肉類自給率	115%
エネルギー自給率	61.8%

主な軍事同盟・安全保障協力

- QUAD（参加国：インド、アメリカ、日本、オーストラリア）
  ※インド太平洋における安全保障協力の枠組み
- 上海協力機構（SCO／加盟国10カ国　※→P.54を参照）※多国間地域協力組織

※人口、GDPは2023年時点／エネルギー自給率：国連「Energy Balances 2020」／穀物自給率：FAOSTAT ※2023年の推計

さらに、中国、ロシア、ブラジル、南アフリカと新興5カ国の枠組みであるBRICS(ブリックス)を形成。欧米中心の世界経済に対抗し、政治・経済面で新興国の連携を強化している。2024年には、サウジアラビアやアラブ首長国連邦、イランなど5カ国が新たにBRICSに加盟し、勢力を拡大。産油国を取り込み、世界経済への影響力を強めている。

しかし、中国が一帯一路構想のもと、インド太平洋への進出（→P.48～49）を展開すると、インドは中国の動きを警戒。アメリカ、オーストラリア、日本との枠組みであるQUAD(クアッド)（日米豪印戦略対話）でインド太平洋の安全保障を強化し、中国を牽制している。

インドはロシア、中国と連携しながら、アメリカとも手を組み自国の安全保障を堅持。グローバルサウスの代表として全方位外交を展開している。

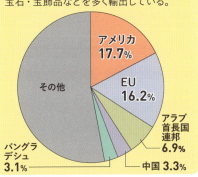

輸出相手国（2022年）

主要輸出先はアメリカとEU。アメリカへは宝石・宝飾品などを多く輸出している。

- アメリカ 17.7%
- EU 16.2%
- アラブ首長国連邦 6.9%
- 中国 3.3%
- バングラデシュ 3.1%
- その他

出典：IMF DATA

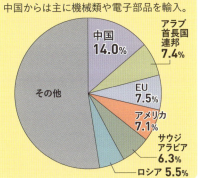

輸入相手国（2022年）

中東諸国やロシアからは主に原油を輸入。中国からは主に機械類や電子部品を輸入。

- 中国 14.0%
- アラブ首長国連邦 7.4%
- EU 7.5%
- アメリカ 7.1%
- サウジアラビア 6.3%
- ロシア 5.5%
- その他

輸出品目（2022年）※FAS価格

石油製品は主に輸入した原油から生産。2位の宝石・宝飾品はインドの伝統的な主要輸出品。

1位	石油製品	949億1500万ドル
2位	宝石・宝飾品	391億8300万ドル
3位	機械・器具	332億6000万ドル
4位	医薬品・精製化学品	252億5000万ドル
5位	鉄金属・非鉄金属	245億9200万ドル

出典：インド商工省・通商情報統計局

輸入品目（2022年）

発電燃料となる原油が圧倒的な1位。3位の金・銀と4位の真珠は主に宝飾品の材料となる。

1位	原油	1601億5900万ドル
2位	石油製品	478億500万ドル
3位	金・銀	429億1600万ドル
4位	真珠・貴石・半貴石	324億5100万ドル
5位	一般機械	292億9600万ドル

ロシアの地政学

欧米による経済制裁を受けて中国との貿易を強化

　ロシアは世界最大の国土をもつランドパワー大国。面積は日本の約45倍。アジアの国から北欧の国まで国境を接している。ただし、国土の多くが寒冷地帯であり、人口の多くは国の西側に偏っている。GDPは世界11位であり、決して経済大国ではない。ロシアを支えているのは、広大な国土に埋蔵されているエネルギー資源。石油（原油）や天然ガスを輸出することで国家運営と経済が支えらている。

　さらに、ロシアは南西部に穀倉地帯が広がっており、世界有数の小麦輸出国でもある。黒海経由で出荷されるロシア産の小麦は、アフリカ諸国や中東諸国の食料安全保障を支えている。

　原油や天然ガスは、主にパイプラインが開通している欧州へ輸出。欧州各国もロシアから供給されるエネルギー資源に依存していた。しかし、2022年2月にロシアがウクライナへの軍事侵攻を開始すると状況が一変する。

　EU（欧州連合）やイギリスは、ロシア産の原油に対して禁輸措置を発動。ロシアからの天然ガスの供給量も大幅に低下した。ロシアのエネルギー資源に依存していたEUは、ロシア産化石燃料からの脱却を目指す新たなエネルギー政策を発表。EUおよび欧州のロシア離れが決定的となった。

欧州から中国へシフト

　ウクライナ侵攻後、ロシアの貿易相手は欧州から中国にシフトしている。14億人の人口を抱える中国は、1つの国で欧州を上回る需要があるため、ロ

基礎データ

面積	約1709万km²	世界1位
人口	1億4444万人	世界9位
GDP（名目）	1兆8624億ドル	世界11位

資源自給率

穀類自給率	160%
肉類自給率	99%
エネルギー自給率	190.9%

主な軍事同盟・安全保障協力

- CSTO（集団安全条約／加盟国：ロシア、ベラルーシ、アルメニア、カザフスタン、キルギス、タジキスタン）※旧ソ連諸国による軍事同盟　※アルメニアは2024年6月に脱退を表明
- 上海協力機構（SCO／加盟国10カ国　※→P.54を参照）※多国間地域協力組織

※人口、GDPは2023年時点／エネルギー自給率：国連「Energy Balances 2020」／穀物自給率：FAOSTAT　※2023年の推計

シアにとっては対中国貿易が命綱となっている。2023年には、ロシアと中国の貿易額が過去最高を記録。中国企業も続々とロシアに進出するなど、政治および経済面で関係を深めている。

ロシアには、凍らない港を求めて南下政策を繰り返してきた歴史がある。国土の北側は北極海に面しているが、海面が厚い氷に覆われているため、通年の航行は不可能となっていた。

しかし、近年は地球温暖化の影響で北極海の氷が溶け出し、北極海航路の開通が現実的になっている。北極海航路を通れば、欧州から日本までの航行距離も、スエズ運河を通るルート（→P.36）に比べて約3割短縮される。

また北極海沿岸には莫大な地下資源が埋蔵されているため、氷の溶解によって開発が進めば、ロシアにとって新たな財源となる可能性もある。

輸出相手国（2022年）

主要な輸出先はEU。ウクライナ侵攻後もEUへの輸出は大きな割合を占めている。

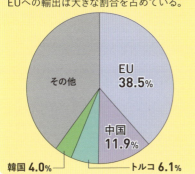

出典：IMF DATA

輸入相手国（2022年）

EUと中国が主要輸入先。ウクライナ侵攻後はEUからの輸入額が徐々に減少している。

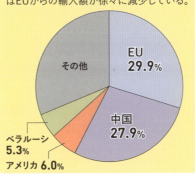

輸出品目（2022年）※FAS価格

1位はロシアの主要財源となっている原油や天然ガス。2022年はLNGの輸出量が増加した。

1位	燃料・エネルギー製品	3837億3000万ドル
2位	金属（および金属製品）	522億1200万ドル
3位	化学品・ゴム	419億9200万ドル
4位	農産品・食料品	412億7600万ドル
5位	機械・設備・輸送用機器	204億4000万ドル

出典：ロシア連邦税関局

輸入品目（2022年）

1位の内訳は自動車の割合が高い。欧米企業が撤退し、中国からの機械類の輸入が増加した。

1位	機械・設備・輸送用機器	1085億2200万ドル
2位	化学品・ゴム	570億5700万ドル
3位	農産品・食料品	357億2200万ドル
4位	金属（および金属製品）	183億100万ドル
5位	繊維（および繊維製品）	157億8300万ドル

EU（欧州連合）の地政学

欧州全体で脱ロシア＆脱化石燃料にシフト

　EU（欧州連合）は、1993年に12カ国で創設され、2024年時点で27カ国が加盟している。EU域内の総人口は世界3位に相当。EU加盟国のGDP総計は、中国を抜いて世界2位となる。

　EUでは、人や物資の自由な移動を推進。EU加盟国の各国民には、EU市民権が付与され、EU域内を自由に移動し、居住することができる。さらに、EU域内の取引には関税が一切かからない。2002年には統一通貨であるユーロの流通（※一部の加盟国では自国通貨を採用）を開始し、通貨交換のコストもなくなるなど、加盟国間の壁を取り除いた。EUは世界でも例を見ない国家共同体として欧州をひとつに統合し、活発な自由貿易を展開している。

　EUの貿易は、EU域内で活発に行われており、輸出・輸入とも60％前後がEU域内の取引となっている。EU域外との貿易に比べて手間やコストが省けるため、欧州内で物資やサービス、資金が活発に移動する構図となっている。

　加盟国でGDPが最も多いのは世界3位のドイツ。次いでフランスが7位、イタリアが9位となっている。こうした先進国が存在する一方、経済の低迷が続く東欧諸国では、ドイツなどへの移民が増加。加盟国の増加によりEU内での経済格差が問題となっている。

再生可能エネルギーの導入拡大

　EU加盟国の多くは、ロシアからパイプラインで供給される天然ガスや石油が主なエネルギー源となっていた。ロシアと海底パイプラインでつながるドイツは特に依存度が高く、天然ガスの約50％をロシアから調達していた。

基礎データ
※EU地域の総計

面積	412万km²	世界7位に相当
人口	4億4838万人	世界3位に相当
GDP（名目）	18兆3511億ドル	世界2位に相当

主な軍事同盟・安全保障協力

- 北大西洋条約機構
（NATO／加盟国32カ国 ※→P.19を参照）

資源自給率

穀類自給率	ドイツ	103%
	フランス	169%
	イタリア	63%
肉類自給率	ドイツ	117%
	フランス	104%
	イタリア	82%
エネルギー自給率	ドイツ	34.6%
	フランス	54.6%
	イタリア	25.6%

※人口、GDPは2023年時点／エネルギー自給率：国連「Energy Balances 2020」／穀物自給率：FAOSTAT ※2023年の推計
※EU加盟国でもオーストリア、アイルランド、マルタ、キプロスはNATOに加盟していない

しかし、ウクライナへの軍事侵攻が始まった2022年2月以降、ウクライナを支援するEUへの天然ガスの供給が激減。ロシアの天然ガスを失った欧州各国ではエネルギー資源が不足し、電力価格も高騰。国家運営を支えるエネルギー安全保障が脅かされた。

ウクライナ侵攻を受けて、EUは同年3月、ロシア産化石燃料から脱却する「リパワーEU」の計画を発表。再生可能エネルギーや原子力発電の導入を推進し、多くの国で原子力発電も拡大。脱ロシアを進めながら、温室効果ガスの排出削減を進めている。

ただし、この計画には莫大な投資が必要であり、エネルギー価格の上昇にもつながるため、各国で温度差がある。ハンガリーやスロバキアなどロシアとの関係を維持する加盟国もあり、計画の達成には多くの課題が残っている。

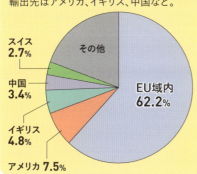

輸出相手国（2022年）

EU域内での輸出が中心。EU域外の主要な輸出先はアメリカ、イギリス、中国など。

- EU域内 62.2%
- アメリカ 7.5%
- イギリス 4.8%
- 中国 3.4%
- スイス 2.7%
- その他

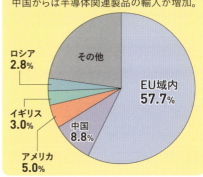

輸入相手国（2022年）

EU域外の輸入先は中国、アメリカなど。中国からは半導体関連製品の輸入が増加。

- EU域内 57.7%
- 中国 8.8%
- アメリカ 5.0%
- イギリス 3.0%
- ロシア 2.8%
- その他

輸出品目（2022年）※FAS価格

1位の内訳は自動車の輸出額が最も多い。3位の化学工業製品の内訳は主に医薬品である。

- 1位 機械・自動車等輸送機器類　9520億7300万ユーロ
- 2位 雑製品　5710億7400万ユーロ
- 3位 化学工業製品　5529億9600万ユーロ
- 4位 食料品・飲料など　2049億6900万ユーロ
- 5位 鉱物性燃料（潤滑油を含む）　1798億1000万ユーロ

輸入品目（2022年）

1位は原油や天然ガス、石油製品など。2位にはEU域外から輸入した自動車も含まれている。

- 1位 鉱物性燃料（潤滑油を含む）　8306億1900万ユーロ
- 2位 機械・自動車等輸送機器類　8271億2200万ユーロ
- 3位 雑製品　6621億6000万ユーロ
- 4位 化学工業製品　3628億1000万ユーロ
- 5位 食料品・飲料など　1484億7200万ユーロ

出典：EU統計局（Eurostat）

イギリスの地政学

EUを離脱し独自路線を進む欧州の大国

　イギリスの正式名称は「グレート・ブリテン及び北アイルランド連合王国」。イングランド、スコットランド、ウェールズ、北アイルランドという4つの国が連合して成り立っている。

　18世紀後半、イギリスで産業革命が起こり、綿工業を中心に発展。世界経済の主役となり資本主義経済が確立された。しかし、19世紀に入ると経済発展を遂げたアメリカやドイツに追い抜かれ、1973年、EU（欧州連合）の前身となるEC（欧州共同体）に加盟した。

　EU創設後は、ユーロを導入せず自国通貨のポンドを維持するなど独自路線を推進。その後、EU域内からの移民増加などで、EUに対する国民の不満が高まると、EU離脱を問う国民投票を実施。賛成がわずかに上回り、2020年にイギリスはEUから離脱した。

　ただし、離脱後もイギリスはEU・英国通商協力協定（TCA）を結び、EUと活発な貿易を行っている。さらに、NATO（北大西洋条約機構）の加盟国として、欧州の地域安全保障に関してもEU主要国と連携を保っている。

TPPに加盟しアジア市場を開拓

　イギリスの基幹産業は、金融・サービス業であり、ロンドンは欧州最大の国際金融市場となっている。主要な輸出品目は、自動車や医薬品など。アジアとの貿易も積極的に展開し、日本とは日英包括的経済連携協定（日英EPA）を締結。2023年には、TPP11（環太平洋パートナーシップ協定）（→P.15）に欧州の国では初めて加盟した。

基礎データ

面積	24万2741㎢	世界79位
人口	6773万人	世界21位
GDP（名目）	3兆3320億ドル	世界6位

資源自給率

穀類自給率	73%
肉類自給率	77%
エネルギー自給率	76%

主な軍事同盟・安全保障協力

- 北大西洋条約機構（NATO/加盟国32カ国）　※→P.19を参照

※人口、GDPは2023年時点/エネルギー自給率：国連「Energy Balances 2020」/穀物自給率：FAOSTAT ※2023年の推計

第4章

鉱物資源の地政学

石油、天然ガス、石炭などのエネルギー資源や、
鉄鉱石、リチウム、レアアースなどの鉱物資源は
重要物資として争奪戦の様相も現れている。

石油

エネルギー資源 ①

シェール革命でアメリカが中東やロシアに並ぶ産油国に

　石油（原油）は中東とロシアが主要産出国となるが、2000年代後半にアメリカで地下深いシェール（頁岩（けつがん））層から原油や天然ガスを採掘する技術が確立され、石油をめぐる勢力図が一変。これは「シェール革命」ともよばれる。
　原油は総生産量の約70％が輸出され、世界中で消費されているが、アメリカやカナダが主要な輸出国に加わったことで、原油市場における中東諸国やロシアの影響力はやや低下している。
　原油の輸入量は中国が最も多い。さらに日本や韓国、インドなどアジアの国々が主要な輸入国となっている。

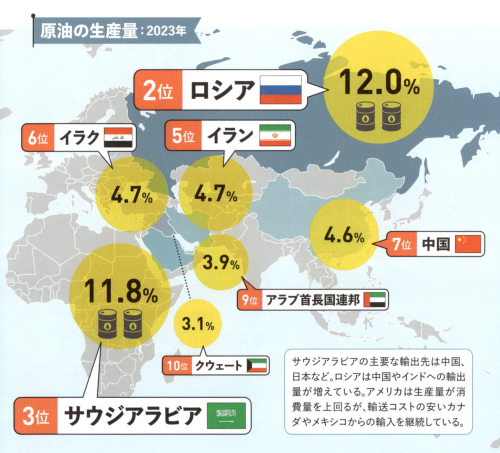

原油の生産量：2023年

- 2位 ロシア 12.0%
- 6位 イラク 4.7%
- 5位 イラン 4.7%
- 7位 中国 4.6%
- 9位 アラブ首長国連邦 3.9%
- 10位 クウェート 3.1%
- 3位 サウジアラビア 11.8%

サウジアラビアの主要な輸出先は中国、日本など。ロシアは中国やインドへの輸出量が増えている。アメリカは生産量が消費量を上回るが、輸送コストの安いカナダやメキシコからの輸入を継続している。

第4章 鉱物資源の地政学

原油の輸出量（金額ベース／2022年）

1位	サウジアラビア	2567億7900万ドル
2位	ロシア	1569億1500万ドル
3位	アラブ首長国連邦	1467億7500万ドル
4位	カナダ	1204億100万ドル
5位	イラク	1178億3100万ドル
6位	アメリカ	1170億3400万ドル
7位	ノルウェー	575億1000万ドル
8位	カザフスタン	469億2000万ドル
9位	ナイジェリア	444億1500万ドル
10位	アンゴラ	431億5100万ドル

出典：UNCTAD（国連貿易開発会議）

原油の輸入量（金額ベース／2022年）

1位	中国	3655億1200万ドル
2位	アメリカ	2047億1600万ドル
3位	インド	1661億5300万ドル
4位	韓国	1059億6400万ドル
5位	日本	1009億2200万ドル
6位	オランダ	730億0400万ドル
7位	ドイツ	623億6800万ドル
8位	スペイン	477億4900万ドル
9位	イタリア	449億1800万ドル
10位	イギリス	394億5900万ドル

出典：UNCTAD（国連貿易開発会議）

原油の生産量（2023年） （t：トン）

順位	国	生産量
1位	アメリカ	8億2700万t
2位	ロシア	5億4100万t
3位	サウジアラビア	5億3100万t
4位	カナダ	2億7700万t
5位	イラン	2億1400万t
6位	イラク	2億1300万t
7位	中国	2億900万t
8位	ブラジル	1億8300万t
9位	アラブ首長国連邦	1億7600万t
10位	クウェート	1億3900万t
世界計		45億1400万t

出典：EI Statistical Review of World Energy 2024

- 4位 カナダ 6.2%
- 1位 アメリカ 18.3%
- 8位 ブラジル 4.1%

※円内の数字(%)は世界計に占めるシェア

生産量1位のアメリカは消費量でも1位。消費量2位の中国は生産量が7位であり、輸入量では圧倒的な1位。2022年はロシアのウクライナ侵攻の影響によって、欧州に輸出されるロシア産原油が減少した。

石油の基礎知識

燃料からプラスチックまで万能な石油製品

　原油は多くの国で主要なエネルギー資源となっており、石油精製品の原料として製油所で精製される。原油を常圧蒸留装置で精製することにより、ガソリンや軽油、ジェット燃料（航空機の燃料）、LPG（液化石油ガス）、ナフサなど石油精製品が生産される。

　さらに、蒸留過程で生じる重質分（重質油）からも船舶燃料などに使用される重油やアスファルトがつくられる。ナフサとはプラスチックや化学（合成）繊維の原料であり、需要が高いことから原油とは別に輸入もされている。

　ナフサは熱分解することでエチレンやプロピレンなどの石油化学基礎製品がつくられる。この製品の分子をつなぎ合わせることでプラスチック容器やポリ袋の原料となるポリエチレン、ビニール素材の原料となる塩化ビニル樹脂、化学繊維（ポリエステル）の原料となるエチレングリコールといった多種多様な石油化学製品が生産される。

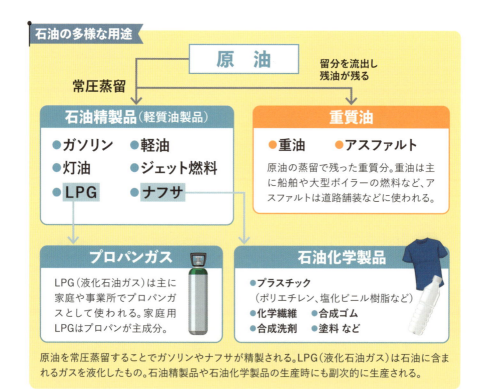

原油を常圧蒸留することでガソリンやナフサが精製される。LPG（液化石油ガス）は石油に含まれるガスを液化したもの。石油精製品や石油化学製品の生産時にも副次的に生産される。

> 世界の石油情勢

ロシアとOPECプラスが絡んだ原油の高騰

第4章 鉱物資源の地政学

　2021年末頃から1バレル：70ドル前後だった原油価格は上昇傾向になり、2022年2月にロシアがウクライナへの軍事侵攻を開始すると、一気に価格が高騰した。これはロシアへの経済制裁でEUやイギリス、アメリカがロシア産の原油を禁輸にしたことが主な要因。世界の原油価格の指標となるブレント原油は、侵攻直後に1バレル：130ドル超まで高騰した。その後、世界経済の停滞などもあって価格は徐々に下がっていったが、2023年に入り再び上昇。同年9月には1バレル：96ドルに達し

た。これはOPECプラスによる協調減産が主な原因となっている。
　OPECプラスとは、中東の産油国が中心のOPEC（石油輸出国機構）にロシアやメキシコなど10カ国を加えた枠組み。1960年に設立されたOPECは、供給量の調節などで原油価格の決定に大きな影響力をもっていたが、北米のシェールオイルが市場に出ると影響力は徐々に低下。そこで、2016年に23カ国まで枠組みを拡大し、影響力を取り戻した。OPECプラスは2025年末まで協調減産を継続すると発表している。

2022〜23年に原油価格が高騰した主な要因
① ウクライナに侵攻したロシアへの石油禁輸制裁
② OPECプラスによる大型の協調減産（2025年末まで）

OPECプラスによる協調減産の目的

OPEC加盟国
サウジアラビア、イラン、イラクなど13カ国

非OPEC加盟国
ロシア、メキシコ、オマーン、マレーシアなど10カ国

→ **協調減産**
23カ国の産油国が協調することにより減産によるリスクや負担を分散させる。

→ 原油の供給を制限して原油価格の下落を抑制

石油

日本の石油事情

サウジアラビアとUAEから約80％を輸入

日本の原油自給率は1％未満であり、ほとんどを輸入に頼っている。

輸入先は中東諸国が中心で、総輸入量の約80％をサウジアラビアとアラブ首長国連邦から調達。輸入先が中東地域に偏っているため、不安定な中東情勢に影響されやすいというリスクをはらんでいる。特に2023年10月に始まったイスラエルのガザ侵攻や、イランとイスラエルの戦闘など、中東情勢が緊迫しているため、日本の原油調達に影響がおよぶ事態も想定される。

日本の同盟国でもあるアメリカは、原油の生産量で世界1位となっているが、アメリカからはわずかな量しか輸入していない。アメリカから多くの原油を購入すれば調達先が分散され、日本のエネルギー安全保障も高まるが、中東産の原油とアメリカ産の原油では原油としての品質が異なっている。

日本は長い間、中東諸国から原油を輸入しており、原油の精製設備も基本的に中東産の原油を精製する仕様になっている。精製設備などをアメリカ産の原油に合わせた仕様にするには、新たに莫大な費用がかかるため、中東諸国に依存する状況が続いている。

日本の原油輸入相手国（2022年）

総輸入量の95.2％を中東の産油国が占める。原油の生産量で1位となったアメリカからはわずか1.5％の輸入量にとどまっている。

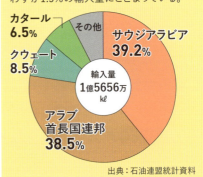

カタール 6.5％
その他
クウェート 8.5％
サウジアラビア 39.2％
輸入量 1億5656万kl
アラブ首長国連邦 38.5％

出典：石油連盟統計資料

高騰した原油輸入価格

（※CIF価格の年度平均額）

2021年度	5万4524円/kl
2022年度	8万7207円/kl
2023年度	7万6456円/kl

出典：財務省貿易統計
（※2023年12月分のみ速報値で合算）

ウクライナ侵攻の影響などによって、侵攻前の2021年から2022年にかけて1klあたり3万円以上高騰。円安もあり2023年も高値で推移した。

高騰したガソリン価格

2021年2月	140.9円/ℓ
2022年2月	171.9円/ℓ
2023年2月	167.5円/ℓ
2024年2月	174.5円/ℓ

（※各年2月期の平均価格）　出典：資源エネルギー庁
（※石油元売会社によるレギュラーの卸価格）

原油価格の高騰に連動してガソリン価格も上昇。政府は2022年から元売各社に補助金を支給し、ガソリン小売価格の高騰抑制に努めている。

日本では、原油からつくる石油精製品のうち40〜50％が自動車や船舶、航空機の燃料として消費される。なかでも自動車燃料（主にガソリン）の消費量が多い。火力発電所における発電燃料としての消費量は10％前後しかなく、石油化学製品の原料として消費される割合のほうが高い。ただし、原油はLPG（液化石油ガス）の原料でもあり、LPGは日本の家庭および事業所で約40％のガス供給源となっている。ガス（主にプロパンガス）供給においても石油は欠かせない資源であり、LPGとしても主にアメリカから輸入されている。

原油価格が上昇すると、原油を原料とするガソリンやLPGなどの石油精製品も連動して値上がりするため、原油価格は経済に大きな影響を与える。

日本における石油の用途

燃料としての需要は約90％が自動車燃料。家庭・事業所の熱源には、火力発電所での消費に加え、産業用燃料の消費も含まれる。

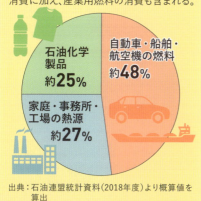

- 自動車・船舶・航空機の燃料 約48％
- 家庭・事務所・工場の熱源 約27％
- 石油化学製品 約25％

出典：石油連盟統計資料(2018年度)より概算値を算出

日本のガス供給の割合

ガス利用顧客の約4割がLPG（主にプロパンガス）の利用者。都市部以外の家庭や工場ではLGPを利用している割合が高い。

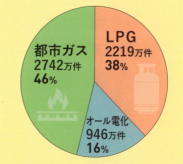

- 都市ガス 2742万件 46％
- LPG 2219万件 38％
- オール電化 946万件 16％

出典：経済産業省「第4回 液化石油ガス流通ワーキンググループ事務局提出資料〜料金透明化・取引適正化の動向〜」(2023年)

一次エネルギー供給（国内供給/2021年）

一次エネルギーとは、石油、天然ガス、石炭など未加工の状態で供給されるエネルギー。石油は発電電源や燃料、LPGなど多様な形で消費されるため、一次エネルギーの供給量が最も多い。

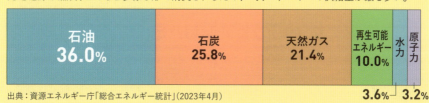

石油 36.0％ ／ 石炭 25.8％ ／ 天然ガス 21.4％ ／ 再生可能エネルギー 10.0％ ／ 水力 3.6％ ／ 原子力 3.2％

出典：資源エネルギー庁「総合エネルギー統計」(2023年4月)

石油

石油の地政学

ロシアの原油がインドを経由してEUへ

　2022年2月にロシアがウクライナへの軍事侵攻を開始すると、アメリカやEU、イギリスが次々にロシア産原油の禁輸措置を発動した。ロシアにとって原油は最大の収入源であるため、欧米各国には軍事侵攻の資金を断ち切る狙いもあった。その後、日本もアメリカの経済制裁に追従し、ロシア産原油の段階的な禁輸に踏み切っている。

　さらに2022年9月には、G7（先進国首脳会議）の財務大臣会合において、一定価格を超えるロシア産原油の取引を禁止するプライスキャップ制度（上限価格措置）の導入で合意。違反した国は経済制裁の対象とした。

　欧米からの禁輸措置を受けたロシアは、経済制裁に同調しない中国やインドに対して原油の輸出を拡大。それぞれ14億人もの人口を抱える中国とインドは原油の国内需要が高いうえに、市場価格より安値で原油を購入できるため、ロシアからの輸入量を一気に増加させた。その結果、2022年のロシアの原油輸出量はむしろ前年比で増加し、2023年にはそこから若干低下したものの、ウクライナ侵攻前とほぼ同じ水準

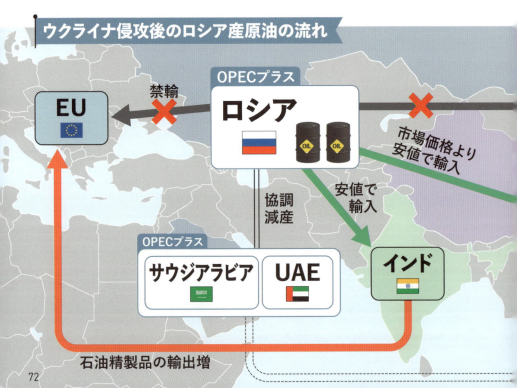

ウクライナ侵攻後のロシア産原油の流れ

であった。中国とインドへの輸出だけで、総輸出量の80％以上を占めている。

それだけでなく2023年には、インドなどからEU各国に向けた石油精製品の輸出量が急増していることも明らかになった。中国やインドにとっては、ロシアから安値で購入した原油の精製品を市場価格で売ることができるため、利益の残る貿易となっている。

ロシアは中国とインドへの原油輸出量を増やすことで禁輸措置による影響を最小限にとどめており、ロシアの戦費を断ち切る目的は果たされていない。さらに、ロシアの原油はインドなどを経由し、石油精製品として間接的にEU各国へ輸出される形となっている。

しかし、このまま欧米が禁輸措置を継続すれば、ロシアにおける原油生産は低下に向かい、経済制裁の効力が徐々に発揮されるものと考えられる。

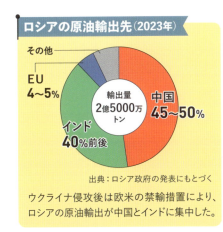

ロシアの原油輸出先（2023年）

輸出量 2億5000万トン
- 中国 45〜50％
- インド 40％前後
- EU 4〜5％
- その他

出典：ロシア政府の発表にもとづく

ウクライナ侵攻後は欧米の禁輸措置により、ロシアの原油輸出が中国とインドに集中した。

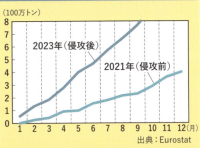

EUのインド産石油精製品の輸入量

出典：Eurostat

2023年、EU各国がインドから輸入した石油精製品（各種燃料など）の総量は、侵攻前の2021年と比較して約1.7倍に増加した。

ロシア産の原油が欧米から禁輸措置を受けたことにより、市場への原油供給量が減少するとの見込みで原油価格が高騰。日本の原油輸入価格も上昇した。一方、中国やインドは行き場を失ったロシア産の原油を市場価格より安値で大量に購入。石油精製品の輸出量も増加させた。

エネルギー資源 ② 天然ガス

アメリカがロシアに並ぶ天然ガス大国に変貌

　天然ガスの生産量は、原油と同様にシェール革命で増産に成功したアメリカがロシアを抜いて1位となった。ロシアはEU各国にパイプラインで天然ガスを輸出していたが、2022年のウクライナ侵攻後は供給量が激減している。
　天然ガスは総生産量の30％程度しか輸出されず、LNG（液化天然ガス）として取引される割合のほうが高い。天然ガスは気体のため輸送コストがかかり、LNGも長期間の貯蔵は難しい。
　輸出額ではロシアに代わり欧州向けの輸出が増えたノルウェーが1位。輸入額でも欧州のドイツが1位となった。

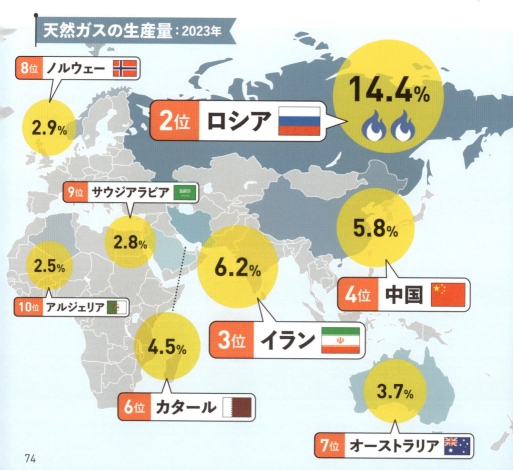

天然ガスの生産量：2023年

- 2位 ロシア 14.4％
- 8位 ノルウェー 2.9％
- 9位 サウジアラビア 2.8％
- 10位 アルジェリア 2.5％
- 3位 イラン 6.2％
- 6位 カタール 4.5％
- 4位 中国 5.8％
- 7位 オーストラリア 3.7％

第4章 鉱物資源の地政学

天然ガスの輸出量（金額ベース/2022年）

1位	ノルウェー	1410億9600万ドル
2位	ロシア	1364億9000万ドル
3位	カタール	657億6400万ドル
4位	オーストラリア	643億7000万ドル
5位	アメリカ	629億8800万ドル
6位	ベルギー	493億300万ドル
7位	マレーシア	382億1700万ドル
8位	インドネシア	326億7200万ドル
9位	アルジェリア	303億2400万ドル
10位	カナダ	177億6000万ドル

出典：UNCTAD（国連貿易開発会議）

天然ガスの輸入量（金額ベース/2022年）

1位	ドイツ	757億3100万ドル
2位	中国	700億1900万ドル
3位	イタリア	669億3400万ドル
4位	日本	642億5500万ドル
5位	ベルギー	622億6200万ドル
6位	イギリス	588億7700万ドル
7位	フランス	586億7600万ドル
8位	韓国	500億2200万ドル
9位	オランダ	337億7500万ドル
10位	スペイン	262億4800万ドル

出典：UNCTAD（国連貿易開発会議）

5位 カナダ 4.7%

ロシアの主要輸出先はEU各国であったがウクライナ侵攻後は中国に。アメリカの主要輸出先は欧州のオランダ、イギリス、フランスなど。

1位 アメリカ 25.5%

※円内の数字(%)は世界計に占めるシェア

天然ガスの生産量（2023年）

1位	アメリカ	10350億㎥
2位	ロシア	5860億㎥
3位	イラン	2510億㎥
4位	中国	2340億㎥
5位	カナダ	1900億㎥
6位	カタール	1810億㎥
7位	オーストラリア	1510億㎥
8位	ノルウェー	1160億㎥
9位	サウジアラビア	1140億㎥
10位	アルジェリア	1010億㎥
世界計		40590億㎥

出典：EI Statistical Review of World Energy 2024

日本は輸入額4位であるが、輸入量では1位の中国に次ぐ2位。消費量は自国のシェールガスを消費するアメリカが1位で、ロシアが2位。ロシアは生産量で2位となっているが、埋蔵量では世界1位である。

天然ガス

天然ガスの基礎知識

輸送方法が異なる天然ガスとLNG

　天然ガスは気体であるため、基本的にパイプラインを通して大量輸送が行われている。ロシアとEU各国の間にはパイプライン網が開通していることから、随時ガスを供給することができた。

　海上輸送する場合は、天然ガスを−162度まで冷却し液化したLNG（液化天然ガス）として輸出されるが、LNGも気化するため輸送には冷却設備を備えた専用のタンカーが必要となる。

LNGは貯蔵も容易ではないため、定期的に輸入していく必要がある（※欧米などには地下にガスを閉じ込める専用の貯蔵施設が設置されている）。

　天然ガスは火力発電所の発電燃料や工場の燃料として使用されるが、石油や石炭に比べて二酸化炭素（CO_2）の排出量が少ない。さらに、シェール革命によって生産量が増えたこともあり、天然ガスの需要は拡大している。

天然ガスとLNGの違い

	天然ガス	LNG
状態	気体	液体
輸送	パイプライン	専用の船舶・車両
貯蔵	地下貯蔵	貯蔵が難しい

専用タンカーで輸送されたLNGは専用タンクに貯蔵されるが、長期間の貯蔵は難しい。

天然ガスのCO_2排出量

※石炭を100として比較
- 石炭：100
- 石油：80
- 天然ガス：57

出典：エネルギー総合工学研究所「火力発電所大気影響評価」

天然ガスのCO_2排出量は石炭に比べると40％以上少ない。さらに同じ温室効果ガスのSOx（硫黄酸化物）は一切排出されない。

アメリカにおけるシェール革命

地層に平行して堀削する採掘技術の進化により、地下深いシェール（頁岩）層の岩にヒビを入れてガスを取り出せるようになった。

特殊な水圧で頁岩を破砕し、岩の割れ目から染み出る天然ガスや石油を回収する。

シェール層（頁岩層）

世界の天然ガス情勢

天然ガスをめぐるロシアとウクライナの確執

　ロシアとEU各国をつないでいる主要なパイプラインは、ウクライナなどを通ってEU域内に入る。ソ連崩壊後、独立国家となったウクライナはロシアからガス供給を受けつつ、パイプラインガスの通行料を徴収していた。

　2006年、ウクライナと天然ガスの価格交渉で揉めたロシアは、ウクライナおよび欧州向けのガス供給を停止。当時、欧州向け天然ガスの約8割がウクライナ経由のパイプラインで輸送されていたため欧州向けのガス供給も途絶えた。数日間の停止で輸送は再開されたが、ドイツは同様の事態を回避するため、ロシアとの間で天然ガスを直接輸送する海底パイプラインを計画。2011年にノルドストリームが開通した。欧州各国がロシアの天然ガスに依存する一方で、ノルドストリームの開通によりウクライナを経由するパイプラインのガス供給は半減。ウクライナではロシアとの外交カードの効力が低下した。

　2014年にウクライナで親欧米派の新政権が発足すると、ロシアはウクライナに侵攻してクリミア半島を併合。2022年にはより大規模な軍事侵攻が始まった。侵攻後はロシアからのガス供給が激減。同年9月にはノルドストリームが何者かに爆破され、さらなるガス供給の減少につながった。

第4章　鉱物資源の地政学

ウクライナを経由するロシアのガスパイプライン

2021年9月には第2の海底パイプライン「ノルドストリーム2」も完成したが、ウクライナ侵攻の影響もあり2024年3月時点でまだ未稼働となっている。

ノルドストリーム
2022年9月に爆破される

ロシア
ベラルーシ
ポーランド
ドイツ
ウクライナ

天然ガス

日本の天然ガス事情

日本の発電構成は天然ガスの火力発電がトップ

　日本の天然ガス自給率は2％前後しかなく、ほとんどを外国から輸入している。主要な輸入先はオーストラリアとマレーシア。ロシアからも総輸入量の9％程度を調達している。石油の輸入先と比較すると、LNG（液化天然ガス）は調達地域が分散されている。

　日本では国家備蓄として約146日分の石油を備蓄しているが、LNGは貯蔵が難しいため備蓄制度がない。だからこそ安定した供給が求められる。

　輸入している天然ガスはすべてLNGであり、2023年は日本がLNGの輸入量で世界2位となった。2022年はウクライナ侵攻の影響により原油価格が高騰し、LNGの輸入価格も連動して上昇（→下のグラフ参照）。日本は輸入量が多いため大きな打撃を受けた。

LNGの輸入量（2023年）

天然ガスの中でもLNGの輸入量に限定すると日本が2位。中国は天然ガスも輸入している。

順位	国	輸入量
1位	中国	978億㎥
2位	日本	903億㎥
3位	韓国	606億㎥
4位	インド	310億㎥
5位	フランス	307億㎥

出典：EI Statistical Review of World Energy 2024

日本のLNG輸入相手国（2022年）

オーストラリアから40％以上を輸入。上位の国とは長期契約を結んでいる。輸入相手国は石油と異なり中東への依存度が低い。

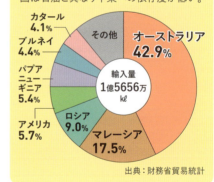

輸入量 1億5656万kl
- オーストラリア 42.9％
- マレーシア 17.5％
- ロシア 9.0％
- アメリカ 5.7％
- パプアニューギニア 5.4％
- ブルネイ 4.4％
- カタール 4.1％
- その他

出典：財務省貿易統計

高騰したLNG輸入価格

2022年はウクライナ侵攻の影響もあり輸入価格が上昇。同年の秋頃から下落傾向となったが、原油価格の上昇や円安の影響により、2023年6月頃から再び価格が上昇している。

出典：資源エネルギー庁「エネルギー白書2023」

ガス代と電気代の両方に影響を与えるLNG価格

　日本におけるLNGの用途は、火力発電所の発電燃料としての消費がトップ。次いで都市ガスでの消費となる。日本の発電所で発電される電力の電源としては、天然ガス（LNG）がトップであるため、LNGの輸入価格はガス代だけでなく電気代にも関係している。

日本はウクライナ侵攻後もロシア産LNGの輸入を継続

　日本の天然ガス（LNG）の購入契約は、8割程度がターム契約（毎年一定量を購入する長期契約）、2割程度が短期・スポット契約（1回ごとの売買契約）となっている。日本が結んでいるターム契約では、原油価格に連動してLNGの購入価格が変動する。ただし、価格変動の幅が抑えられる契約になっている場合、原油価格が高騰しても値上げ幅はある程度抑えられる。

　一方、欧州では天然ガス取引の市場価格によってガスの価格が決まるため、2022年に起きた天然ガスの高騰がそのまま購入価格に反映された。

　ウクライナ侵攻に対するロシアへの経済制裁として、日本は原油を禁輸にしたが、LNGの輸入は継続し、エネルギーの安定供給を選択した。日本はロシアとターム契約を結んでおり、輸入価格の高騰を抑えられている。

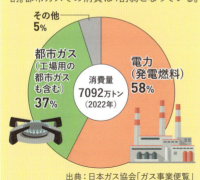

日本の天然ガス（LNG）の用途

火力発電所の発電燃料としての消費が約6割。都市ガスでの消費は4割弱となっている。

- その他 5%
- 都市ガス（工場用の都市ガスも含む）37%
- 電力（発電燃料）58%

消費量 7092万トン（2022年）

出典：日本ガス協会「ガス事業便覧」

日本の発電電力量の割合（2021年）

日本の発電所において1年間に発電された電力量を発電燃料別に振り分けると、天然ガスからつくられた電力が34%で最多となった。石油の割合は再生可能エネルギーよりも低かった。

| 石油 7% | 天然ガス 34% | 石炭 31% | 再生可能エネルギー 13% | 水力 8% | 原子力 7% |

出典：資源エネルギー庁「総合エネルギー統計」（※再生可能エネルギーは「新エネルギー」と同義）

天然ガス

天然ガスの地政学

EUが天然ガスの不足分をLNGで穴埋め

2022年2月、ウクライナへ軍事侵攻したロシアに対し、アメリカはロシア産天然ガスなどの禁輸を発動した。EUは石油（原油）を禁輸したものの、天然ガスの禁輸は見送っている。

EU各国はロシア産の天然ガスに依存しており、国家基盤となるエネルギー安全保障を優先する形となった。しかし、ウクライナ侵攻や、ノルドストリーム（海底パイプライン）が爆破されたことなどの影響により、ロシアからのガス供給は激減。EU各国はエネルギーの安定供給に向けて早急な対応を迫られることとなった。

EU各国はガスパイプラインが開通しているノルウェーからの輸入量を増やしたが不足分は補えず、LNGの調達に奔走。ウクライナ侵攻前の欧州におけるLNG輸入量は年間で約7500万トン程度であったが、2022年には前年比1.6倍となる約1億2000万トンに急増した。この量は世界で売買されているLNGの約3割にあたる。

こうした欧州における需要の拡大によって、LNGの市場価格が高騰。日本のLNG調達にも影響が及んだ。EU各国は、LNGの追加輸入分を主にアメリカから調達しており、資金力で劣

ウクライナ侵攻で変化したLNG市場の構図

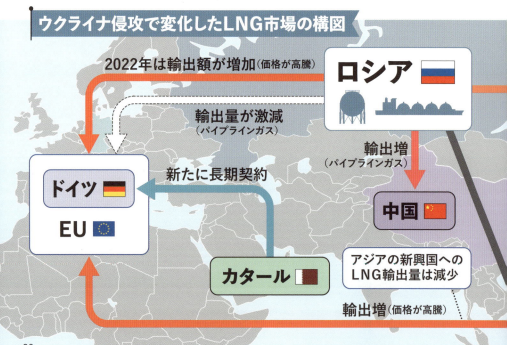

る新興国が高騰したLNGを買えなくなる状況が生まれた。バングラデシュなどアジアの国々では電力が不足し、各地で停電も発生した。

LNGの需要が高まったことにより、シェール革命でガスの供給国となったアメリカは、欧州を中心にLNGの輸出を拡大。2023年にはアメリカがLNGの輸出量で世界1位となった。

ロシアでも、ウクライナ侵攻後にEU各国へ向けたパイプラインガスの供給が減少した。その一方で、EU各国へのLNGの輸出は侵攻前と同等の水準で継続している。軍事侵攻を続けるロシアにとって、価格が高騰したLNGは貴重な収入源となった。

2022年5月、EUはロシア産化石燃料への依存から脱却する「リパワーEU」の計画を発表したが、しばらくはロシアへの依存が続くとみられる。

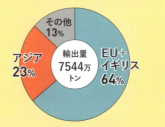

アメリカのLNG輸出先（2022年）

アメリカからEUへの輸出割合は2021年の29％から2倍以上に増加。一方でアジアへの輸出量が2021年の47％から半減した。

- その他 13％
- アジア 23％
- EU＋イギリス 64％
- 輸出量 7544万トン

出典：日本エネルギー経済研究所「LNG需給の現状と2023年度の展望」/KPLER

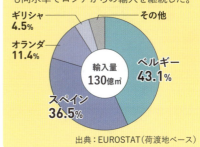

ロシアからLNGを輸入したEU加盟国（2023年1-9月期）

2022年にEUがロシアから輸入したLNGは2021年と比較して25％以上増加。2023年も同水準でロシアからの輸入を継続した。

- ギリシャ 4.5％
- オランダ 11.4％
- スペイン 36.5％
- ベルギー 43.1％
- その他
- 輸入量 130億㎥

出典：EUROSTAT（荷渡地ベース）

EUはロシア産天然ガスの輸入量が減少した分をアメリカからのLNGの輸入で補った。ロシアへの依存度が高かったドイツはカタールともLNGの輸入で長期契約（ターム契約）を締結している。

エネルギー資源 3　石炭

アジアの3カ国で総生産量の約70%を占める

　石炭は火力発電所において主要な発電燃料となるが、発電以外の需要も多く、世界の総生産量は2000年から2023年にかけて約1.8倍に増加している。
　生産量は中国が圧倒的で、世界の石炭の50％以上を生産している。さらに石炭の輸入量でも世界1位である。

　石炭は世界中で採掘され、埋蔵量も豊富な資源であるが、石炭由来の二酸化炭素（CO_2）排出量は、化石燃料の中で最も多く、環境への影響が懸念されている。地球温暖化を促進させる温室効果ガスの削減に向けて、脱石炭の取り組みも各国で始まっている。

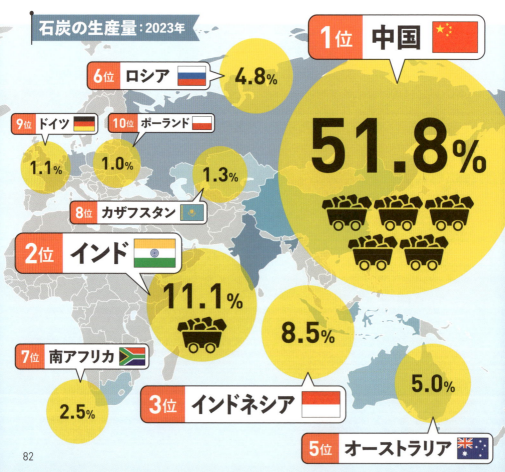

石炭の生産量：2023年
- 1位 中国 51.8%
- 2位 インド 11.1%
- 3位 インドネシア 8.5%
- 5位 オーストラリア 5.0%
- 6位 ロシア 4.8%
- 7位 南アフリカ 2.5%
- 8位 カザフスタン 1.3%
- 9位 ドイツ 1.1%
- 10位 ポーランド 1.0%

石炭の輸出量（2022年） (t：トン)

1位	インドネシア	4億3600万t
2位	オーストラリア	3億700万t
3位	ロシア	1億9200万t
4位	アメリカ	7600万t
5位	南アフリカ	7000万t
6位	コロンビア	5300万t
7位	カナダ	3600万t
8位	モンゴル	3200万t
9位	カザフスタン	1800万t
10位	ポーランド	1600万t

出典：IEA（国際エネルギー機関）

石炭の輸入量（2022年） (t：トン)

1位	中国	2億4000万t
2位	インド	1億5200万t
3位	日本	1億4000万t
4位	韓国	8800万t
5位	台湾	6600万t
6位	ドイツ	4400万t
7位	マレーシア	3800万t
8位	トルコ	3700万t
9位	オランダ	3100万t
10位	イタリア	1800万t

出典：IEA（国際エネルギー機関）

第4章　鉱物資源の地政学

生産量1位の中国はほぼ国内で消費。3位のインドネシアや5位のオーストラリアが主要輸出国であり、中国、インド、日本などへ輸出している。アメリカはシェール革命によって石炭の依存度が低下し、生産量、消費量とも半減した。

5.8%　4位　アメリカ 🇺🇸

石炭の生産量（2023年） (t：トン)

1位	中国	45億6000万t
2位	インド	9億1087万t
3位	インドネシア	6億8743万t
4位	アメリカ	5億3940万t
5位	オーストラリア	4億4343万t
6位	ロシア	4億3903万t
7位	南アフリカ	2億2594万t
8位	カザフスタン	1億3250万t
9位	ドイツ	1億1798万t
10位	ポーランド	1億745万t
世界計		90億9500万t

出典：EI Statistical Review of World Energy 2024

2022年は石油やLNGが高騰した影響により石炭の輸入を増やした国も多かった。石炭の消費量でも中国は圧倒的な1位であり、2位はインド。石炭の埋蔵量ではアメリカが1位、ロシアが2位となっている。

※円内の数字（%）は世界計に占めるシェア

石炭

石炭の基礎知識

発電燃料の一般炭と鉄鋼業で使われる原料炭

　火力発電所において、石炭は主要な発電燃料となっているが、鉄鋼業においても大量に消費されている。中国や日本、アメリカなど鉄鋼業が盛んな国では軒並み石炭の消費量が多い。

　石炭は用途により原料炭と一般炭に分類される。原料炭は粘結性のある石炭であり、主に鉄鋼業で使用される。それに対し、一般炭は主に火力発電所の発電燃料として消費される。

　石炭は石油や天然ガスと比較して、火力発電における大気汚染物質や二酸化炭素（CO_2）の排出量が多いという側面もあるが、原料炭、一般炭とも産業に欠かせない資源となっている。

世界における石炭消費の内訳

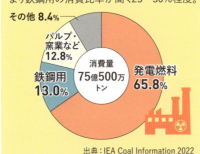

日本は鉄鋼業が盛んであるため、世界平均より鉄鋼用の消費比率が高く25〜30％程度。

消費量 75億500万トン
- 発電燃料 65.8%
- 鉄鋼用 13.0%
- パルプ・窯業など 12.8%
- その他 8.4%

出典：IEA Coal Information 2022

化石燃料の温室効果ガス排出量

石炭の火力発電は石油、天然ガスより温室効果ガスおよび二酸化炭素（CO_2）の排出量が多い。

※石炭を100として比較	二酸化炭素（CO_2）	窒素酸化物（NOx）	硫黄酸化物（SOx）
石炭	100	100	100
石油	80	71	68
天然ガス	57	20〜37	0
温室効果ガス全体に占める割合	90.9%	1.7%（一酸化二窒素）	—※

出典：国立環境研究所「日本の温室効果ガス排出量データ(1990-2021年)」
※硫黄酸化物は紫外線照射を受けると光化学反応を起こしてオゾンとOHラジカルが生成される

石炭の分類と主な用途

用途による分類と、性質による分類がある。瀝青炭、亜瀝青炭などの種類は石炭化度（炭素の割合）が異なる。一般的に原料炭のほうが高値となる。

石炭	分類	主な用途	消費量 世界計（2022年）
原料炭	瀝青炭	鉄鋼用原料（コークス製造）	10億2100万トン
一般炭	瀝青炭 亜瀝青炭	発電燃料、ボイラー燃料など	66億8200万トン
無煙炭	無煙炭	練炭、セメント燃料など	—

出典：IEA World Energy Statistics and Balances 2023 database ／JOGMEC「石炭の分類について」 ※無煙炭の消費量は不明

石炭を高温で蒸し焼きにしたコークスが製鉄で使われる。

世界の石炭情勢

電源別発電量は石炭火力発電が世界でトップ

　一般炭と原料炭は用途だけでなく、輸出国も異なる。発電燃料となる一般炭はインドネシアが主要輸出国であり、鉄鋼業で使用される原料炭はオーストラリアが輸出量で1位となっている。

　温室効果ガスの排出が懸念される時代になっても石炭の需要は高く、火力発電所における発電燃料として世界で最も消費される資源となっている。

　世界各国で採掘されている石炭はエネルギーの安定供給に最も適した資源であり、調達コストも石油や天然ガスに比べると安い。特に新興国では石炭がエネルギー安全保障の要となっており、電力供給を支えている。

　先進国を中心に脱石炭の取り組みが進展する一方で、温室効果ガスおよび二酸化炭素（CO_2）の排出を削減する次世代型火力発電設備の開発も進められてきた。日本でもすでに蒸気タービンによる発電で発電効率を最大限高めるUSC（超々臨界圧）方式の設備などが導入されている。

発電電源別の発電量（世界計／2023年）

世界でみると発電所の発電燃料として石炭は2位の天然ガスに大差をつけて1位となっている。

順位	電源	発電量
1位	石炭火力発電	105130億kwh
2位	天然ガス火力発電	67463億kwh
3位	再生可能エネルギー	47484億kwh
4位	水力発電	42400億kwh
5位	原子力発電	27377億kwh
6位	石油火力発電	6981億kwh

出典：EI Statistical Review of World Energy 2024

一般炭の輸出量（割合／2021年）

火力発電の燃料になる一般炭の輸出量はインドネシアがトップ。原料炭の輸出が多いオーストラリアは一般炭でも2位である。

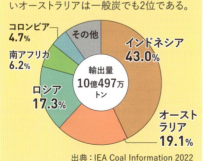

出典：IEA Coal Information 2022

原料炭の輸出量（割合／2021年）

コークス原料として主に鉄鋼業で消費される原料炭の輸出量はオーストラリアが50%以上のシェアを占める。2位はアメリカ。

出典：IEA Coal Information 2022

石炭

日本の石炭事情

エネルギー安全保障と気候変動対策の板挟み

かつて日本には石炭の炭鉱が全国にあり、明治時代には年間約1000万トンを生産していたが、競争力を失ったことで閉山が続き、2024年には北海道に1つを残すのみとなっている。日本の石炭自給率は約11%まで低下し、ほとんどを外国からの輸入に頼っている。

発電燃料となる一般炭は、70%以上をオーストラリアから調達し、鉄鋼業などで使用される原料炭も、約50%をオーストラリアから輸入している。

日本の発電電力量に占める石炭火力発電の割合は、10%だった1990年から徐々に上昇。2011年に起こった福島第一原発事故の影響で原子力発電の発電量が減少した状況も重なり、石炭火力発電の需要がさらに拡大した。震災後は30%を超える割合で推移している。

石炭の消費量(2023年)

中国は世界の石炭の50%以上を消費している。中国や日本は鉄鋼業での石炭消費量も多い。

順位	国	消費量
1位	中国	91940pj
2位	インド	21980pj
3位	アメリカ	8200pj
4位	日本	4540pj
5位	インドネシア	4320pj

(pj:ペタジュール ※エネルギー量の単位)
出典:EI Statistical Review of World Energy 2024

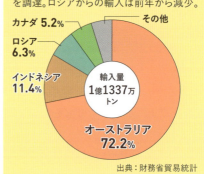

一般炭の輸入相手国(2022年)

オーストラリアとインドネシアで80%以上を調達。ロシアからの輸入は前年から減少。

- オーストラリア 72.2%
- インドネシア 11.4%
- ロシア 6.3%
- カナダ 5.2%
- その他

輸入量 1億1337万トン

出典:財務省貿易統計

高騰した石炭輸入価格

2022年はウクライナ侵攻後、石油やLNGとともに石炭も需要の増加で供給がひっ迫し、価格を押し上げた。日本の輸入価格も上昇し、2023年も高値で推移した。

出典:財務省貿易統計(※CIF価格)

「電気料金」が値上がりする理由

2022年から一般家庭の電気料金が値上がりしている。これは主に「燃料費調整」の値上げによるもの。再生可能エネルギーの導入による「再エネ発電賦課金」の増加も関係している。（※燃料費調整の値上げには上限がある）

❶ 燃料費調整（額）

「燃料費調整額」は、貿易統計における発電燃料（主に原油、LNG、石炭）の仕入れ価格で決まる。燃料の仕入れ価格は毎月変動するため、その変動に応じて過去3カ月間の平均仕入れ価格を算出し、燃料費に反映させる。ウクライナ侵攻後は石油、LNG、石炭がいずれも高騰したため燃料費も高騰。2023年1月～2024年4月までの期間は、政府が補助金を支給することで、高騰した燃料費が抑制されていた。

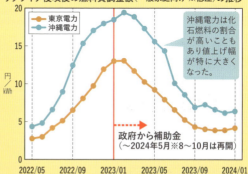

ウクライナ侵攻後の燃料費調整額（一般家庭向け ※低圧）の推移

沖縄電力は化石燃料の割合が高いこともあり値上げ幅が特に大きくなった。

政府から補助金（～2024年5月 ※8～10月は再開）

❷ 再エネ発電賦課金

正式名は「再生可能エネルギー発電促進賦課金」。再生可能エネルギーの固定価格買取制度により、電力会社等が買い取りに要した費用を電気料金の一部として負担するもの。再生可能エネルギー発電促進賦課金の単価は毎年度、経済産業大臣によって定められる。2022年度は1kWhあたり1.40円（税込）。一般的な世帯の電力使用量（月400kWh）で賦課金負担は毎月560円となる。

固定価格買取制度の買い取り対象
- 太陽光
- 風力
- 水力
- 地熱
- 太陽熱
- 大気中の熱やその他の自然界に存在する熱
- バイオマス（動植物に由来する有機物）

家庭用電気料金の国別比較（2022年）

ウクライナ侵攻後に高騰した電気料金を各国で比較すると、EU各国が特に高かった。フランスは原子力発電が主体であり、ロシアからの天然ガスの供給が減少した影響は小さかった。

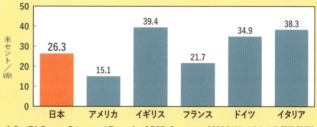

国	米セント/kWh
日本	26.3
アメリカ	15.1
イギリス	39.4
フランス	21.7
ドイツ	34.9
イタリア	38.3

出典：IEA Energy Prices and Taxes for OECD Countries 2022（※アメリカのみ税込価格）

第4章 鉱物資源の地政学

石炭

石炭の地政学

世界の気候変動対策と化石燃料の位置づけ

　2015年、気候変動枠組条約締約国会議（COP）21で、気候変動対策に関する国際協定「パリ協定」が採択され、世界の気温上昇を抑制し、温室効果ガスの排出を抑制するため各国が自発的に取り組みを進めることが合意された。

　さらに2021年のCOP26では、石炭火力発電の段階的削減を目指すことが決定。2023年のCOP28では、「公正で秩序ある衡平な形での化石燃料からの転換」を進めることが合意された。

　しかし、世界各国の経済活動や市民生活において化石燃料の安定供給は現実的に重要度が高く、特に途上国では化石燃料からの転換は容易でない。エネルギーの安定供給と脱炭素化をどのように両立させていくのか。石炭火力発電への依存度が高い日本にとっても、化石燃料の位置づけが今後のエネルギー政策で重要なポイントとなっている。

「COP28」（2023年）の合意内容

- 2050年までに温室効果ガス排出を実質ゼロにする（ネットゼロ）
- 化石燃料からの転換を進め、今後10年間で行動を加速させる

温室効果ガスの内訳

二酸化炭素（CO_2）の内訳は化石燃料起源が64％。森林破壊や山火事などによる排出が11％となっている。日本におけるメタンの排出割合は世界平均より少なく2〜3％程度。

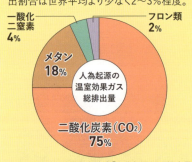

出典：IPCC第6次評価報告書「人為起源GHC排出量取引の推移（※2019年の割合）」（※排出量の割合はすべてCO_2換算）

エネルギー由来の二酸化炭素排出量

排出量1位は中国で日本は5位。上位の5カ国で総排出量の約60％を占めている。欧州のEU各国やイギリス、人口2億人を超えるインドネシアやブラジルなどは2％未満。

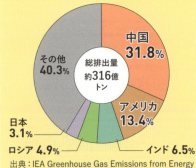

出典：IEA Greenhouse Gas Emissions from Energy Highlight（2022年）（※2020年のデータ）

石炭火力発電に変わる再生可能エネルギーの拡大

　COP28で合意したカーボンニュートラルを実現するには、化石燃料からの転換とともに、再生可能エネルギーなどの導入拡大が不可欠となる。

　発電量に占める再生可能エネルギーの割合を主要国で比較すると、欧州では再生可能エネルギーの導入が進んでいることがわかる。それに対し、アジアでは導入がやや遅れている。

　日本は「第6次エネルギー基本計画」で、2030年までに発電における再生可能エネルギーの割合を36〜38％程度まで増やす目標を設定し、太陽光発電や風力発電の拡大に取り組んでいる。

主要国の発電量に占める再生可能エネルギーの割合（2021年）

再生可能エネルギーは水力発電を除けば風力発電の発電量が最も多く、次いで太陽光発電。欧州に比べて再エネ化が遅れているアジアではまだ石炭など化石燃料への依存度が高い。

北米	アメリカ	12.4%	欧州	ドイツ	28.4%
	カナダ	6.4%		イギリス	25.1%
アジア	日本	10.9%		イタリア	16.2%
	中国	11.5%		フランス	9.7%
	韓国	5.2%	その他	ロシア	0.4%
	インド	9.3%		ブラジル	13.6%

出典：IEA World Energy Balances 2023
（※太陽光発電＋風力発電の割合）

主要国が掲げた石炭火力発電の削減・廃止目標

※一部の国は温室効果ガスまたは二酸化炭素（CO_2）排出量の削減目標

ドイツ
2038年までに石炭火力発電の段階的廃止（※2030年に廃止を前倒しする計画を検討）

フランス
2027年までに全廃
（※2022年末に一部の石炭火力発電所を再稼働した）

イギリス
2024年10月までに全廃

イタリア
2025年までに全廃（※一部を除く）

ロシア
2030年までに温室効果ガスの排出量を1990年比で70％まで削減する

中国
CO_2の排出量を2030年までに減少に転じさせる
（カーボンピークアウト）

インド
2030年までに化石燃料以外のエネルギー比率を50％まで増やす

アメリカ
2035年までに発電部門のCO_2排出をゼロにする

日本
2030年に発電電源構成で石炭火力発電の割合を32％（2019年）から19％程度まで削減する

イギリスは2024年10月に石炭火力発電の全廃を発表していたが、温室効果ガスの排出削減対策を講じている発電設備は稼働を許可するなど妥協案を追加した。

出典：アメリカ「政府発表（2021年）の気候変動対策」／日本「第6次エネルギー基本計画」／中国「中国国務院 2030年までのカーボンピークアウトに向けた行動方案」／ロシア「温室効果ガス排出削減に関する大統領令」／インドは「COP26」で発表した達成目標より（※各国の目標内容は2024年3月末時点のもの）

エネルギー資源 4 ウラン

脱炭素社会に向けて重要視される原子力発電の燃料

脱炭素社会へと向かう世界情勢において、原子力発電の存在が見直されている。太陽光発電や風力発電と同じように、原子力発電は二酸化炭素（CO_2）を排出しないため、世界各国で原発の設備が新設されている。原子力発電の発電燃料となる鉱物がウランである。

ウランは中央アジアのカザフスタンが主要生産国であり、世界総生産量の約45％を占めている。カザフスタンにはロシアや中国の原発関連企業が進出し、鉱山の採掘権や鉱山会社の株式を取得するなど、各国でウランの安定供給に向けた取り組みが進められている。

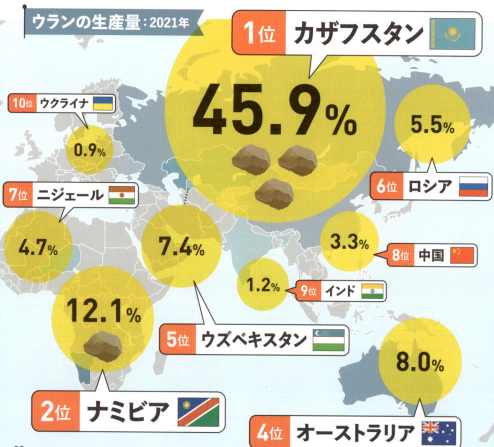

ウランの生産量：2021年
- 1位 カザフスタン 45.9%
- 2位 ナミビア 12.1%
- 4位 オーストラリア 8.0%
- 5位 ウズベキスタン 7.4%
- 6位 ロシア 5.5%
- 7位 ニジェール 4.7%
- 8位 中国 3.3%
- 9位 インド 1.2%
- 10位 ウクライナ 0.9%

ウランの埋蔵量（2020年末時点） t：トン

1位	オーストラリア	131万7800t
2位	カナダ	64万9000t
3位	カザフスタン	38万7400t
4位	ニジェール	33万4800t
5位	ナミビア	32万2800t
6位	南アフリカ	25万5700t
7位	ロシア	25万1900t
8位	インド	21万3000t
9位	ブラジル	15万5900t
10位	ウクライナ	12万600t

出典：OECD/NEA Uranium 2022
（確認埋蔵量 ※回収が可能な資源量）

原子力発電の発電電力量（2023年）

順位	国名	発電電力量
1位	アメリカ	8162億kWh
2位	中国	4347億kWh
3位	フランス	3382億kWh
4位	ロシア	2174億kWh
5位	韓国	1805億kWh
6位	カナダ	890億kWh
7位	日本	775億kWh
8位	スペイン	568億kWh
9位	ウクライナ	524億kWh
10位	スウェーデン	484億kWh

出典：EI Statistical Review of World Energy 2024
（kWh：1kWの電力を1時間使用した場合の電力量）

第4章 鉱物資源の地政学

9.8%

3位 カナダ

圧倒的な生産量を誇るカザフスタンは同盟国のロシアをはじめ世界各国にウランを輸出している。鉱石のまま輸入しても原発の燃料にならないため、ウラン鉱石を燃料に加工する第3国を経由することになる。

※円内の数字（％）は世界計に占めるシェア

ウランの生産量（2021年） t：トン

1位	カザフスタン	2万1819t
2位	ナミビア	5753t
3位	カナダ	4692t
4位	オーストラリア	3817t
5位	ウズベキスタン	3520t
6位	ロシア	2635t
7位	ニジェール	2250t
8位	中国	1600t
9位	インド	600t
10位	ウクライナ	455t
世界計		4万7472t

出典：OECD/NEA Uranium 2022

生産量1位は中央アジアのカザフスタン、2位はアフリカのナミビア、3位は北米のカナダとなっており、生産地域は比較的分散している。埋蔵量では1位のオーストラリアと2位のカナダがカザフスタンを上回る。

ウラン

ウランの基礎知識

原子力発電の有用性と課題

　原子力発電の有用性は、二酸化炭素（CO_2）を排出しないだけではない。燃料となるウランは発電効率が高く、備蓄できる効果もあって準国産エネルギーとして考えられており、エネルギーを安定供給するうえで必要な要素をすべて備えている。

　しかし、2011年に起こった福島第一原発の事故では周辺地域が汚染され、社会的、経済的に甚大な被害が発生した。日本での原発の稼働には、設備の安全性や社会的な信用をいかに高めるかが大きな課題となっている。

　近年は、世界各国で次世代型原子炉であるSMR（小型モジュール炉）の開発が進められている。小型ながら発電効率が高く、安全面も強化しやすいことから、各国政府も開発を支援しているが、実際に最初に稼働するのは2030年前後になるといわれている。

化石燃料の有効性比較

資源	発電効率 (100万kW/年)	発電コスト (政策経費なし)	CO_2排出量 (石炭を100)	備蓄(日本)
ウラン	21トン	10.2円/kWh	0	約2.9年分
天然ガス	950000トン	10.7円/kWh	57	約20日分
石油	1550000トン	26.5円/kWh	80	約200日分
石炭	2350000トン	12.5円/kWh	100	約29日分

ウラン燃料は原子炉に入れると1年以上の長期間、交換せずに発電できるため、発電期間も含めて備蓄量を算出している。

出典：日本原子力文化財団資料/エネルギー庁「2020年の電源別発電コスト試算結果」(※発電効率は100万kWを1年間発電した場合の比較)/ BP「Statistical Review of World Energy 2021」/2016年電力中央研究所「原子燃料の潜在的備蓄効果」

ウランの濃縮度と用途

原子力発電の燃料となるのは、核分裂を起こしやすいウラン235の割合を高めた低濃縮ウランで、ウラン235の割合が3〜5%。核兵器に使用する高濃縮ウランはウラン235がほぼ100%となる。

ウランの分類	ウラン235の割合	用途・使用先
天然ウラン	0.7%程度	—
低濃縮ウラン	3〜5%	原子力発電所
HALEU (高純度低濃縮ウラン)	5〜20%	次世代原子炉

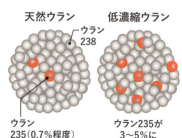

出典：日本原燃HP/Central Energy

世界のウラン&原子力発電情勢

温室効果ガス削減に向けて原子力発電が拡大

世界各国において原子力発電は、有効性を評価するか、リスクを考慮するかで導入や利用の判断が分かれている。

イタリアやドイツは全基を停止して脱原発にシフト。しかし、同じ欧州の中でもフランスは発電電力量の約70%を原子力発電に依存している。

一方、日本では福島第一原発の事故を受けて原子力発電所の安全基準を強化。2014年には原発が全基停止となったが、以後、安全基準をクリアした原発で徐々に再稼働が進み、2024年5月時点で計12基が稼働している。

2023年に開催されたCOP28では、アメリカ政府が温室効果ガスの排出削減に向けて、「2050年までに世界の原子力発電設備容量を3倍に増やす」宣言を発表。同宣言に賛同した日本を含む22カ国が署名するなど、世界的に原発推進の流れが加速している。

主要国の発電量に占める原子力発電の割合（2021年）

フランスは原子力発電の割合が世界で最も高い。アジアでは韓国が26%でトップ。新規で建設をしている原子力発電所の数では中国が最多となる。

国	割合	国	割合
アメリカ	18.6%	インド	2.9%
カナダ	14.4%	ドイツ	11.9%
日本	6.8%	フランス	68.9%
中国	4.8%	イギリス	15.0%
韓国	26.0%	ロシア	19.3%

出典：IEA World Energy Balances 2023

2011年の福島第一原発事故は、原子力発電の危険性やリスクを世界各国にあらためて認識させる結果となり、ドイツなどは脱原発を進めた。

「2050年までに世界の原子力発電設備容量を3倍に増やす」宣言（2023年12月）

宣言に署名した国は欧米諸国が中心。G7のうちイタリア、ドイツを除いた主要5カ国が含まれる。韓国は前・文在寅政権において脱原発を表明していたが、それを撤回する形となった。

宣言に署名した国22カ国

日本、韓国、モンゴル、アラブ首長国連邦、アメリカ、カナダ、ウクライナ、フランス、イギリス、オランダ、スロバキア、スロベニア、チェコ、ハンガリー、ブルガリア、ポーランド、モルドバ、ルーマニア、フィンランド、スウェーデン、モロッコ、ガーナ

脱原発実施国

- イタリア…1990年に全基停止
- ドイツ…2023年4月に全基停止

（※ドイツは2011年の福島第一原子力発電所で起こった事故の影響により原発の廃止を進めた）

第4章　鉱物資源の地政学

ウラン

日本のウラン&原子力発電事情

原子力発電所の稼働率が電気料金に影響

資源に乏しい日本は、エネルギーの安定供給と脱炭素化に向けて原子力発電を推進していた。しかし、2011年の福島第一原発事故によって原発政策の見直しを迫られた。事故後は脱原発の声も高まったが、日本政府は原発の有用性を評価。安全基準を強化し、再稼働に向けた取り組みが進められている。

気候変動対策が求められる時代となり、二酸化炭素(CO_2)を排出しない原子力発電の評価が世界的に見直されたことも再稼働に向けた追い風となった。

石油や天然ガス、石炭など火力発電の燃料となる資源が高騰している時勢において、原発の稼働率は一般家庭の電気料金にも大きな影響を与えている。

日本の発電電力量に占める原子力発電の割合

原子力発電の発電比率は2000年代には30%以上あったが、2011年に福島第一原発の事故が起こると国内の全基を停止し0%になった。2021年でも発電比率は7%にとどまった。

年度	原子力	化石燃料
2000年	34%	55%
2005年	31%	61%
2010年	25%	66%
2014年	0%	87%
2018年	6%	77%
2021年	7%	72%

出典:各電力会社HP/資源エネルギー庁「エネルギー白書2023」

電気代の規制料金の値上げと原子力発電の比率の関係

2023年6月、全国の大手電力会社は経済産業省の認可を受け、それぞれ規制料金の値上げを発表した。しかし、原子力発電の発電比率が高い関西電力と九州電力は値上げをしなかった。

電力会社	2023年6月の値上げ率	原子力発電の発電比率
北海道電力	20.60%	0%
東北電力	23.60%	0%
東京電力	14.40%	0%
関西電力	0%	28%
中国電力	29.20%	0%
九州電力	0%	36%

出典:経済産業省資料(※規制料金の値上げを反映した標準家庭における電気料金値上げ率 ※標準家庭:30アンペア、月間使用量400kWhを想定)/原発比率の出典:各電力会社HP(※2021年時)

燃料費調整額も電力会社によって異なる

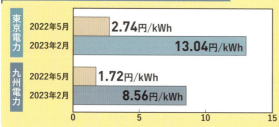

東京電力	2022年5月	2.74円/kWh
	2023年2月	13.04円/kWh
九州電力	2022年5月	1.72円/kWh
	2023年2月	8.56円/kWh

火力発電の燃料調達コストが反映される燃料費調整額は2023年に一斉値上げ。原発が全基停止中の東京電力は13.04円、原発稼働中の九州電力は8.56円。値上げ前より価格差が開いた。

出典:各電力会社HP(※低圧の単価)

未稼働の核燃料再処理工場

原子力発電には、使用済み燃料を再利用する核燃料サイクルのシステムがあり、日本にとってエネルギー自給率の向上につなげる狙いもあった。しかし、2024年5月時点でまだ核燃料サイクルに関連する再処理工場は未稼働のままであり、使用済み燃料の一部をフランスに委託して処理している。

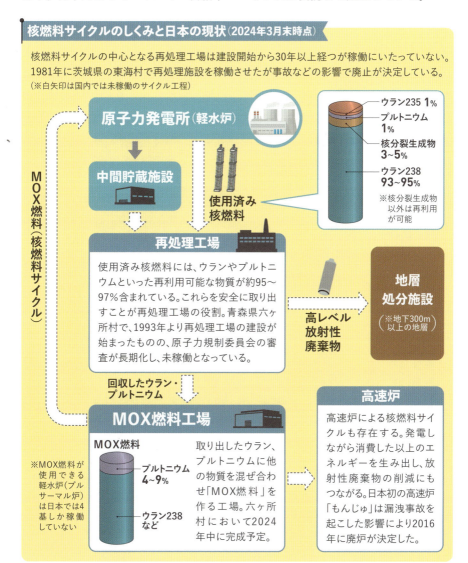

核燃料サイクルのしくみと日本の現状（2024年3月末時点）

核燃料サイクルの中心となる再処理工場は建設開始から30年以上経つが稼働にいたっていない。1981年に茨城県の東海村で再処理施設を稼働させたが事故などの影響で廃止が決定している。
（※白矢印は国内では未稼働のサイクル工程）

ウラン＆原子力発電の地政学

欧米も依存するロシアの低濃縮ウラン

　原子力発電の燃料となる低濃縮ウランを生産できる国は限られている。高度な濃縮技術を保有し、ウランの濃縮処理を低コストで実施できる一部の企業だけが、世界中の原発で消費されるウラン燃料を生産している。

　なかでも圧倒的なシェアを占めているのがロシアのロスアトムとその子会社である。原子力発電の発電電力量が世界1位であるアメリカも、ロスアトムから低濃縮ウランを調達している。

　さらに、ロスアトムは原子力発電設備も世界各国へ販売している。購入先とは燃料となる低濃縮ウランの供給も含めたフルサービス契約を交わすため、ロシアから原発を購入した国では発電燃料の安定供給が確立される。

　EUにおいてもハンガリー、チェコ、スロバキア、ブルガリア、フィンランドの5カ国でロシア製の原発が稼働しており、ハンガリーとスロバキアにいたっては発電電力量の50％前後をロシ

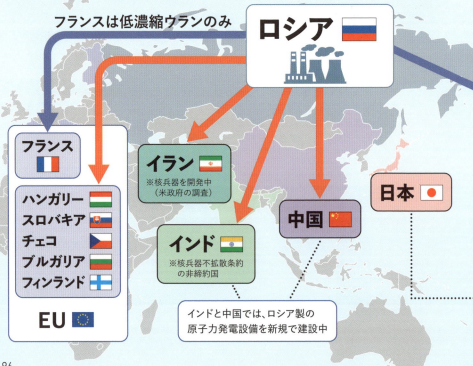

ロシアから原発設備と低濃縮ウランを購入している主な国

ア製の原発で生産している。

2022年のウクライナ侵攻後、アメリカとＥＵはロシアの石油を禁輸にするなど経済制裁を発動したが、ロシアのウランに関しては輸入を継続した。

温室効果ガスの排出削減を実現するには原子力発電は欠かせないものとなっているが、ロシアに依存した状態はアメリカやＥＵにとって安心できる状況ではない。そこで2023年にアメリカが主導で脱ロシアに向けた共同宣言を発表。原子力発電においても脱ロシアに向けて踏み出した。

ウランの濃縮能力シェア（2020年）

2020年に原発用の低濃縮ウランを生産・販売した企業はロシアのロスアトムが1位。全世界の50％に迫るシェアを獲得した。

- ロシア（ロスアトム） 46％
- イギリス・ドイツ・オランダ（ウレンコ） 30％
- フランス（オラノ） 12％
- 中国（中国核工業） 11％
- その他

出典：WNA(世界原子力協会)核燃料リポート
（※カッコ内は企業名）

※2024年6月末時点での情報

2024年5月、アメリカのバイデン大統領はロシアから低濃縮ウランの輸入を禁止する法案に署名し、同法が成立。アメリカは原子力発電において脱ロシアを目指す。

低濃縮ウランを輸入 → アメリカ

脱ロシアに向けて共同宣言

2023年12月、アメリカ、日本にフランス、イギリス、カナダを加えた5カ国は低濃縮ウランにおける脱ロシアに向けて、「今後3年間、官民で42億ドル以上の投資を目指す」という内容の共同宣言を発表した。

アメリカの低濃縮ウラン調達先（2021年）

アメリカは低濃縮ウランの80％以上を輸入。調達先としてはロシア（※ロスアトム）への依存度が大きく全体の28％を占めた。

購入量 14217 U_3O^8トン

- アメリカ 19％
- ロシア 28％
- イギリス 17％
- ドイツ 13％
- オランダ 11％
- その他 12％

出典：EIAウラン市場年報(2021年度版)

共同宣言を発表した5カ国のうちフランスとイギリスはウラン濃縮でシェアを獲得しており、アメリカでも濃縮を行っている。日本でも2023年に青森県六ヶ所村のウラン濃縮工場が6年ぶりに再稼働し、生産量の拡大を目指している。

鉱物資源 1 鉄鉱石

輸出される鉄鉱石の70%近くを買い占めている中国

鉄鉱石とは、鉄鋼の原料となる鉱石であり、主に鉄分の含有率60％前後の鉱石が製鉄では使用されている。

生産量はオーストラリアが1位、次いでブラジルが2位。オーストラリアは世界総生産量の35～40％を占める鉄鉱石大国である。オーストラリアとブラジルが主要な輸出国であり、日本もこの2カ国から80％以上を輸入している。中国は生産量3位であるが、生産量の4倍以上を輸入し、世界総輸出量の70％近くを買い占めている。中国やインドなど鉄鋼業の盛んな国では生産量の大半が国内で消費される。

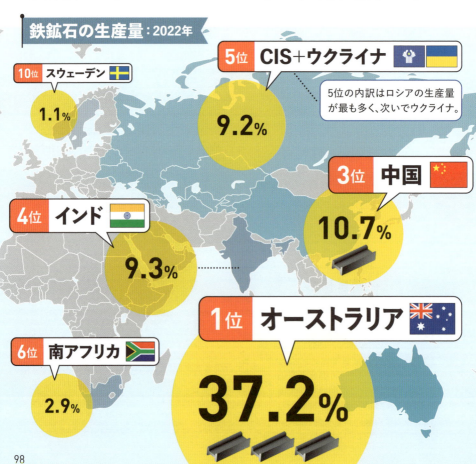

鉄鉱石の生産量：2022年

- 10位 スウェーデン 1.1%
- 5位 CIS＋ウクライナ 9.2%（5位の内訳はロシアの生産量が最も多く、次いでウクライナ。）
- 3位 中国 10.7%
- 4位 インド 9.3%
- 6位 南アフリカ 2.9%
- 1位 オーストラリア 37.2%

鉄鉱石の輸出量（2022年） t：トン

1位	オーストラリア	8億7660万t
2位	ブラジル	3億5910万t
3位	CIS＋ウクライナ	7550万t
4位	南アフリカ	6790万t
5位	カナダ	5380万t
6位	インド	3580万t
7位	スウェーデン	2400万t

出典：WSA World Steel in Figures 2023

1位のオーストリア、2位のブラジルとも生産量の大半を輸出にまわしている。日本は輸入量の60％前後をオーストラリアから調達している。

鉄鉱石の輸入量（2022年） t：トン

1位	中国	11億2560万t
2位	日本	1億1310万t
3位	韓国	7420万t
4位	ドイツ	4020万t
5位	オランダ	2740万t
6位	フランス	1390万t
7位	トルコ	1130万t

出典：WSA World Steel in Figures 2023

中国が圧倒的な1位。2位の日本は自給率0％で輸入に依存している。3位の韓国を含めたアジアの3カ国で世界総輸出量の80〜90％を輸入。

第4章 鉱物資源の地政学

鉄鉱石の生産量（2022年） t：トン

1位	オーストラリア	9億2220万t
2位	ブラジル	4億3050万t
3位	中国	2億6600万t
4位	インド	2億4930万t
5位	CIS＋ウクライナ	2億2930万t
6位	南アフリカ	7310万t
7位	カナダ	5750万t
8位	アメリカ	4870万t
9位	メキシコ	2970万t
10位	スウェーデン	2890万t
世界計		24億7690万t

出典：WSA World Steel in Figures 2023
（※CISは旧ソ連の独立国家共同体）

- 7位 カナダ 2.3％
- 8位 アメリカ 1.9％
- 9位 メキシコ 1.2％
- 2位 ブラジル 17.3％

※円内の数字（％）は世界計に占めるシェア

オーストラリアとブラジルは埋蔵量でも1位と2位。生産量3位の中国と4位のインドはほぼ国内で消費。逆に6位の南アフリカと7位のカナダは生産量のほとんどを輸出している。

鉄鉱石の基礎知識

鉄鉱石が原料の高炉と鉄スクラップを使う電炉

鉄鉱石は主に鉄鋼業で消費されている。鉄鋼業には、高炉の製鉄所と電炉の製鉄所があり生産方式が異なる。

高炉では原料となる鉄鉱石とコークス(蒸し焼きにした石炭)、石灰石を入れて鉄鋼(粗鋼)を生産する。日本を代表する日本製鉄(旧新日鉄)やJFE(旧川崎製鉄)などは高炉メーカーである。それに対し、電炉では鉄鉱石を使用せず、回収した鉄スクラップを再溶解して鉄鋼を生産する。

高炉は電炉よりも大量生産が可能であり、自動車などに使用される高級鋼(高張力鋼材など)の生産にも適している。しかし、電炉に比べて高炉の設備は大型かつ高額であり、製鉄過程で排出される二酸化炭素(CO_2)の量が多いというマイナス面もある。

高炉で鉄鋼を生産する製鉄所の工場からは大量の二酸化炭素(CO_2)が排出される。

高炉と電炉の特徴の違い

高炉では鉄鉱石を還元して鉄(銑鉄)を取り出す。銑鉄には3〜4%の炭素と不純物が混じっているため、転炉で炭素や不純物を除去して鋼(粗鋼)をつくる。電炉ではダイレクトに粗鋼がつくられる。

炉種	製鉄の主原料	長所	短所
高炉	鉄鉱石、コークス	・高級鋼を製造できる ・大量生産ができる	・CO_2排出量が多い ・設備が巨大で高額
電炉	鉄スクラップ	・CO_2排出量が少ない ・高炉より設備が安い	・高級鋼の製造に不向き ・高炉より原材料が高い

高炉では鉄鉱石、コークス、石灰石が原料となり、コークスが鉄鉱石から酸素を取り除いて還元する役割を果たす。

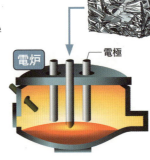

電炉では鉄スクラップが原料となり、電気が流れる電極の熱で鉄を溶かして鋼(粗鋼)をつくる。電炉は電気炉ともいう。

高炉生産の比率が高い日本

製鉄所で生産される鋼（粗鋼）は、成形されて最後はさまざまな形状の鋼材となる。粗鋼の生産量では中国が圧倒的な1位であり、日本は2位のインドに次ぐ3位となっている。

日本では高炉と電炉の割合がだいたい7：3であり、生産量の多い中国ではさらに高炉の割合が高い。それに対し、アメリカでは高炉が約3割、電炉が約7割となっている。アメリカは国内で回収できる鉄スクラップの量が多いため、電炉生産に適していると考えられる。さらにアメリカは鉄スクラップの輸出量でも世界1位である。

鋼材ができるまでの主な工程

鋼とは鉄に微量の炭素を加えた合金であり、製鋼炉で製造されるものを粗鋼という。電炉では鉄スクラップから粗鋼がつくられる。粗鋼は鉄鋼の生産高を示すバロメーターでもある。

銑鉄：鉄鉱石を溶かして還元した（酸素を取り除いた）鉄。
→ **粗鋼**：銑鉄から炭素や不純物を除去して冷却した鋼の塊。
→ **鋼片（こうへん）**：粗鋼を長い板状に成形したもの。圧延機でさまざまな形状の鋼材に加工される。
→ **鋼材（こうざい）**

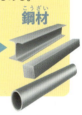

粗鋼の生産量（2022年）

世界の総生産量は2000年から2倍以上に増加。1位の中国は総生産量の50％以上を占める。日本はインドに抜かれて3位となっている。
（t：トン）

順位	国	生産量
1位	中国	10億1795万t
2位	インド	1億2506万t
3位	日本	8923万t
4位	アメリカ	8053万t
5位	ロシア	7146万t
6位	韓国	6585万t
7位	ドイツ	3684万t
8位	トルコ	3513万t
9位	ブラジル	3396万t
10位	イラン	3059万t

出典：WSA（世界鉄鋼協会）

高炉と電炉の割合

高炉と電炉の割合は、だいたい7：3が世界の平均となる。日本の割合は標準的なバランス。

	日本	中国	アメリカ
高炉	73.3%	90.5%	31.0%
電炉	26.7%	9.5%	69.0%

出典：WSA（世界鉄鋼協会）のHP（2022年のデータ）

高炉で鉄鋼（銑鉄）を1トン生産するために必要な原料

原料	必要量
鉄鉱石	1.5～1.7トン
原料炭	0.8～1.0トン

出典：日本鉄鋼連盟（※石灰石を除く）

世界の鉄鉱石&鉄鋼情勢

圧倒的生産量の中国に対し日本が高級鋼で対抗

かつて日本は鉄鋼業で世界をリードしていたが、1990年代に粗鋼生産量で中国に追い抜かれ、鉄鋼業の主役が交代した。その後、中国は急速に生産量を増やし、2000年から20年間で8倍以上に生産規模を拡大。企業別の粗鋼生産量でも上位に中国企業が並ぶ。

粗鋼を成形した鋼材の輸出量でも中国が1位、日本は2位となっているが、日本は中国にも鋼材を輸出をしている。なぜなら日本の鉄鋼メーカーには中国のメーカーに負けない強みがある。それが高級鋼とよばれる鋼材である。自動車向けの鋼板から石油や天然ガスのパイプラインまで、強度および品質を問われる分野において日本の高級鋼は世界で高いシェアを誇っている。

中国は経済の成長にともなって鉄鋼需要が拡大し、次々と高層ビルや高層マンションが建設されたが、2022年あたりから好調だった不動産業界が失速。その結果、建設業にも影響が出はじめているため、しばらくは鉄鋼需要が縮小する可能性も考えられる。

粗鋼の生産量（企業別/2022年）

トップ10に中国企業が6社ランクイン。日本企業では4位の日本製鉄が最上位で、JFEは14位。

(t：トン)

1位	中国宝武鋼鉄集団（中国）	1億3284万t
2位	アルセロール・ミタル（ルクセンブルク）	6889万t
3位	鞍山鋼鉄集団（中国）	5565万t
4位	日本製鉄（日本）	4437万t
5位	江蘇沙鋼集団（中国）	4145万t
6位	河鋼集団（中国）	4100万t
7位	POSCO（韓国）	3864万t
8位	建龍集団（中国）	3656万t
9位	首鋼集団（中国）	3382万t
10位	タタ・スチール（インド）	3018万t

出典：WSA（世界鉄鋼協会）

鋼材の輸出量（2021年）

日本が輸出している鋼材には、高級鋼とよばれる高張力鋼板（ハイテン材）も多く含まれる。

(t：トン)

順位	国	輸出量
1位	中国	6620万t
2位	日本	3376万t
3位	ロシア	3258万t
4位	韓国	2678万t
5位	ドイツ	2395万t

出典：WSA（世界鉄鋼協会）

高級鋼は薄く加工しても強度が高く、自動車の車体などに使われる（高張力鋼板など）。

日本の鉄鉱石＆鉄鋼事情

脱炭素に向けて電炉生産のシェア拡大を推進

　高炉による鉄鋼生産では、電炉よりも多くの二酸化炭素（CO_2）が排出される。高炉では、1トンの鉄（銑鉄）を生産すると約2トンのCO_2が排出される。日本の鉄鋼業では、高炉による生産が約7割を占めているため、粗鋼生産量に対するCO_2の排出量が多い。

　日本のCO_2排出量の内訳をみると、エネルギー（発電）部門に次いで産業部門が2番目に多く、産業部門の中では鉄鋼業の排出量が最も多い。各産業で気候変動対策の取り組みが進められている社会情勢にあって、鉄鋼業界でもCO_2削減の試みが始まっている。

　2021年、日本鉄鋼連盟は2050年までにCO_2排出を実質ゼロにする目標を発表。日本の鉄鋼最大手である日本製鉄は、2030年までに2拠点で高炉から電炉への転換を目指している。電炉生産にすれば、CO_2の排出量は高炉生産の約1/4まで削減される。

　さらに日本製鉄は2023年に、アメリカの鉄鋼大手で電炉生産の技術をもつUSスチールの買収を発表。アメリカ政府が懸念を示すも2024年内の買収完了を進めている。この買収が成立すれば、日本製鉄は粗鋼生産量で世界3位の鉄鋼メーカーとなる。

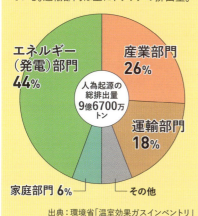

日本の部門別CO_2排出量（2020年）

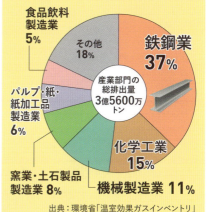

日本の産業部門別CO_2排出量（2020年）

鉄鉱石

鉄鉱石＆鉄鋼の地政学

鉄鉱石と石炭の高騰で日本の建設コストも上昇

　2021年の後半あたりからアメリカや中国を中心に脱コロナの局面に移行し、経済活動が本格的に再開。鉄鋼の需要が急速に高まり、中国を中心に鉄鉱石の輸入量が増加した。その結果、鉄鉱石の市場価格が上昇。日本の輸入価格も2020年の約1.8倍となり、粗鋼や鋼材の価格も値上がりした。

　鉄鉱石の輸入価格は2022年も高止まりの状態で推移。さらに、鉄鉱石とともに鉄鋼生産の原料となる石炭（原料炭）の輸入価格も2020年から4倍近く高騰し、建設コストの上昇を招いた。

鉄（銑鉄）を1トンつくるには、鉄鉱石が1.5〜1.7トン、原料炭は0.75〜0.9トン程度必要となるため、こうした建築資材の高騰が一般住宅やマンションの販売価格にも波及した。

　2022年、ウクライナ侵攻による影響で石油や天然ガスが高騰すると、石炭の需要が高まり、石炭の市場価格が高騰。アメリカやEUがロシア産の石炭を禁輸にしたことで、石炭の高騰に拍車をかけた。日本も欧米に追従してロシアからの石炭輸入を段階的に停止したが、日本はセメント生産で使用され

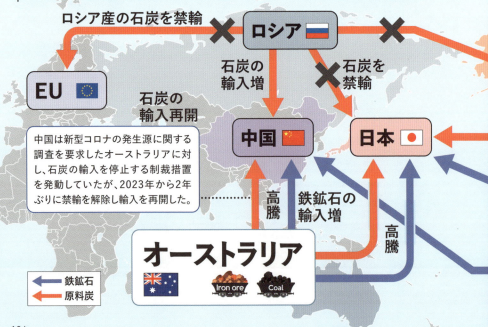

世界の脱コロナで高騰した鉄鉱石と原料炭の輸入価格

る石炭を、主にロシアから輸入していたため、原材料の不足したセメントの価格まで上昇する事態となった。

2023年になって鉄鉱石の価格は安定したが、石炭の価格は高値で推移。そこに円安の状況も重なったことで、輸入資材が多くを占める日本の建設コストは高騰した状態が続いている。

鉄鉱石の輸入価格が高騰

鉄鉱石の年次(年平均)の輸入価格は、2020年から2021年にかけて大幅に上昇。2022年はやや価格を下げたが高値で推移した。

出典:財務省通関統計(年次/CIF価格)

原料炭の輸入価格が高騰

原料炭の年次の輸入価格は鉄鉱石以上に高騰。2020年から2022年にかけて4倍近くまで上昇し、建設コストを押し上げた。

出典:財務省通関統計(年次/CIF価格)

アメリカや中国など経済大国が脱コロナにより経済活動を再開。鉄鋼需要の高い建設業や自動車産業が活発に動き出したことで鉄鉱石の需要も高まった。

セメント価格も高騰

セメント生産に使用するロシア産の石炭が不足したため、セメントの価格が上昇した。セメントはコンクリートの材料にもなる。

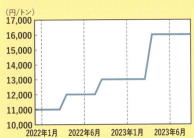

出典:建設物価調査会「建設資材物価指数(セメント/東京)」

コロナ禍に中断していた建設計画や建設工事が、脱コロナにより一斉に動き出したことで鉄鉱石の需要が高まり、価格も上昇した。2023年は中国がオーストラリアからの石炭輸入を再開したことで需要が高まり、石炭の価格にも影響した。

鉱物資源 2 リチウム

EVや携帯電話のバッテリーに不可欠なレアメタル

　リチウムとは、蓄電池（バッテリー）の原材料として最も需要の高いレアメタル（希少金属）であり、クリティカルミネラルともいう。金属の中で最も軽いという特徴をもつ。蓄電池に使われるのは主に炭酸リチウムと水酸化リチウムで、炭酸リチウムから水酸化リチウムをつくることもできる。

　リチウムは生産国が限られており、世界総生産量の40％以上をオーストラリアが占めている。オーストラリアは炭酸リチウムおよび水酸化リチウムの輸出国ではないが、リチウムの原料（鉱石）を中国などに輸出している。

リチウム（原料）の生産量：2023年

中国やチリ、アルゼンチンは、自国で採掘したリチウム原料を自国で精製（必要な物質を抽出すること）し、炭酸リチウムや水酸化リチウムとして輸出。オーストラリアは精製せず原料を主に輸出している。

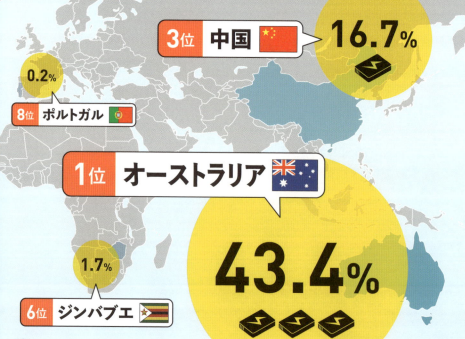

- 3位 中国 16.7％
- 8位 ポルトガル 0.2％
- 1位 オーストラリア 43.4％
- 6位 ジンバブエ 1.7％

炭酸リチウムの輸出量（2021年）(t：純分トン)

1位	チリ	13万8770t
2位	アルゼンチン	3万610t
3位	中国	8160t
3位	オランダ	8160t

水酸化リチウムの輸出量（2021年）(t：純分トン)

1位	中国	7万3670t
2位	チリ	1万1330t
3位	アメリカ	9060t
3位	ロシア	9060t

炭酸リチウムの輸入量（2021年）(t：純分トン)

1位	中国	8万1280t
2位	韓国	4万640t
3位	日本	2万1280t
4位	アメリカ	1万1610t

水酸化リチウムの輸入量（2021年）(t：純分トン)

1位	韓国	5万3700t
2位	日本	3万4280t
3位	中国	3420t
3位	フランス	3420t

出典：Global Trade Atlas（※精製された純リチウムの分量/各国の輸出量は総輸出量から算出）

第4章 鉱物資源の地政学

オーストラリアで採掘されたリチウムを含む鉱石（※リチウムの含有量はごくわずか）はほとんどが中国へ輸出される。

リチウム（原料）の生産量（2023年） t：トン

1位	オーストラリア	8万6000t
2位	チリ	5万6500t
3位	中国	3万3000t
4位	アルゼンチン	9600t
5位	ブラジル	4900t
6位	ジンバブエ	3400t
7位	アメリカ	600t
8位	ポルトガル	400t
世界計		19万8000t

出典：出典：EI Statistical Review of World Energy 2024（※精製されていない原料の重量）

7位 アメリカ 0.3%
2位 チリ 28.5%
4位 アルゼンチン 4.8%
5位 ブラジル 2.5%

※円内の数字（%）は世界計に占めるシェア

リチウムの基礎知識

重要物資であるリチウムイオン電池の主原料

リチウムは、主にリチウムイオン電池の原材料として消費されている。ＥＶ（電気自動車）の車載バッテリーやスマートフォン、ノートパソコンのバッテリーなどはほとんどがリチウムイオン電池であり、日常生活ではすでに欠かせない重要物資となっている。

リチウムイオン電池に使用されるリチウムは、リチウム原料を精製（必要な物質を抽出すること）してつくられる炭酸リチウムや水酸化リチウムである。南米のチリやアルゼンチンで生産されているリチウム原料は、主に塩湖の地下から汲み上げたかん水である。一方、オーストラリアや中国で生産されているリチウム原料は、主に鉱山から採掘された鉱石である。

リチウムイオン電池は、正極、負極、絶縁体（セパレータ）、電解液で構成されており、正極と負極は接触しないように絶縁体で仕切られている。リチウムイオン電池の充電は、正極側にあるリチウムイオンが電解液を通して負極側に移動し、電位差が生じることによって電気がつくられる。

リチウムは金属の中でイオン化傾向（金属が水溶液中で陽イオンになろうとする性質）が最も大きいため、蓄電池の正極材として採用されている。

リチウムイオン電池は、蓄電池としてエネルギー密度が高く、急速な充電が可能となる。さらに充電を繰り返すことによる劣化が相対的に少なく、電池寿命が長いという優れた特徴をもつ。

リチウムの主な精製過程

チリ、アルゼンチン（塩湖かん水）／オーストラリア、中国（スポジュメン鉱石）→ 精製（抽出）→ 炭酸リチウム、水酸化リチウム → リチウムイオン電池

精製されたリチウムは主にリチウムイオン電池の主原料として使われる。一部は窯業（ガラス製造など）や潤滑グリースなどにも使用される。

リチウムイオン電池は、性能が向上するとともに用途が広がっている。近年では高度通信インフラを支える通信基地局やデータセンター（通信機器やサーバを集約した施設）で使用され、最新鋭の軍事兵器にも搭載されている。気候変動対策の中核となる太陽光発電や風力発電の大容量蓄電池にも採用されるなど、社会のあらゆる分野において重要物資となっている。

リチウムイオン電池の構成要素

部材	主な原材料
正極	リチウム、コバルト、ニッケル、マンガン
負極	黒鉛（グラファイト）
絶縁体	ポリオレフィン系樹脂
電解液	リチウム塩、有機溶媒

リチウムイオン電池の正極には、リチウム以外のレアメタルも使用されている。正極材は構成する鉱物の組み合わせでいくつかの種類に分類されるが、需要の高い三元系リチウムイオン電池やNCA系リチウムイオン電池には、コバルト、ニッケルなども必要となる。

正極材の分類	含まれる鉱物	主な用途
コバルト系	リチウム、コバルト	スマートフォン、PC
マンガン系	リチウム、マンガン	EV
リン酸鉄系	リチウム、鉄	EV、定置用蓄電池
三元系	リチウム、コバルト、ニッケル、マンガン	EV
NCA系	リチウム、コバルト、ニッケル、アルミニウム	EV

EVへの搭載で主流となっているのは、リン酸鉄系の「リン酸鉄リチウムイオン電池」や、ニッケル、マンガン、コバルトが主成分の化合物を正極に使う「三元系リチウムイオン電池」など。

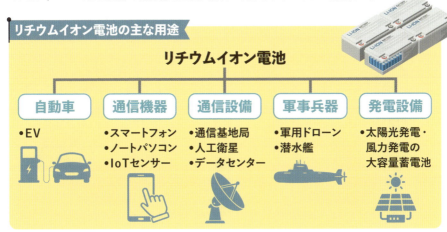

リチウムイオン電池の主な用途

リチウムイオン電池

- 自動車
  - EV
- 通信機器
  - スマートフォン
  - ノートパソコン
  - IoTセンサー
- 通信設備
  - 通信基地局
  - 人工衛星
  - データセンター
- 軍事兵器
  - 軍用ドローン
  - 潜水艦
- 発電設備
  - 太陽光発電・風力発電の大容量蓄電池

リチウム

世界のリチウム情勢

リチウム精製で中国が世界シェア60％を占める

リチウム原料の精製は、かん水と鉱石で方法が異なる。かん水の精製は天日干しで水分を繰り返し蒸発させてリチウム濃度を高める方法となるが、精製には1年以上の時間がかかる。

それに対し、鉱石の精製は硫酸に溶かす工程などを経てリチウムを抽出する。精製は数週間で完了するため生産効率が高い。中国はリチウム鉱石の生産量1位であるオーストラリアからもリチウム鉱石を大量に輸入しており、リチウムの精製において60％以上の圧倒的シェアを占めている。

中国は自国で精製したリチウムを、主にEV（電気自動車）に搭載するリチウムイオン電池に使用している。

精製方法が異なるかん水と鉱石

精製工程で中国のシェアが高いのは、他国に比べて環境規制が緩く、精製施設を開設しやすいためとの見方がある。鉱石の精製で発生する硫酸ナトリウムは毒性は高くないものの、鉱石の焼成によって大量の二酸化炭素（CO_2）が排出される。かん水の精製は天日干しであるため環境負荷が低い。

リチウム原料	精製方法	精製期間	環境負荷
かん水	天日蒸発	1年半～2年	低い
鉱石	焙焼（煆焼）	数週間	高い

出典：JOGMEC金属資源レポート リチウム生産技術概略

チリのリチウム精製所。

リチウム精製の国別シェア（2022年）

リチウムの精製で中国は60％以上のシェア占めている。大量の精製を行うことでコストも下がっているため他国は追随できない。

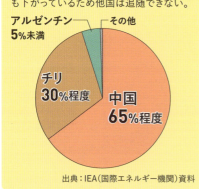

- アルゼンチン 5％未満
- その他
- チリ 30％程度
- 中国 65％程度

出典：IEA（国際エネルギー機関）資料

黒鉛の生産量（2022年）

リチウムイオン電池において負極材として使用される黒鉛（グラファイト）においても中国が世界で圧倒的な生産シェアを占めている。

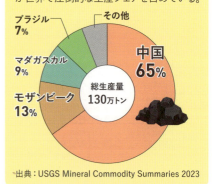

- ブラジル 7％
- その他
- マダガスカル 9％
- モザンビーク 13％
- 中国 65％
- 総生産量 130万トン

出典：USGS Mineral Commodity Summaries 2023

日本のリチウム事情
中国に依存しているリチウムの調達

　日本はリチウムの自給率がほぼ0％であるため、ほとんどを輸入に依存している。炭酸リチウムはチリから約70％を輸入。水酸化リチウムは中国から約80％を輸入している。日本でもリチウムの主要な用途は、ＥＶやＰＨＶ（プラグインハイブリッド車）に搭載するリチウムイオン電池である。

　リチウムイオン電池は、ノーベル化学賞を受賞した吉野彰氏が基本技術を確立し、1991年にソニーが世界で初めて量産化に成功するなど、日本が世界をリードしてきた。しかし、需要が拡大すると中国や韓国のメーカーが台頭。車載用蓄電池において、2015年には約50％あった日本のシェアが、2020年には約20％まで低下している。

　この状況に危機感をもった日本政府は、2022年に制定した経済安全保障推進法において、蓄電池（バッテリー）を特定重要物資に指定し、国内の安定供給に向けて助成を行っている。

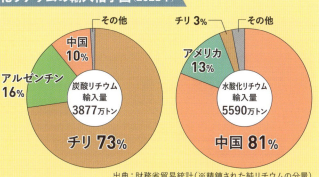

炭酸リチウムと水酸化リチウムの輸入相手国（2021年）

炭酸リチウムの輸入は南米のチリ、アルゼンチンで90％近くを占める。中国からも10％程度を調達。水酸化リチウムは中国から約80％を調達。アメリカからも10％前後を輸入している。

炭酸リチウム輸入量 3877万トン
- チリ 73％
- アルゼンチン 16％
- 中国 10％
- その他

水酸化リチウム輸入量 5590万トン
- 中国 81％
- アメリカ 13％
- チリ 3％
- その他

出典：財務省貿易統計（※精錬された純リチウムの分量）

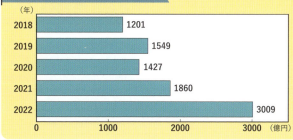

リチウムイオン電池の輸入量

年	億円
2018	1201
2019	1549
2020	1427
2021	1860
2022	3009

コロナ禍だった2020年は微減となったものの、2018年から4年間で3倍近く増加。輸入先は中国がシェア50％以上で1位。次いで韓国。

出典：財務省貿易統計

リチウムの地政学

米中が狙う南米のリチウムトライアングル

　温室効果ガスの排出削減を目指すうえで、二酸化炭素（CO_2）を排出しないEVの普及は極めて重要であり、車載バッテリーとなるリチウムイオン電池はこれからも需要の拡大が予想される。車載用蓄電池の市場では、中国が約60％のシェアを握っており、欧米の自動車メーカーにも中国製の蓄電池を搭載した車種がいくつもある。

　さらに、リチウムイオン電池はEVだけでなく、軍事兵器や通信衛星、データセンターなど国防に関わる分野でも使用されているため、アメリカは中国の市場拡大を問題視。2024年から中国関連企業の車載電池を搭載した自動車を税控除の対象外とした。

　アメリカはリチウムを輸入に頼っており、主に南米のチリとアルゼンチンから輸入している。同様に中国もチリとアルゼンチンに進出し、次々とリチウムの利権を獲得。両方の国からリチウムを輸入している。さらに推定埋蔵量が世界1位のボリビアにも進出し、政府とリチウムの協定を締結した。

　しかし、アメリカもチリは自由貿易協定を結んでいる友好国であり、アルゼンチンでも2023年に就任したミレイ大統領が親中国から親米路線への転換を図っている。このリチウムトライアングルとよばれる南米3カ国には世界全体の50％ものリチウムが埋蔵されていると推定されており、米中によるリチウム争奪戦が展開されている。

リチウムの需要拡大予測

リチウムイオン電池の汎用性拡大に比例し、リチウムの需要も急激な拡大が予想される。日本でも調達ルートの確保が求められる。

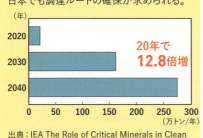

20年で12.8倍増

出典：IEA The Role of Critical Minerals in Clean Energy Transitions 2021（公表政策シナリオ）

車載向け蓄電池メーカーの出荷量シェア（2022年）

トップ10に中国企業が6社がランクインした。日本企業は4位のパナソニック1社のみ。

1位	CATL（中国）	35.3%
2位	LGエナジーソリューション（韓国）	13.8%
3位	BYD（中国）	13.2%
4位	パナソニック（日本）	7.9%
5位	SKオン（韓国）	6.2%
6位	サムスンSDI（韓国）	4.8%
7位	CALB（中国）	4.2%
8位	Gotion（中国）	2.9%
9位	Sunwoda（中国）	1.7%
10位	EVE（中国）	1.3%

出典：SNE Research（※カッコ内は国名）

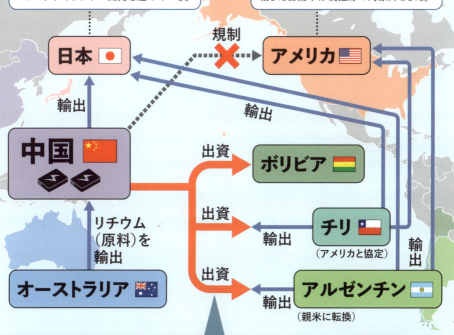

鉱物資源 3 コバルト

コンゴ民主共和国で全世界の70%以上が採掘される重要鉱物

　コバルトは、リチウムとともにリチウムイオン電池の正極材として使用される重要鉱物であり、レアメタル（希少金属）の一種でもある。特徴として強い磁力（強磁性）をもつ。

　リチウム以上に生産国が限られており、世界総生産量の70%以上をアフリカのコンゴ民主共和国が占めている。生産量2位はロシア、3位はオーストラリア。コンゴ民主共和国は輸出量でも世界1位であり、生産量の大半が輸入量1位の中国へ輸出されている。

　中国へは主に原料（鉱石）で輸出される場合と、中間生産物であるマット

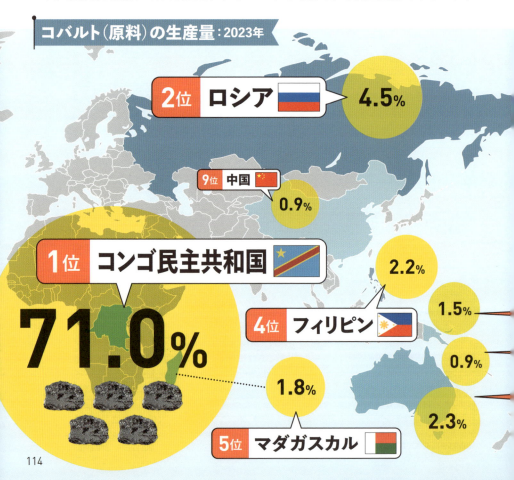

コバルト（原料）の生産量：2023年

- 1位 コンゴ民主共和国 71.0%
- 2位 ロシア 4.5%
- 4位 フィリピン 2.2%
- 5位 マダガスカル 1.8%
- 9位 中国 0.9%
- 1.5%
- 0.9%
- 2.3%

および塊で輸出される場合があり、鉱石やマットを精錬（必要な物質を抽出すること）し、コバルトを抽出する。

コバルトの埋蔵量（2021年末時点） (t:トン)

1位	コンゴ民主共和国	350万t
2位	オーストラリア	140万t
3位	インドネシア	60万t
4位	キューバ	50万t
5位	フィリピン	26万t

出典：USGS（米国地質調査所）

コンゴ民主共和国はコバルトの生産量で圧倒的なシェアを誇るが、埋蔵量も世界で最も多い。

コバルト（原料）の輸入量（2020年） (t:トン)

1位	中国	5万1850t
2位	モロッコ	7320t
3位	フィンランド	1220t

コバルトマット・塊の輸入量（2020年） (t:トン)

1位	中国	30万6180t
2位	マレーシア	1万1340t
3位	日本	7561t
3位	アメリカ	7561t
3位	ベルギー	7561t

出典：Global Trade Atlas（※各国の輸入量は総輸入量から算出／コバルトマット・塊はコバルトの中間生産物）

コバルト（原料）の生産量（2023年） t:トン

1位	コンゴ民主共和国	13万9800t
2位	ロシア	8800t
3位	オーストラリア	4600t
4位	フィリピン	4500t
5位	マダガスカル	3600t
6位	キューバ	3200t
7位	パプアニューギニア	2900t
8位	カナダ	2100t
9位	ニューカレドニア	1800t
9位	中国	1800t
世界計		19万6900t

出典：EI Statistical Review of World Energy 2024（※精錬される前の重量）

- 8位 カナダ 1.1%
- 6位 キューバ 1.6%
- 7位 パプアニューギニア
- 9位 ニューカレドニア（※フランス領）
- 3位 オーストラリア

※円内の数字（%）は世界計に占めるシェア

コンゴ民主共和国は埋蔵量でも1位。次いでオーストラリアが2位、インドネシアが3位。「Cobalt Market Report 2023」では、2023年の生産量はインドネシアが2位となっている。

第4章 鉱物資源の地政学

コバルト

世界のコバルト情勢

コバルト精錬で中国が世界シェア75％を占める

　コバルトは、主にリチウムイオン電池の正極材として消費されるが、酸化しにくく、アルカリ性にも耐性をもつ性質から、耐久性の強い特殊鋼（超合金）の材料としても使用されている。

　コバルト原料（鉱石）は、精錬して不純物で除去し、コバルトを抽出することで正極材などに使用できる。中国は高い精錬技術を保有しており、精錬の低コスト化も実現。コバルト精錬において、中国は約75％のシェアを占めている。中国のコバルト生産量は年間2000トン程度であるが、年間10万トン以上を生産しているコンゴ民主共和国が生産量の9割以上を中国へ輸出しているため、コバルトは実質的に中国がほぼ独占する状態となっている。

　コバルトの調達では、コンゴ民主共和国に依存するしかないため、欧米各国の企業もコンゴ民主に進出し、コバルトの利権確保に向けて動いている。

コンゴ民主共和国の南部からザンビア北部に広がる銅の鉱床地帯（カッパーベルト）は世界一のコバルト採掘地。この一帯ではコバルトが主に銅鉱山の副産物として生産されている。
（※写真は銅およびコバルトの精錬所）

コバルト精錬の国別シェア（2022年）

コバルトの精錬で中国が70％以上のシェアを占める。中国はコバルト鉱石の90％以上をコンゴ民主共和国から輸入している。

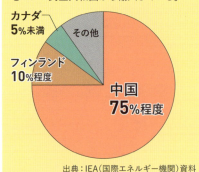

カナダ 5％未満
その他
フィンランド 10％程度
中国 75％程度

出典：IEA（国際エネルギー機関）資料

コバルトの主な用途

リチウムイオン電池の正極材

EVの車載蓄電池として主流なっている三元系のリチウムイオン電池にはリチウム、ニッケルとともにコバルトも必要となる。

特殊鋼（超合金）

蓄電池に次ぐ用途が主にコバルト地金を使った特殊鋼（超合金）。耐熱性が高いためジェットエンジンや発電設備のガスタービンなどにも用いられる。

日本のコバルト事情
総輸入量の約50％をフィンランドから調達

第4章 鉱物資源の地政学

　日本はコバルトの自給率がほぼ０％であり、ほとんどを外国から輸入している。輸入先の内訳は、欧州のフィンランドが１位であり、コバルト調達の50％前後を依存している。フィンランドはコバルト精錬で中国に次ぐシェアを占め、自国にコバルト鉱山もある。

　以下、２位はマダガスカル、３位はカナダ、４位が中国となっており、リチウムとは異なりコバルトの調達においては中国への依存度は低い。

　コバルトとともにリチウムイオン電池の正極材となるニッケルも同様であり、オーストラリアやマダガスカル、カナダなどから輸入し、中国に依存せず必要量を調達している。

　さらに、コバルトは年間300トン前後を国内の使用済みの蓄電池（バッテリー）や特殊鋼使用製品などから回収し、リサイクル生産している。コバルトの価格が今後さらに上昇した場合は、リサイクル生産がより推進され、生産量も拡大すると予想される。

日本のコバルトリサイクル

コバルトは都市鉱山からのリサイクル率が高い。回収率が落ちたコロナ禍を除けば、使用済みの蓄電池や特殊鋼使用製品から年間で300トン前後のコバルトが回収されている。

年	リサイクル量	リサイクル率
2017	344トン	3.4%
2018	339トン	3.2%
2019	298トン	2.8%

出典：触媒資源化協会
　　（※リサイクル率は国内消費量に占める割合）

コバルトの輸入相手国（2022年）

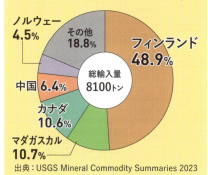

主にフィンランドから輸入し、中国への依存度は低い。日本の調達は中間生産物であるコバルトマット・塊としての輸入が中心。

総輸入量 8100トン
フィンランド 48.9%
マダガスカル 10.7%
カナダ 10.6%
中国 6.4%
ノルウェー 4.5%
その他 18.8%

出典：USGS Mineral Commodity Summaries 2023

ニッケルの輸入相手国（2022年）

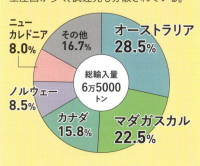

コバルトとともにリチウムイオン電池の正極材となるニッケルは他のレアメタルより生産国が多く、調達先も分散されている。

総輸入量 6万5000トン
オーストラリア 28.5%
マダガスカル 22.5%
カナダ 15.8%
ノルウェー 8.5%
ニューカレドニア 8.0%
その他 16.7%

出典：USGS Mineral Commodity Summaries 2023

コバルト

コバルトの地政学

紛争鉱物が蔓延するコンゴ民主に中国が進出

　中国ではＥＶの研究・開発に注力しながら、車載用蓄電池の材料となるレアメタル（希少金属）の調達ルートも早い段階から開拓していた。

　特にコバルトは自国で少量しか採掘できないため、すでにコバルト生産量で世界１位だったコンゴ民主共和国に2010年頃から進出。現地の鉱山企業の買収や、鉱山権益の獲得を進め、2024年の段階で、コバルトが採掘できる鉱山の50％以上を中国企業が保有している。中国はコンゴ政府に対し、鉱山の権益や株式を取得する見返りとして、資源開発やインフラ整備の資金を投融資するなど両国の関係を深めている。

　コンゴ民主共和国はこれまで何度も内戦が勃発するなど政情が不安定であり、国内にはまだ複数の武装勢力や反政府勢力が存在する。同国の鉱山の一部は武装勢力の資金源となっており、児童労働が行われている鉱山もあるなど、多くの問題を抱えている。

欧米はコンゴ民主のコバルトを規制対象外に

- EU（ユミコアなど）：スイス（グレンコア）からコバルトを調達
- スイス（グレンコア）：コンゴ民主共和国へ出資、鉱山権益を取得
- 中国：コンゴ民主共和国へ出資・融資、鉱山権益を取得
- オーストラリア：中国へコバルトを輸出

アメリカやEUでは、そういった鉱山で採掘された鉱石を「紛争鉱物」に指定し、購入および輸入を規制している。コンゴ民主共和国で採掘されたスズやタンタル、金(きん)などが紛争鉱物に指定されているが、生産国が限られるコバルトは規制対象となっていないため、アメリカ、EUともコンゴ民主共和国産のコバルトを購入することができる。

鉱山開発大手のグレンコア(スイス)はコンゴ民主共和国で鉱山権益を獲得しており、アメリカのテスラやゼネラルモーターズはグレンコアからコバルトを購入している。さらに、アメリカは生産量で世界3位のオーストラリアからもコバルトを輸入するなど、安定した供給体制を確立し、コバルトの独占を狙う中国に対抗している。

コバルトの需要拡大予測

リチウムとともにコバルトの需要も急拡大が予想される。コンゴ民主以外の生産国が限られるため獲得競争はより熾烈となる。

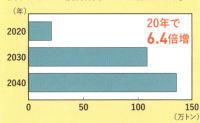

20年で6.4倍増

出典：IEA The Role of Critical Minerals in Clean Energy Transitions 2021(公表政策シナリオ)

資源エネルギー庁の資料によると、スイスのグレンコアは、コンゴ民主共和国の鉱山権益などを獲得することで、コバルトの世界総生産量のうち20％以上の権利を確保している。こうした資源メジャーと取引することによりアメリカは中国に依存せず、コバルトを調達している。

グレンコアからコバルトを調達 → **アメリカ** 🇺🇸 テスラ、ゼネラルモーターズなど

紛争鉱物の指定鉱物と対象地域

	アメリカ「金融規制改革法」	EU「紛争鉱物取引規制」
施行開始	2012年8月	2021年1月
遵守義務	アメリカの上場企業	EU圏の鉱物輸入業者
紛争鉱物の条件	武装勢力の資金源	採掘などにおける人権侵害
紛争鉱物指定	スズ、タンタル、タングステン、金	スズ、タンタル、タングステン、金
対象地域	コンゴ民主共和国とその周辺国	紛争地域および高リスク地域(地域リストにはコンゴ民主も含まれる)
企業への調査	米証券取引委員会へ調達先の報告	OECD指針に沿ったリスク調査など

コバルト

太陽光発電の生産シェア

太陽電池パネルで約80％のシェアを誇る中国

　温室効果ガスの排出削減に向けて、太陽光発電の導入が拡大している。天候や時間帯によって発電量が変動する太陽光発電では、太陽電池パネル（モジュール）でつくられたエネルギーを大容量のリチウムイオン電池などに蓄電することで発電量の変動に対応し、安定的な電力供給を担保している。リチウムイオン電池は再生可能エネルギーの分野でも重要物資となっている。

　中国は太陽電池パネルの市場で約80％のシェアを誇り、リチウムイオン電池の生産量でも世界１位である。中国では早くから技術開発に着手。原材料の調達から生産まで自国で行うことで生産コストを抑制し、国家主導で太陽電池パネルの設置を推進。生産量の増加により販売価格はさらに抑えられた。

　中国から輸出された太陽電池パネルは、欧米のメーカーに比べて価格が安いことから一気にシェアを獲得。太陽電池パネルの原材料となるポリシリコンやウエハーにいたっては、中国が95％以上のシェアを占めている。

太陽電池パネルの出荷量（2022年）

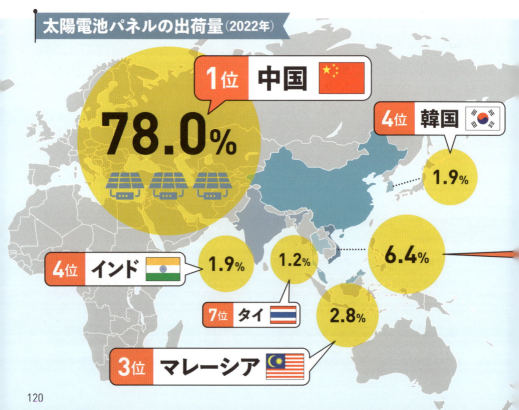

1位 中国 78.0%
4位 韓国 1.9%
4位 インド 1.9%
7位 タイ 1.2%
6.4%
3位 マレーシア 2.8%

太陽電池パネルのメーカー別の出荷量をみても、世界の上位10社に中国メーカーが7社ランクイン。太陽光発電の市場はまさに中国の独占状態となっているが、中国が設備の価格を抑えたことにより、太陽光発電の導入が世界中で促進されたという一面もある。

アメリカ政府は、発電部門で中国製の設備に依存する状態をリスクととらえ、国内の太陽光発電メーカーに補助金を支出。2022年には、太陽電池パネルを国防生産法(民間企業の生産活動に大統領権限で命令できることを定めた法律)の対象物資に指定した。

太陽電池パネルの出荷量シェア(企業別/2022年)

1位	ロンジソーラー(中国)	12.5%
2位	ジンコソーラー(中国)	11.9%
3位	トリナ・ソーラー(中国)	11.5%
4位	JAソーラー(中国)	10.6%
5位	カナディアンソーラー(カナダ)	5.7%
6位	チントニューエナジー(中国)	3.6%
7位	ライセンエネルギー(中国)	3.6%
8位	ハンファソリューションズ(韓国)	3.1%
9位	ファーストソーラー(米国)	2.5%
10位	DASソーラー(中国)	2.3%

※出荷量は委託生産やOEM調達などを含め出荷した量
出典:(株)資源総合システム「太陽光発電マーケット2023」

太陽電池パネルの生産量(2022年) (※1GW=100万kW)

順位	国	生産量
1位	中国	約295GW/年
2位	ベトナム	約24GW/年
3位	マレーシア	約10GW/年
4位	アメリカ	約7GW/年
4位	韓国	約7GW/年
4位	インド	約7GW/年
7位	タイ	約4GW/年
	世界計	379GW/年

4位 アメリカ 1.9%
2位 ベトナム

出典:資源総合システム「太陽光発電マーケット2023」
太陽電池モジュール生産量の生産国・地域別比率および種類別比率(2022年)
(※生産された太陽電池パネルの発電容量で比較/各国の発電能力は世界計から算出 ※一部推定)

2022年の各国税関統計をまとめた資料によると、中国の太陽電池パネルの輸出先は、EUが約50%で1位。次いでブラジル、インド、日本の順となっている。EUは輸入した太陽電池パネルの90%以上が中国製だった。アメリカは脱中国を進めており、ベトナムなどから輸入している。

鉱物資源 ④ レアアース

中国の生産量が全世界の70％近くを占める希少金属

レアアースとは、31種類あるレアメタル（希少金属）の一種で希土類に含まれる17種類の元素の総称。各元素は化学的に似た性質をもち、同じ鉱物の中に存在するが、各元素の組成比は鉱物により異なる。レアアースには強力な磁石の原料となる鉱物も含まれる。

レアアースの生産国は偏っており、世界総生産量の約70％を中国が占めている。生産量2位はアメリカ。米中が主要生産国となっているのは、採掘技術や経済力なども関係している。

輸出量も中国が1位であり、輸入量ではマレーシアが1位となっている。

レアアースの生産量：2023年

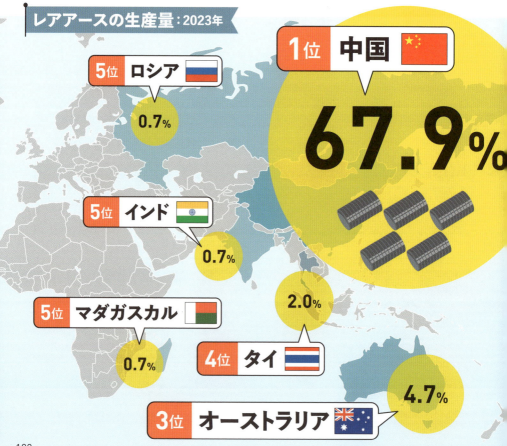

- 1位 中国 67.9%
- 3位 オーストラリア 4.7%
- 4位 タイ 2.0%
- 5位 ロシア 0.7%
- 5位 インド 0.7%
- 5位 マダガスカル 0.7%

第4章 鉱物資源の地政学

レアアースの輸出量（2020年） t：トン
1位	中国	6210t
2位	ベトナム	2830t
3位	タイ	1090t
4位	オランダ	320t

（※各国の数値は総輸出量から算出）

レアアースの輸入量（2020年） t：トン
1位	マレーシア	2万3490t
2位	日本	6860t
3位	ベトナム	720t

（※各国の数値は総輸入量から算出）
出典：Global Trade Atlas（※精製されたレアアースの純分量）

レアアースの埋蔵量（2023年末時点） t：トン
1位	中国	4400万t
2位	ブラジル	2100万t
3位	ロシア	1000万t
4位	インド	690万t
5位	オーストラリア	570万t
6位	アメリカ	180万t
7位	マダガスカル	16万t

出典：EI Statistical Review of World Energy 2024
（※酸化物当量）

中国は輸出量でも埋蔵量でも圧倒的な1位。輸入量ではマレーシアが1位、日本が2位。

レアアースの生産量（2023年） t：トン
1位	中国	24万t
2位	アメリカ	4万3000t
3位	オーストラリア	1万6800t
4位	タイ	7100t
5位	インド	2600t
5位	ロシア	2600t
5位	マダガスカル	2600t
	世界計	35万3700t

出典：EI Statistical Review of World Energy 2024
（※酸化物当量）

12.2%
2位 アメリカ
※円内の数字（%）は世界計に占めるシェア

中国の生産量はレアアースの需要拡大や採掘技術の発達により大きく増加。主要輸出国は中国、ベトナム、タイなど。マレーシアにはオーストラリアのレアアース開発企業の精製拠点があるため輸出量が多い。USGS（米国地質調査所）の2023年度の統計では、ベトナムが生産量9位、埋蔵量2位となっている。

レアアースの基礎知識

多方面で重要物資となっているネオジム磁石

レアアースの17元素は化学的に似た性質をもちながら、それぞれ特性があり、需要や用途が異なっている。なかでも需要の高い元素がネオジムである。

ネオジムには、磁石の材料に加えると鉄原子の磁極を一定方向に固定させる働きがある。言い換えれば、強い磁力を生み出すことができる。ネオジムを使った「ネオジム磁石」は、最も強力な永久磁石であり、EVやハードディスク、風力発電機など幅広い分野で重要な役割を果たしている。

ほかにも研磨剤や触媒（特定の化学反応の速度を変化させる物質）として用いられるセリウムや、光学レンズに使われるランタンなどの需要も高い。

レアアースの中でも需要の高い金属

レアアース	主な用途
ネオジム	ネオジム磁石、ガソリンなどを製造するFCC（流動接触分解装置）の触媒、ニッケル-水素電池など
ジスプロシウム	ネオジム磁石
セリウム	ハードディスクなどの基板の研磨剤、自動車用排ガス触媒、FCC（流動接触分解装置）の触媒、ニッケル-水素電池など
ランタン	FCC（流動接触分解装置）の触媒、光学レンズ、ニッケル-水素電池など

ネオジム磁石

ネオジムは最も強力な永久磁石である「ネオジム磁石」に欠かせない原料。さらに少量のジスプロシウムを添加することによって性能が高まる。

ネオジム磁石の主な用途

「ネオジム磁石」は外部からのエネルギーがなくても強力な磁場を生み出せる。発電機や各種モーターにおいて電力と動力を効率よく変換する役割を果たす。

主な用途	ネオジム磁石の働き
EV・HV・PHV	強力な磁力により蓄電池（バッテリー）の電力を効率よく駆動エネルギーに変換できる。ネオジム磁石が駆動用モーターの省電力化や小型化、軽量化などにもつながっている。
ハードディスクドライブ（HDD）	ディスクを回転させるスピンドルモーターとヘッドを動かすボイスコイルモーターに使われている。ネオジム磁石の働きが磁気を読み取るHDDの高密度化や小型化につながっている。
産業用モーター	製造装置や工作機械、空調機器、エレベーターなどのモーターに使われ、電力と動力を効率よく変換する役割を果たす。
風力発電機	風力発電機（風力タービン）に搭載された磁石が強力であるほど出力を上げることが可能となり発電効率が高まる。

中国ではネオジム磁石は風力発電機に最も多く使われている。中国が推進する風力発電の拡大においてネオジムおよびレアアースは重要な役割を果たしている。

日本のレアアース事情
レアアースの調達で中国に依存する日本

第4章　鉱物資源の地政学

　日本はレアアースの自給率がほぼ0％であり、ほとんどを輸入に依存している。圧倒的な生産量を誇る中国からの輸入が全体の約60％を占め、ベトナム、フランス、タイなどからも少量を購入。鉱石ではなく精製されたレアアースを輸入している。また日本では、南鳥島の周辺でレアアースの大きな鉱床が見つかっており、海底から採掘する技術開発の取り組みも始まっている。

　レアアースの精製においても中国は80～90％ものシェアをもち、精製・加工に関する技術力や低コスト化で他国をリードしている。レアアース鉱石の多くは放射性物質を含有しており、適切に処理をしないと環境汚染や土壌汚染につながる。しかし、中国では主に土からレアアースを抽出するため、鉱石よりも精製しやすい。さらに中国は環境規制が緩いため、レアアースの精製所を開設しやすいという事情も圧倒的な精製シェアにつながっている。

レアアースの輸入相手国（2020年）

約60％を中国から輸入。セリウムやランタンはセリウム化合物、酸化セリウム、酸化ランタンとして個別でも輸入されている。

- 中国 59％
- ベトナム 16％
- フランス 11％
- タイ 6％
- インド 4％
- その他

総輸入量 1万6264トン

（※精製したレアアースの純分量）
出典：Global Trade Atlas/ITC

レアアースの工程別精製シェア（2020年）

中国は生産量で約80％のシェアを誇るが、精製のシェアはそれ以上。中国政府は2023年12月よりレアアースの分離・精製技術を輸出禁止にしており、レアアースの独占状態を維持する狙いが見える。日本はネオジム磁石の製造工程において、中国に次ぐシェアを獲得している。

主要国	採掘・選鉱	分離・精製	電解・還元	合金化／磁石製造
	その他	その他	その他	その他
	オーストラリア	マレーシア	ベトナム	日本
	アメリカ			
	中国	中国	中国	中国

出典：JOGMEC「資源鉱物マテリアルフロー（2023年）」（※R1FY北米におけるレアースサプライチェーン状況分析業務、各種レポートを基に作成）

レアアース

レアアースの地政学

重要鉱物の調達で脱中国を目指すIPEF

　アメリカは日本と同様にレアアースの調達を中国に依存している。アメリカも生産量で15％前後のシェアをもっているが、レアアースの需要拡大により中国から輸入しなければ成り立たない状態となっている。

　特にアメリカでは軍事兵器におけるレアアースの需要が高まっているため、中国に調達を依存している現状により強い危機感を募らせている。

　2022年、アメリカのバイデン大統領が中心となりIPEF（インド太平洋経済枠組み）の創設が発表された。アメリカをはじめ日本、韓国、オーストラリア、インド、インドネシア、ベトナムなど14カ国が参加。IPEFの狙いはインド太平洋地域における経済面での連携強化であり、創設後は各国で活発に対話や会合が行われている。

　2023年11月に開催されたIPEF首脳会合では、重要鉱物の供給網強化に向けて新たな定期会合（IPEF重要鉱物

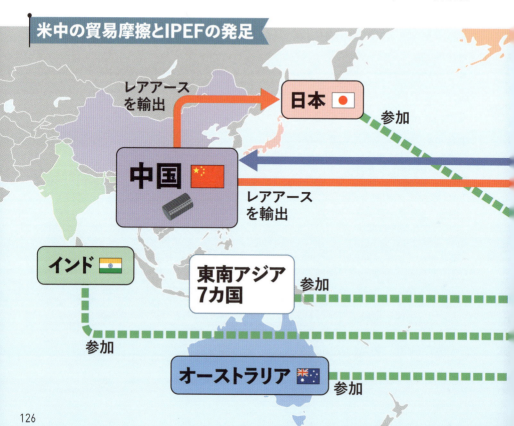

米中の貿易摩擦とIPEFの発足

対話）を立ち上げることなどを盛り込んだ首脳声明が発表された。これはリチウムやコバルト、レアアースといった重要鉱物の調達で脱中国に取り組む動きであり、IPEFの枠組みの中で安定した供給網の確立を目指していく。今後は資源の開発や精錬技術の提供などでも連携が期待されている。

IPEFにはアメリカだけでなく、オーストラリアやインドネシア、フィリピンなど重要鉱物の主要生産国も参加しているため、鉱物資源の乏しい日本にとっては有益な枠組みとなる。

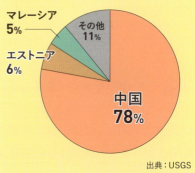

アメリカのレアアース輸入相手国（2017〜2020年の総計）

アメリカは国防にも関わるレアアースの調達を中国に依存している状況に危機感を抱き、脱中国の供給網を模索している。

- マレーシア 5%
- エストニア 6%
- その他 11%
- 中国 78%

出典：USGS

レアアースおよびネオジム磁石は軍事兵器でも需要が拡大。米軍の最新鋭戦闘機F-35や対戦車ミサイルなどで使われている。米国議会調査局によるとF-35は1機あたり400kg以上のレアアースが必要となる。

2023年12月、中国政府はレアアース関連技術の輸出禁止を発表。中国に対して半導体などの先端技術で輸出規制を強めるアメリカを牽制している。

米中対立 → アメリカ 🇺🇸 → IPEFの発足を主導

IPEF（14カ国）：重要鉱物の生産国も参加

アメリカ（レアアース②）、日本、韓国、ニュージーランド、オーストラリア（リチウム①、コバルト③、レアアース③）、インド（レアアース⑤）、インドネシア（ニッケル①）、フィリピン（コバルト④、ニッケル②）、タイ（レアアース④）、マレーシア、ベトナム、シンガポール、ブルネイ、フィジー

※○数字は生産量の世界順位（2022年）

アメリカ、日本など14カ国で結成されたIPEFには、オーストラリアやインドネシア、フィリピンなど重要鉱物の主要生産国も参加。さらにマレーシアやベトナムはレアアースの精製工程で、日本も磁石製造の工程で中国に次ぐシェアを有している。

風力発電の生産シェア

風力発電設備でも中国が約50％のシェア

レアアースを原材料に加えたネオジム磁石は、日本では主にEVやハイブリッド車、産業用モーターなどに使用されている。一方、中国ではネオジム磁石が風力タービン（風力発電機）の製造に不可欠な材料となっている。

風力発電は風で風車を回し、回転エネルギーを電力に変換する仕組みとなる。ネオジム磁石を使うと風車が低速で回っていても高い出力を得られるようになり、発電効率が高まる。さらに静音性の向上にも貢献する。

中国は風力発電設備の市場で約50％のシェアを占めている。ネオジム磁石の生産量でも世界1位である。脱炭素社会に向けて再生可能エネルギーの導入が世界各国で進められ、風力発電の需要も拡大。近年は海に風車を建てる洋上風力発電の建設も増えている。

風力タービンのメーカー別の出荷量をみても、上位10社に中国メーカーが6社ランクイン。これは発電設備の価

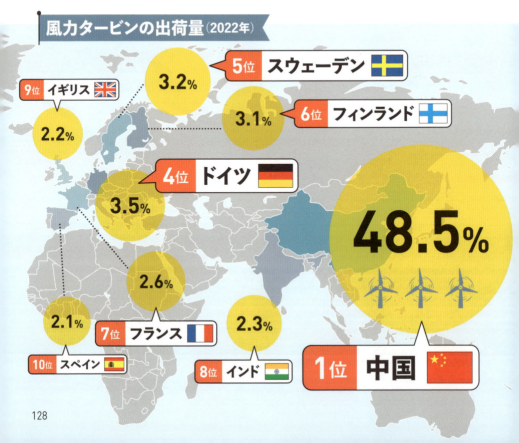

風力タービンの出荷量（2022年）

- 1位 中国 48.5%
- 4位 ドイツ 3.5%
- 5位 スウェーデン 3.2%
- 6位 フィンランド 3.1%
- 7位 フランス 2.6%
- 8位 インド 2.3%
- 9位 イギリス 2.2%
- 10位 スペイン 2.1%

格が欧米のメーカーより安いことも一因になっていると考えられる。

しかし、2024年4月にEUは、中国メーカーが安く販売できるのは、中国政府から補助金を得ているからであり、不正競争の疑いがあるとして調査を開始したと発表。これに対し、中国側は真っ向から否定している。

EUにとって風力発電による再生可能エネルギーの生産拡大は望ましい状況であるが、過度な中国への依存は経済安全保障に関わる問題であり、極めて難しい選択を迫られている。

風力タービンの出荷量シェア（企業別/2022年）

順位	企業	シェア
1位	ベスタス（デンマーク）	14.0%
2位	金風科技（中国）	11.7%
3位	SGRE（ドイツ/スペイン）	10.3%
4位	GEリニューアブルエナジー（アメリカ）	9.8%
5位	遠景能源（中国）	9.3%
6位	明陽智能（中国）	7.2%
7位	遠達（中国）	6.9%
8位	ノルデックスグループ（ドイツ/スペイン）	5.4%
9位	SANY（中国）	5.0%
10位	CRRC（中国）	4.3%

出典：GWEC Market Intelligence, April 2023
（※出荷された風力タービンの発電容量でシェアを算出）

中国が約50%のシェアを誇るが、メーカー別のランキングでは、上位5社のうち3社が欧米のメーカーである。しかし、世界3位のSGREが2023年に45億ユーロの赤字を計上するなど、中国メーカーに押され、苦境に陥っている。

2位 アメリカ 13.0%

3位 ブラジル 5.8%

風力タービンの出荷量（2022年）

順位	国	出荷量
1位	中国	3763万kW/年
2位	アメリカ	861万kW/年
3位	ブラジル	406万kW/年
4位	ドイツ	274万kW/年
5位	スウェーデン	244万kW/年
6位	フィンランド	243万kW/年
7位	フランス	207万kW/年
8位	インド	184万kW/年
9位	イギリス	168万kW/年
10位	スペイン	165万kW/年
世界計		7760万kW/年

出典：GWEC Global Wind Report 2023
（※新規で設置された風力タービンの発電容量で比較）

鉱物資源 5 金(ゴールド)

世界各国の中央銀行が金融資産として保有する黄金の金属

　黄金の輝きをもつ金は、世界中で宝飾品に加工されている。よく耳にする18金とは金の割合が75％の金である。電気伝導率が高いため電子部品など産業用の需要も高い。さらに金融資産としても価値があるため、インゴット(延べ棒)などの形で取引されている。

　鉱山の採掘量では、中国、オーストラリア、ロシアが主要な生産国。酸化しにくく繰り返し加工しても輝きは失われないため、宝飾品などからリサイクル生産される金も多い。リサイクル金も含めた主要な輸出国はスイスやアラブ首長国連邦、イギリスなど。

金の生産量：2022年

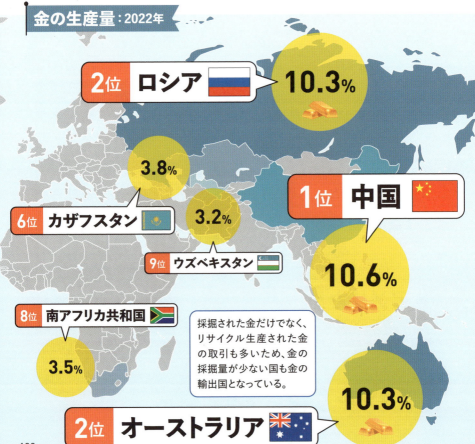

- 1位 中国 10.6%
- 2位 ロシア 10.3%
- 2位 オーストラリア 10.3%
- 6位 カザフスタン 3.8%
- 8位 南アフリカ共和国 3.5%
- 9位 ウズベキスタン 3.2%

採掘された金だけでなく、リサイクル生産された金の取引も多いため、金の採掘量が少ない国も金の輸出国となっている。

第4章 鉱物資源の地政学

金の輸出量（金額ベース／2021年）

1位	スイス	867億ドル
2位	アラブ首長国連邦	328億ドル
3位	イギリス	297億ドル
4位	アメリカ	266億ドル
5位	南アフリカ	201億ドル

出典：World Gold Council

スイスは輸出量でも輸入量でもトップ。鉱山で採掘された金だけでなく、リサイクル金の輸出入も含まれる。スイスでは金の加工が盛んであり、主に輸入した金を加工して輸出している。

金の輸入量（金額ベース／2022年）

1位	スイス	985億ドル
2位	中国	767億ドル
3位	英国	420億ドル
4位	（香港）	380億ドル
5位	インド	366億ドル
6位	トルコ	204億ドル
7位	シンガポール	177億ドル
8位	アラブ首長国連邦	155億ドル
9位	タイ	114億ドル
10位	ドイツ	106億ドル

出典：CIA The World Factbook

金の生産量（2022年）　t：トン

1位	中国	330t
2位	オーストラリア	320t
2位	ロシア	320t
4位	カナダ	220t
5位	アメリカ	170t
6位	メキシコ	120t
6位	カザフスタン	120t
8位	南アフリカ共和国	110t
9位	ウズベキスタン	100t
9位	ペルー	100t
世界計		3100t

出典：USGS Mineral Commodity Summaries 2023

- 4位 カナダ 7.0%
- 5位 アメリカ 5.4%
- 6位 メキシコ 3.8%
- 9位 ペルー 3.2%

※円内の数字（%）は世界計に占めるシェア

埋蔵量ではオーストラリアが1位。次いでロシアが2位。3位は南アフリカ。金の貿易ではスイスが市場を牽引してきたが、近年はアラブ首長国連邦が勢力を増している。

金（ゴールド）

世界の金（ゴールド）情勢

不況でも価値が落ちにくい世界共通の安全資産

金には国際的な金融資産としての価値があり、市場価格によって価値が変動する。金の取引では、ロンドン、ニューヨーク、チューリッヒ、香港などの市場が国際的な市場となっている。

金の需要の内訳をみると、宝飾品としての用途が最も多い。インゴットや純金ファンドで金を購入する投資としての需要と、各国の中央銀行で保有する資産としての需要を合わせると、宝飾品需要とほぼ同程度になる。金融資産としての金は、不景気の時に需要が高まる傾向にあり、好景気の時は逆に宝飾品としての需要が高くなる。

金の消費量では中国とインドが突出しており、どちらの国も宝飾品の需要が消費を押し上げている。金は宝飾品として保有していても資産価値があり、金の市場価格に連動して価値が上がることもあるが、宝飾品はインゴットのような純金（24金）ではなく、18金の商品が主流となっている。

金融資産としてインゴットなどで金を保有する場合、国債のように利息収入を得ることはないが、特定の国や組織が発行している貨幣や金融商品（株式、投資信託、社債など）とは異なり、価値が急落するリスクは低い。さらに、安定した資産でありながら、市場価格は上がり続けているため、個人で金を保有する人も増えている。

金の需要内訳（2022年）

宝飾品に使用される割合がトップ。次いで中央銀行などによる金融資産としての需要。産業分野では電子部品などに使われている。

- 宝飾品 46%
- 中央銀行・その他機関 24%
- 投資 23%
- 産業・テクノロジー 7%

出典：World Gold Council

金の消費量（2023年）

上位の国はいずれも宝飾品需要が高い。中国とインドだけで世界総消費量の約50％を占める。金は消費されても宝飾品や金塊として存在するため、地球上の金の量が減るわけではない。

順位	国	消費量
1位	中国	909t
2位	インド	747t
3位	アメリカ	248t
4位	トルコ	201t
5位	イラン	72t
6位	ロシア	71t
7位	ドイツ	58t
8位	エジプト	57t
9位	ベトナム	55t
10位	サウジアラビア	52t

出典：World Gold Council

外貨準備としての金保有

世界各国の中央銀行や政府は、金融資産としてインゴットなどで金を保有している。これは外貨準備（外貨建て資産）の一部となる。外貨準備は、金や債券、預金などで構成され、為替介入（為替相場に影響を与えるために外国為替市場で通貨間の売買を行うこと）の資金になるほか、通貨危機などで外貨建ての債務の返済が困難になる場合に備えて蓄えられている。

各国の金保有量をみると、アメリカが1位であり、2位のドイツの倍以上を保有している。1971年まで金とドルの相場は固定されていた。ドルが擬似的な金として流通し、基軸通貨（→P.20）となったため、アメリカが大量の金を保有していることがドルの価値を担保していた。固定相場が廃止された後も、米ドルは基軸通貨であるため、今でも大量の金を保有している。

外貨準備における金の割合は各国で大きく異なり、日本の金保有量は世界8位であるが、外貨準備に占める金の割合は世界の中でもかなり低い。

IMF（国際通貨基金）は190の加盟国に対し、国の財政破綻や急激なインフレなどで経済が不安定になった場合に備え、世界共通の安全資産である金の保有を義務づけているため、各国とも一定量の金を保有している。

金の保有量（2024年1月末時点）

1位のアメリカが保有量で突出している。国以外ではIMF（国際通貨基金）が2814トンを保有。日本は金融資産として米国債を多く保有しているため外貨準備に占める金の割合は低くなっている。

順位	国	保有量	（割合）
1位	アメリカ	8133t	(69.7%)
2位	ドイツ	3352t	(69.0%)
3位	イタリア	2451t	(66.0%)
4位	フランス	2436t	(66.8%)
5位	ロシア	2329t	(26.2%)
6位	中国	2245t	(4.3%)
7位	スイス	1040t	(7.9%)
8位	日本	845t	(4.3%)
9位	インド	812t	(8.5%)
10位	オランダ	612t	(58.8%)

（※カッコ内は外貨準備に占める金の割合）
出典：World Gold Council

金の市場価格が高騰（※ニューヨーク商品取引所）

金の価格は2008年のリーマンショック後も短い期間で回復して上昇。2005年から20年間で4倍以上高騰している。2024年4月には史上最高値となる2160.7ドルを記録した。

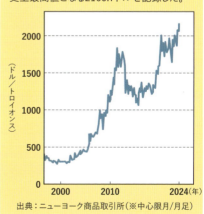

出典：ニューヨーク商品取引所（※中心限月/月足）

第4章 鉱物資源の地政学

金(ゴールド)

金(ゴールド)の地政学

ロシアが獲得を目指すアフリカの金鉱山権益

2022年2月からウクライナへの軍事侵攻を続けているロシアに対し、欧米諸国は戦争資金の調達能力を弱体化させるために、経済制裁および金融制裁を断行している。国際的な決済ネットワークであるSWIFT(→P.24)からもロシアを締め出し、ロシア中央銀行の金融取引を大幅に制限した。その結果、6300億ドルあったロシアの外貨準備は、およそ半分が資産凍結される形となっている。追い込まれたロシアは政府系ファンドで保有している金の一部を売却したことを発表した。

ロシアは金の埋蔵量が世界2位であり、自国で金を生産できるが、さらなる金を求めてアフリカに進出している。ロシアの民間軍事会社であるワグネルはスーダンや中央アフリカで軍事協力の見返りとして、金鉱山の権益を獲得。2023年にワグネル創設者のプリゴジン代表が事故死すると、ロシア政府の準軍事組織であるアフリカ部隊がワグネルの活動を引き継ぎ、アフリカにおける金の調達にも関わっている。

ワグネルが軍事協力の見返りに金鉱山へ進出

アフリカで金鉱山の権益を獲得したロシアは、2023年に政府系ファンドで保有している金の一部を売却した。しかし、2024年1月時点の金保有量は2022年から約35トン増えている。

スーダン
2017年、政府軍に組み込まれた迅速支援部隊(RSF)にワグネルが訓練を実施。同年に政府からワグネル関連企業へ金鉱山の権益が与えられた。2021年にはロシアの支援を受けたクーデターで新たに軍事政権が誕生。新政府はロシアとの結びつきを強め、ロシア企業による金鉱山などの資源開発を容認している。
(※出典:CNNなど)

マリ
2021年、新たに軍事政権が発足。新政府は駐留していたフランス軍を撤退させ、ワグネルから軍事支援を受けた。マリにはアフリカ屈指の金鉱山があり、関係を強めるロシアが権益獲得を狙う。2023年11月にはマリ政府がロシアの協力で、首都バマコに西アフリカ最大規模の金精錬所を建設すると発表した。
(※出典:ロイター通信など)

中央アフリカ
2018年、中央アフリカ政府にワグネルがロシア製の武器と戦闘員を提供。反政府勢力に対処する政府軍への訓練も実施した。中央アフリカには金の鉱床があり、政府は鉱山権益の一部をワグネル関連企業に売却することでワグネルへの支払いに充ててきた。(※出典:ロイター通信など)

第5章

食料資源の地政学

小麦、コメ、トウモロコシなどの主要穀物は、
世界各国の食料安全保障を支えるだけでなく、
肉類の生産でも不可欠な資源となっている。

食料資源 1 小麦

世界で最も多くの国の主食となっている人類の食料源

　小麦は世界総生産量でトウモロコシに次ぐ2位の穀物。食用としての消費量ではコメ（精米）を上回り1位となる。欧米から中南米、アフリカ、アジアまで全大陸で食べられており、世界の食料安全保障を支えている。

　生産量で1位の中国と2位のインドは、いずれも14億人もの人口を抱えているためほぼ国内で消費される。輸出国としてはロシアが台頭。アメリカ、オーストラリアも主要輸出国である。

　輸入量でも1位は中国。2位は近年、輸入量を急速に増やしているインドネシア。日本も10位に入っている。

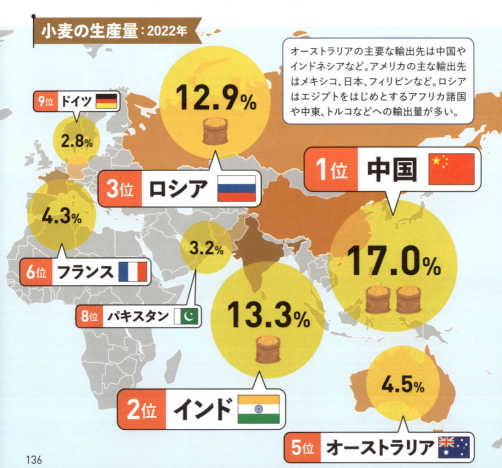

小麦の生産量：2022年

オーストラリアの主要な輸出先は中国やインドネシアなど。アメリカの主な輸出先はメキシコ、日本、フィリピンなど。ロシアはエジプトをはじめとするアフリカ諸国や中東、トルコなどへの輸出量が多い。

- 1位 中国 17.0%
- 2位 インド 13.3%
- 3位 ロシア 12.9%
- 5位 オーストラリア 4.5%
- 6位 フランス 4.3%
- 8位 パキスタン 3.2%
- 9位 ドイツ 2.8%

第5章 食料資源の地政学

小麦の輸出量（2022年） t:トン

1位	オーストラリア	2878万t
2位	アメリカ	2091万t
3位	フランス	2015万t
4位	カナダ	1854万t
5位	ロシア	1782万t
6位	アルゼンチン	1293万t
7位	ウクライナ	1122万t
8位	インド	679万t
9位	カザフスタン	634万t
10位	ドイツ	622万t

出典：FAOSTAT

小麦の輸入量（2022年） t:トン

1位	中国	987万t
2位	インドネシア	945万t
3位	トルコ	890万t
4位	エジプト	801万t
5位	アルジェリア	701万t
6位	イタリア	691万t
7位	フィリピン	625万t
8位	モロッコ	600万t
9位	ブラジル	571万t
10位	日本	534万t

出典：FAOSTAT

7位 カナダ 🇨🇦 4.2%

4位 アメリカ 🇺🇸 5.5%

10位 アルゼンチン 🇦🇷 2.7%

※円内の数字（％）は世界計に占めるシェア

小麦の生産量（2022年） t:トン

1位	中国	1億3772万t
2位	インド	1億774万t
3位	ロシア	1億423万t
4位	アメリカ	4490万t
5位	オーストラリア	3623万t
6位	フランス	3463万t
7位	カナダ	3433万t
8位	パキスタン	2620万t
9位	ドイツ	2258万t
10位	アルゼンチン	2215万t
世界計		8億844万t

出典：FAOSTAT

小麦の消費量（2021/22年度）でも1位は中国。4位までは生産量と同じ順位。中国とインドだけで世界の小麦の約30％が消費されている。ロシアは2021年に輸出量で1位となったが、2022年はウクライナ侵攻の影響で一時的に輸出量が減少した。

日本の小麦事情

政府が小麦を輸入して販売価格を調整

　日本の小麦自給率は15％（2022年）となっており、80％以上を外国からの輸入に依存。食用とは別に家畜飼料用の小麦も年間80～100万トン程度輸入している。高温多湿の日本は小麦栽培に不向きであるが、国産志向に対応し、近年は生産量が徐々に増加している。

　小麦の輸入先は、アメリカ、カナダ、オーストラリアの3カ国。各国から異なる5銘柄を輸入している。カナダ産の銘柄は主に食パン向け。オーストラリア産の銘柄は主にうどん向けの小麦として買い付けされている。

　小麦はほかの農産物とは異なり、国家貿易で日本政府がほぼ全量を外国から買い付け（※政府は商社に輸入を委託し、商社が買い付けを行う）、国内の製粉メーカーなどに売り渡す形で流通している。政府の売渡価格は各年度で固定されていたが、2007年の食糧法の改正により、売渡価格が年2回変動する相場連動性に移行している。

　現在の政府売渡価格は、外国から買い付けた「買付価格（※直近6カ月の平均値）」、輸送における「港湾諸経費」、さらに上乗せされる「マークアップ（輸入差益）」の合計で決定する。

　買付価格は基本的に小麦の市場価格に連動。港湾諸経費は輸送船の燃料費などで変動する。マークアップとは、政府管理経費および国産小麦の生産振興対策費に充当する費用であり、輸入小麦1トンあたり概ね1～1.5万円程度がマークアップとして上乗せされる。

小麦（食用）の輸入相手国（2022年）

アメリカ、カナダ、オーストラリアから主に5銘柄の小麦を輸入。銘柄によってパン用、うどん用など用途が分かれている。

- アメリカ 43％
- カナダ 38％
- オーストラリア 19％
- 総輸入量 534万6000トン

出典：財務省貿易統計

輸入小麦の政府売渡価格

価格は毎年4月と10月に改定。2020年から輸入先の不作やロシアのウクライナ侵攻などが続いた影響で買付価格が上昇。売渡価格も2万円/トン以上高騰した。

7万6750円

出典：農林水産省

政府が国産小麦農家を補助

政府は小麦や大豆などの生産農家に対して、「畑作物の直接支払交付金」という補助金を年間約2000億円程度支給している（※2023年度は1984億円）。生産量や収量などにより変動するが、小麦の場合の平均交付単価は60kgあたり概ね6000円程度。1トンあたり約10万円である。補助金によって生産農家の収入を助成し、生産費から補助金を差し引いた金額が販売価格となる。

この補助金の原資となっているのが、マークアップの上乗せによる輸入差益である。ただし、輸入量が少なくなると輸入差益も減少するため、そのような場合には、国の一般会計から畑作物の直接支払交付金に繰入金が投入され、不足分を穴埋めしている。

政府は国家貿易で小麦を輸入することにより、輸入小麦の売渡価格を調整し、国産農家の補助につなげている。これは日本の小麦自給率を維持する食料安全保障政策の一環である。

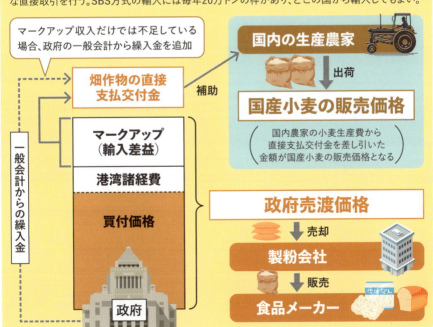

小麦の価格が決まるしくみ

政府売渡価格にはマークアップが含まれる。このほかSBS方式（売買同時契約）の輸入もあり、輸入業者と国内の実需者が連名で政府への売り渡しと政府からの買い入れを申し込み、実質的な直接取引を行う。SBS方式の輸入には毎年20万トンの枠があり、どこの国から輸入してもよい。

小麦

小麦の地政学

ロシアによる黒海封鎖で小麦の価格が高騰

2022年2月にロシアがウクライナへ軍事侵攻し、各地で攻撃を展開。黒海沿岸の都市も被害を受け、ウクライナにおける穀物輸出の主要港だったオデーサも船舶の出入りが困難となった。黒海から地中海に出る海上輸送ルートが封鎖され、小麦やトウモロコシの出荷量は激減。ウクライナの収入源である穀物の輸出が大きく停滞した。

小麦は世界総輸出量の25〜30％をロシアとウクライナが占めている。その2国間で戦闘が起こり、ウクライナの小麦輸出が制限されたことで、シカゴ先物市場が反応。2022年3月の小麦先物価格は過去最高値となった。

ウクライナは黒海封鎖で出荷できなくなった小麦を陸上輸送に切り替え、隣国のルーマニアやポーランド、ハンガリーなどに輸出。そこからさらに隣国を抜けて西欧諸国に運ばれた。

同年7月には、ロシアとウクライナに仲介役の国連、トルコを加えた4者が「黒海穀物イニシアチブ」で合意。黒海ルートでウクライナの穀物輸出が約5カ月ぶりに再開されたが、侵攻後の1年間でウクライナの小麦輸出量は前年より38％減少した。

さらに、2023年7月にロシアは黒海穀物イニシアチブから離脱。再びウクライナの黒海ルートによる穀物輸出が

黒海封鎖で変化したウクライナの小麦輸出先

侵攻前は黒海ルートでエジプトやトルコを含めた中東、アジアなどに小麦を輸出していたが、侵攻後は陸路に切り替え、ルーマニアやスペイン、ポーランドなどEU域内への輸出が増えた。

侵攻前の主要輸出先（2021年7月〜2022年2月）

順位	国	輸出量 (t:トン)
1位	エジプト	273万8000t
2位	インドネシア	265万5000t
3位	トルコ	178万7000t
4位	パキスタン	146万9000t
5位	サウジアラビア	75万1000t
6位	イエメン	64万7000t
総輸出量		1811万t

侵攻後の主要輸出先（2022年7月〜2023年2月）

順位	国	輸出量 (t:トン)
1位	トルコ	221万3000t
2位	ルーマニア	183万6000t
3位	スペイン	161万7000t
4位	ポーランド	79万7000t
5位	バングラデシュ	60万5000t
6位	イタリア	46万4000t
総輸出量		1133万t（前年比38％減）

出典：農林水産省（※青字はEU加盟国）

※ルーマニア、ブルガリアの黒海港まで運び、そこから船舶で輸出された小麦も含まれる

ロシア海軍によって制限された。

一方、ロシアの小麦輸出量（2022/23年度）は侵攻前の2021年から1000万トン以上増加し、過去最高を記録。ロシアは欧米から軍事侵攻に対する経済制裁を受ける中、アフリカや中東地域を中心に価格が高騰した小麦の輸出量を増やし、穀物の輸出においても戦費の調達に成功した。2023/24年度も同等かそれ以上の輸出量が見込まれている。

黒海封鎖で変化したウクライナの小麦輸出先

安価なウクライナ産の小麦が流入するとポーランド、ルーマニアなど近隣5カ国がウクライナ産小麦を禁輸にするなどEU域内の小麦市場でも混乱が起こった。

ロシアの小麦輸出量

ロシアの小麦輸出量はウクライナ侵攻前の2021/22年度が3300万トン。侵攻後の2022/23年度は32％増の4350万トンまで増加した。

年度	輸出量
2021/22年度	3300万トン
2022/23年度	4350万トン（前年比32％増）

出典：USDA

黒海ルートの情勢と小麦価格の関係

ウクライナ侵攻直後の2022年3月には史上最高値を記録。黒海穀物イニシアチブの合意以降は小麦価格も落ち着いた。

黒海ルートの情勢	日付	終値
ウクライナ侵攻前	2022年1月1日	7.61ドル
ウクライナ侵攻直後（黒海封鎖）	2022年3月1日	10.06ドル
黒海穀物イニシアチブ合意直後	2022年8月1日	8.31ドル
黒海穀物イニシアチブ延長合意後	2023年6月1日	6.51ドル

※シカゴ先物市場の価格/1ブッシェル（約27kg）あたりの価格

食料資源 ② コメ

アジア各国の主食として食料安全保障を支えている穀物

コメは世界総生産量の80％以上がアジアで生産されている。特に生産量1位の中国と2位のインドだけで世界の約50％を生産。コメは生産国内で消費される傾向にあり、総生産量に対して輸出される割合は10％前後である。輸出量でもアジアの国が上位に並ぶが、輸入国には中東やアフリカの国も多い。

日本の主食となっているジャポニカ米は短粒種であり、主に東アジアで食べられているローカル品種。世界の主流は長粒種のインディカ米（※タイ米と同義）であり、世界で生産されているコメの約80％を占めている。

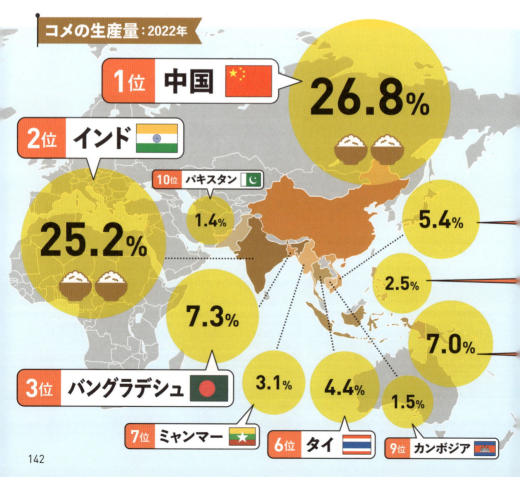

コメの生産量：2022年

- 1位 中国 26.8％
- 2位 インド 25.2％
- 3位 バングラデシュ 7.3％
- 6位 タイ 4.4％
- 7位 ミャンマー 3.1％
- 9位 カンボジア 1.5％
- 10位 パキスタン 1.4％
- 5.4％
- 2.5％
- 7.0％

コメ（精米）の輸出量（2022年） t：トン

順位	国	輸出量
1位	インド	1786万t
2位	タイ	678万t
3位	ベトナム	477万t
4位	パキスタン	312万t
5位	中国	190万t
6位	アメリカ	129万t
7位	イタリア	63万t
8位	カンボジア	62万t
9位	ウルグアイ	52万t
10位	パラグアイ	34万t

出典：FAOSTAT

コメ（精米）の輸入量（2022年） t：トン

順位	国	輸入量
1位	フィリピン	306万t
2位	中国	262万t
3位	イラク	210万t
4位	ベナン	151万t
5位	モザンビーク	129万t
6位	サウジアラビア	127万t
7位	イラン	125万t
8位	コートジボワール	122万t
9位	マレーシア	120万t
10位	アメリカ	117万t

出典：FAOSTAT

第5章 食料資源の地政学

中国はコメの輸出国でもあるが、国内での消費量が多いため、生産量に占める輸出量の割合は少なくなっている。主要な輸出国はインド、タイ、ベトナムなど。インドの主な輸出先はイランやサウジアラビア、ベナン、コートジボワール、セネガルなど。タイの輸出先はフィリピン、インドネシア、イラクなど。

5位 ベトナム
8位 フィリピン
4位 インドネシア

コメの生産量（2022年） t：トン

1位	中国	2億849万t
2位	インド	1億9624万t
3位	バングラデシュ	5718万t
4位	インドネシア	5474万t
5位	ベトナム	4267万t
6位	タイ	3431万t
7位	ミャンマー	2468万t
8位	フィリピン	1975万t
9位	カンボジア	1162万t
10位	パキスタン	1098万t
世界計		7億7646万t

出典：FAOSTAT

コメの消費量（2022/23年）でも1位は中国。総消費量の80％以上をアジアが占める。国民1人あたりの消費量ではバングラデシュが1位。近年はアフリカにおけるコメの消費量が拡大している。

※円内の数字（％）は世界計に占めるシェア

日本のコメ事情

消費量、生産量が減り続けている日本の主食

　日本はコメの自給率がほぼ100％であり、食料安全保障の要となっている。

　日本人が摂取しているエネルギー（カロリー）の内訳をみると、コメが21％でトップ。畜産物は18％、小麦は13％となっている。肉類や小麦の消費量が増えた現在でも、コメは依然として日本人のエネルギー源である。

　戦後にコメの生産量が増えると、過剰生産でコメが余る事態となり、1970年より減反政策が本格的に導入された。これはコメ農家に大麦や大豆などの転作を支援するための補助金を支払い、コメの作付面積を削減する政策であり、コメの生産量を調整する役割を果たしていた。しかし、日本人のコメ消費量が減少したことで減反政策は2018年に廃止された。国民1人あたりのコメ消費量（年間）は、1970年から2020年の50年間で、95.1kgから50.7kgまで減少している。さらにコメの生産農家も年々減少しているため、今後はコメの自給率が低下する懸念もある。

　コメの輸入には、日本政府が長らく制限をかけていたが、1993年のWTO（※当時はGATT）ウルグアイラウンド（自由貿易促進のための国際交渉）の農業合意により、ミニマム・アクセス（国際的に義務づけられた農産物の最低輸入量）を受け入れ、輸入制限を解除。1995年から毎年ミニマム・アクセス米（MA米）を輸入している。

日本人の熱量供給割合

日本人が摂取しているエネルギー（カロリー）に占める食品別のエネルギー量を算出。コメがトップ。次いで畜産物（肉類・卵・乳製品）。油脂類は主に肉の脂身や食用油。

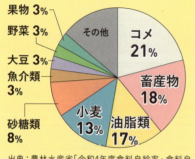

出典：農林水産省「令和4年度食料自給率・食料自給力指標について」

日本のコメ需要量

コメの消費量を反映した需要量は、1997年から25年間で27％減少。1年あたり約250万トン減少している。生産農家が減り、生産量も減り続けているが、需要が低下しているため、コメの自給率は国産米だけでほぼ100％を維持できている。

出典：農林水産省「主食用米等の需給見通し（令和6年3月公表）」

外国からMA米を輸入

WTO（世界貿易機関）の規定で、ミニマム・アクセス量は国内消費量の7.2％程度と定められているため、日本は毎年約77万トンのMA米を輸入。MA米の輸入先はアメリカ、タイ、オーストラリアなど。さらに、TPP11の貿易協定でオーストラリアから年間6000トンのコメをMA米とは別に輸入している。それ以外のコメの輸入については、1kgあたり341円という高い関税（※コメの枠外税率）がかかるため、輸入量はわずかである。

MA米は、入札で選ばれた輸入業者が買い付け、それを政府が購入。さらに政府から実需者（食品メーカーなど）へと売り渡される。MA米は国産米よりも安価であり、主食用ではなく、主に加工用（味噌、焼酎、米菓、冷凍食品などの原料）として食品メーカーなどに向けて販売されている。

小麦と同様に、MA米にもSBS方式（売買同時契約）の輸入枠（年間10万トン）があり、主に外食業者や弁当業者などがSBS枠で輸入している。

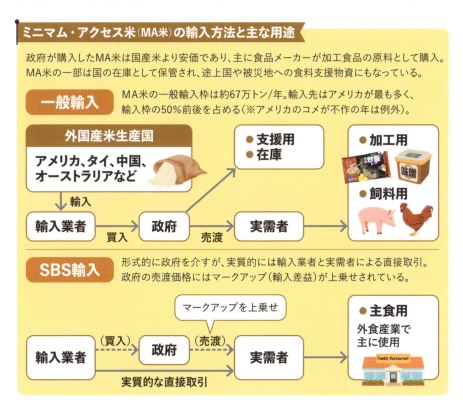

ミニマム・アクセス米（MA米）の輸入方法と主な用途

政府が購入したMA米は国産米より安価であり、主に食品メーカーが加工食品の原料として購入。MA米の一部は国の在庫として保管され、途上国や被災地への食料支援物資にもなっている。

一般輸入　MA米の一般輸入枠は約67万トン/年。輸入先はアメリカが最も多く、輸入枠の50％前後を占める（※アメリカのコメが不作の年は例外）。

SBS輸入　形式的に政府を介すが、実質的には輸入業者と実需者による直接取引。政府の売渡価格にはマークアップ（輸入差益）が上乗せされている。

コメの地政学

複合的な要因で世界的にコメの価格が上昇

2022年後半から2023年にかけて、ミニマム・アクセス米（MA米）の落札価格（落札した全銘柄の平均落札価格）が高騰。2022年7月の落札価格7万4000円/トンに対して、2023年1月の落札価格は約2.5倍の17万6121円/トンとなった。MA米を購入している食品メーカーや外食業者にとっては燃料費や電気料金の値上がりも重なり、生産コストが上昇。2023年にはMA米を原料とする味噌や米菓が次々に値上げされた。

MA米が高騰した原因は、2022年と2023年では大きく異なっている。

2022年は日本が最も多くのMA米を輸入しているアメリカで干ばつが続き、コメの生産量が大幅に減少。さらにロシアによるウクライナ侵攻の影響で化学肥料が高騰し、世界的に農産物の生産コストが上昇した。またウクライナからの小麦供給が減ったことでコメへの代替需要が発生したことも、コメの市場価格を押し上げた。

2022〜2023年にコメの価格が高騰した主な原因

ベラルーシ　ロシア
ロシアのウクライナ侵攻により、ロシアとその同盟国であるベラルーシを相手にした取引が停滞。両国とも化学肥料の主要輸出国であるため、2022年は化学肥料の供給が減り価格が高騰。コメの生産コストも上昇した。

中国
ロシア、ベラルーシからの化学肥料の輸出が滞ると、同様に化学肥料の主要輸出国である中国が化学肥料の輸出を制限した。

インド
輸出量世界一のインドが降雨不足による減産で2022年9月から砕米（主に飼料用）の輸出を停止。2023年7月からは国内供給を優先してバスマティ米（高級米）以外の精米の輸出を停止した。主食となるコメが新たに輸出規制の対象となった。

タイ先物取引所
インドが精米の輸出を停止した影響で、コメの国際的な指標先物であるタイ市場の価格が高騰。エルニーニョ現象による減産の懸念も高騰の一因となっている。

日本
MA米が高騰

※2023年に発生したインド洋ダイポールモード現象という気象現象もコメの価格に影響している

2023年には、世界一のコメ輸出国であるインドで降雨不足となり、コメの生産量が減少。インド政府は国内で配給する（※安価で販売する）コメの確保を優先し、高級米以外のコメの輸出を停止した。インドではコメの配給を受ける資格のある低所得者層が5億人以上いるといわれている。

さらに、南米ペルー沖でエルニーニョ現象が発生。2024年に入っても同現象が継続していることから、アジアのコメ生産国で天候不良が懸念され、コメの市場価格にも影響を及ぼしている。

コメ先物市場の価格が高騰

2022年後半から上昇傾向となり、2023年7月のインドの精米の輸出規制によって一気に価格が高騰。626ドル/トンまで上昇した。インドは2024年も精米の輸出規制を継続。

出典：TREA（タイ米輸出業者協会）

アメリカ 🇺🇸

米国農務省によると、2022年度のアメリカ米（中・短粒種）の生産量は146万トン。干ばつの影響により前年比30％減となったため、アメリカ産のコメ（中・短粒種を含む）の価格が高騰した。

MA米の輸入価格が高騰

影響

影響

エルニーニョ現象

2023年6月頃から南米ペルー沖で海水温が高くなる「エルニーニョ現象」が7年ぶりに発生。2024年に入っても継続している。エルニーニョ現象はインドや東南アジアのコメ生産国に高温少雨の影響をもたらす場合が多いため、コメの減産が懸念される。

MA米の落札価格が高騰

コメの市場価格の高騰に連動して、2022年後半からMA米の落札価格も上昇。2023年前半は17万円台の高値で推移。7月に一旦は価格が下がるも、その後は再び上昇。

出典：農林水産省「MA一般輸入米入札価格（税別）の概要」（※落札した銘柄の内訳によっても価格は変動する）

コメが高騰した主な原因は、インドやアメリカなど主要な輸出国におけるコメの減産である。減産の原因は干ばつや降雨不足など異常気象に由来するものであり、気候変動が世界各国の農業生産に大きな影響を及ぼし始めている。

食料資源 3 トウモロコシ

家畜飼料やバイオ燃料の原料としての需要が拡大

トウモロコシは世界で最も生産量の多い穀物である。中米のメキシコやグアテマラでは主食となっているが、世界的には家畜飼料としての需要が中心。2000年代後半からはバイオ燃料（バイオエタノール）の原料としての需要も一定の割合を占めている。

生産量1位はアメリカ、次いで2位が中国。この2カ国だけで世界総生産量の50％以上を占めている。アメリカは輸出量でも1位であり、ブラジル、アルゼンチン、ウクライナも輸出国として台頭している。輸入量では中国が1位。日本は3位となっている。

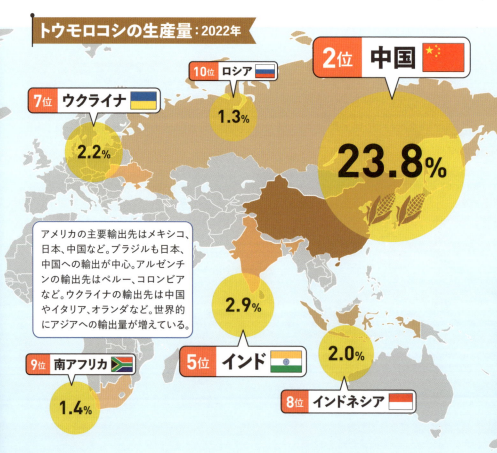

トウモロコシの生産量：2022年

- 2位 中国 23.8%
- 7位 ウクライナ 2.2%
- 10位 ロシア 1.3%
- 5位 インド 2.9%
- 8位 インドネシア 2.0%
- 9位 南アフリカ 1.4%

アメリカの主要輸出先はメキシコ、日本、中国など。ブラジルも日本、中国への輸出が中心。アルゼンチンの輸出先はペルー、コロンビアなど。ウクライナの輸出先は中国やイタリア、オランダなど。世界的にアジアへの輸出量が増えている。

第5章 食料資源の地政学

トウモロコシの輸出量（2022年） t:トン

1位	アメリカ	5859万t
2位	ブラジル	4338万t
3位	アルゼンチン	3540万t
4位	ウクライナ	2517万t
5位	ルーマニア	553万t
6位	フランス	515万t
7位	パラグアイ	459万t
8位	南アフリカ	391万t
9位	ポーランド	388万t
10位	インド	348万t

出典：FAOSTAT

トウモロコシの輸入量（2022年） t:トン

1位	中国	2061万t
2位	メキシコ	1625万t
3位	日本	1527万t
4位	韓国	1180万t
5位	スペイン	1127万t
6位	ベトナム	926万t
7位	イラン	756万t
8位	イタリア	691万t
9位	コロンビア	652万t
10位	エジプト	637万t

出典：FAOSTAT

1位 アメリカ 30.0%
6位 メキシコ 2.3%
3位 ブラジル 16.6%
4位 アルゼンチン 5.0%

※円内の数字（％）は世界計に占めるシェア

トウモロコシの生産量（2022年） t:トン

1位	アメリカ	3億4875万t
2位	中国	2億7720万t
3位	ブラジル	1億942万t
4位	アルゼンチン	5903万t
5位	インド	3372万t
6位	メキシコ	2662万t
7位	ウクライナ	2618万t
8位	インドネシア	2356万t
9位	南アフリカ	1613万t
10位	ロシア	1586万t
世界計		11億6349万t

出典：FAOSTAT

消費量（2023/24年度）でもアメリカが1位、僅差で中国が2位。日本は8位である。食用として消費する割合ではトウモロコシを主食にしているメキシコが1位。

トウモロコシ

世界のトウモロコシ情勢

肉類の消費量拡大にともなって生産量が激増

　世界の肉類（牛肉・豚肉・鶏肉）消費量は、1980年から40年間で約2.5倍に増加している。食肉となる家畜が増えるほど、多くの飼料が必要となるためトウモロコシの需要が拡大。特にアジアでの需要が高まった。トウモロコシは廉価で栄養価も高いため、家畜飼料の主原料となっている。需要の増加とともに、生産効率の高い遺伝子組み替え品種が普及したことでトウモロコシの生産量も約2.8倍となった。

　2000年代に入るとバイオエタノール（植物由来のエタノール）原料としての需要も加わり、トウモロコシの国際市場における価格は、2000年から大きく高騰している。バイオエタノールとは、ガソリンに混合し、自動車燃料として使用される植物由来の再生可能エネルギー。ガソリンに比べて温室効果ガスの排出も抑制されることから、アメリカを中心に導入が進められている。アメリカではガソリンにバイオエタノールを10％混ぜた混合燃料として販売・消費されている。

　現在、世界におけるトウモロコシの用途は飼料用が63％、食用が23％、バイオエタノール用は13％。食用以外の用途が85％を超えている。飼料やバイオエタノールには遺伝子組み換え品種を使用するが、食用には使用できないため、非遺伝子組み換え品種も食用として一定量が生産されている。

トウモロコシの用途

全体の60％以上を畜産飼料の原料として消費。食用の消費は20％前後。世界的な気候変動対策の促進でバイオ燃料としての消費量がアメリカを中心に一定量を占める。

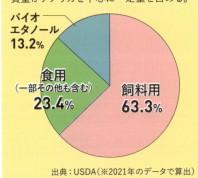

出典：USDA（※2021年のデータで算出）

トウモロコシと肉類の生産量

トウモロコシは飼料用穀物として世界的に需要が拡大。農林水産省によると飼料をトウモロコシ100％で換算した場合、肉1kgの生産に必要なトウモロコシの量は牛肉で11kg、豚肉で6kg、鶏肉では4kgとなる。

出典：USDA「PS&D」（2022年9月）を基に農林水産省で算出

日本のトウモロコシ事情
飼料用のトウモロコシは自給率がほぼ0％

スーパーなどで販売されている食用のトウモロコシは、全国的に国産の割合が高い。しかし、飼料用のトウモロコシはほぼ自給率0％であり、輸入に依存している。主要な輸入先はアメリカとブラジル。アメリカからは総輸入量の60～70％を毎年調達していたが、ブラジルからの輸入量が年々増加し、2023年は輸出が減少したアメリカと肩を並べる輸入量となっている。

輸入したトウモロコシの用途は約70％が飼料用であり、濃厚飼料（炭水化物やタンパク質などの栄養素を含んだ飼料）の主原料になっている。トウモロコシの輸入価格は2021年から上昇が続き、2022年にはロシアによるウクライナ侵攻の影響でさらに価格が高騰、2023年も高値で推移した。

畜産業では食肉生産に占める飼料コストの割合が大きいため、トウモロコシの価格高騰がそのまま生産コストを押し上げている。さらに光熱費の高騰なども重なり、国産の豚肉や牛肉の販売価格にも影響が及んだ。

食肉生産に占める飼料コストの割合

肥育期間の長い肉牛はやや低い割合であるが、乳牛の肥育や養鶏では50％近い割合となる。養豚では60％以上が飼料コストとなっている。

肉牛肥育	34％	養豚	63％
乳牛肥育	47％	養鶏	48％

出典：農林水産省「飼料をめぐる情勢」

トウモロコシの輸入相手国（2023年）

輸入量の90％近くをアメリカとブラジルから調達。日本での用途は70％以上が飼料用で約20％がコーンスターチ（トウモロコシを原料とするデンプン）の原料となる。

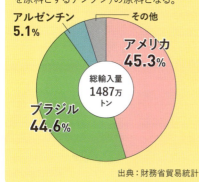

- アメリカ 45.3％
- ブラジル 44.6％
- アルゼンチン 5.1％
- その他
- 総輸入量 1487万トン

出典：財務省貿易統計

トウモロコシの輸入価格が高騰

2021年から中国の需要拡大などで価格が上昇。2022年には主要輸出国の天候不良やウクライナ侵攻の影響でトウモロコシの輸出が減少し、輸入価格はさらに高騰した。

出典：財務省貿易統計（※CIF価格）

トウモロコシ

トウモロコシの地政学

中国で需要が拡大しトウモロコシが高騰

2022年から2023年にかけてトウモロコシの市場価格が大きく上昇。日本への輸入価格も連動して高騰した。

2022年、トウモロコシの生産大国であるアメリカのコーンベルト（トウモロコシの主要生産地域）で高温や降雨不足が続き、トウモロコシの生産量が減少。その影響で輸出量も減少した。アメリカでは飼料用やバイオエタノール用のトウモロコシ需要が一定量を占めているという国内事情も影響した。

さらに同年2月には、ロシアによるウクライナ侵攻が勃発。トウモロコシの主要輸出国であるウクライナからの供給量が減ったことで、トウモロコシの市場価格が一気に高騰した。

一方、トウモロコシ輸入量が世界1位の中国では、脱コロナで経済活動が本格的に再開。2019年に感染拡大したアフリカ豚熱により激減していた豚飼養頭数の回復もあり、2022年には飼料用トウモロコシの需要が増大した。

2022〜2023年にトウモロコシが高騰した複合的要因

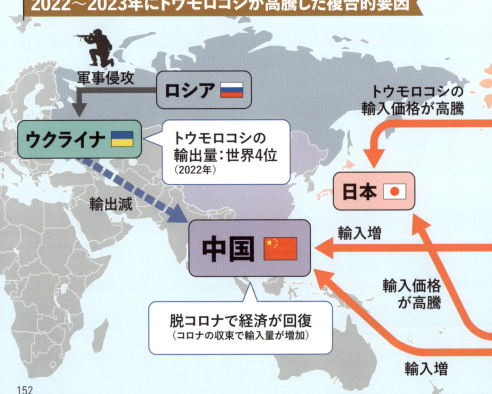

第5章　食料資源の地政学

このように供給の減少と需要の増加が重なったことで、トウモロコシの国際市場で価格が高騰する結果となった。

ウクライナからのトウモロコシ輸入量が大幅に減少した中国は、不足分をアメリカとブラジルからの輸入量を増やすことで補填。2023年にはアメリカの不作もあり、ブラジルがトウモロコシの輸出量で世界1位となった。

アメリカとブラジルは日本にとっても主要な輸入先であるため、中国の需要増加が、日本における飼料用トウモロコシの調達にも影響した。

高騰したトウモロコシ価格

ウクライナ侵攻によってシカゴ市場の先物価格が上昇。原油価格の上昇によるガソリンの高騰でバイオエタノールの需要が高まったことも重なり、2023年も高値で推移した。

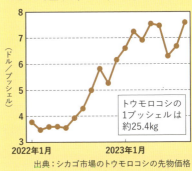

トウモロコシの1ブッシェルは約25.4kg

出典：シカゴ市場のトウモロコシの先物価格

アメリカのトウモロコシの用途

バイオエタノールでの消費量が40％以上。アメリカではガソリン供給において一定量のバイオエタノールの使用を義務づける法律を制定するなど、導入が進んでいる。

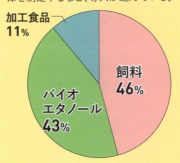

加工食品 11％
バイオエタノール 43％
飼料 46％

出典：米国農務省 Feed Grains:Yearbook Tablesを基に農林水産省が作成（加工食品の内訳はグルコース、コーンシロップ、コーンスターチ、シリアル、飲用アルコールなど）

気候変動対策としてバイオエタノールを推進

アメリカ

天候不良によりトウモロコシの生産量が減少

ブラジル

ウクライナ侵攻後、ロシアが黒海の輸送ルートを封鎖したことでウクライナからのトウモロコシ供給が大幅に減少。一時は封鎖解除で合意したが、2023年7月から再びロシアが黒海を封鎖した。

食料資源 ④ 大豆

ブラジルとアメリカで全世界の約70％を生産

　大豆は豆腐や納豆、味噌などの原料として和食に欠かせない食材となっているが、日本以外でも需要が高まっており、世界総生産量は1990年から30年間で3倍以上に増加している。しかし、世界的には大豆油用（搾油用）と家畜飼料用の需要が大半を占め、食品用としての需要は10％以下である。

　生産量はブラジルが1位、アメリカが2位。この2カ国だけで世界総生産量の約70％を占め、輸出量でもブラジルとアメリカが突出している。一方、輸入量は中国が突出しており、世界総輸出量の約60％を買い占めている。

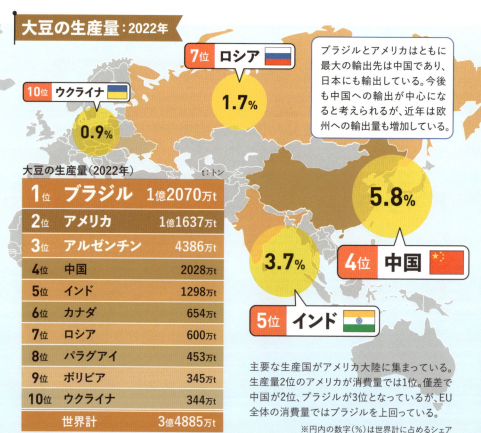

大豆の生産量：2022年

1位	ブラジル	1億2070万t
2位	アメリカ	1億1637万t
3位	アルゼンチン	4386万t
4位	中国	2028万t
5位	インド	1298万t
6位	カナダ	654万t
7位	ロシア	600万t
8位	パラグアイ	453万t
9位	ボリビア	345万t
10位	ウクライナ	344万t
世界計		3億4885万t

出典：FAOSTAT

10位 ウクライナ 0.9％
7位 ロシア 1.7％
4位 中国 5.8％
5位 インド 3.7％

ブラジルとアメリカはともに最大の輸出先は中国であり、日本にも輸出している。今後も中国への輸出が中心になると考えられるが、近年は欧州への輸出量も増加している。

主要な生産国がアメリカ大陸に集まっている。生産量2位のアメリカが消費量では1位。僅差で中国が2位、ブラジルが3位となっているが、EU全体の消費量ではブラジルを上回っている。

※円内の数字(％)は世界計に占めるシェア

第5章 食料資源の地政学

大豆の輸出量（2022年） t:トン

	国	量
1位	ブラジル	7893万t
2位	アメリカ	5733万t
3位	アルゼンチン	519万t
4位	カナダ	428万t
5位	ウルグアイ	306万t
6位	パラグアイ	227万t
7位	ウクライナ	200万t
8位	オランダ	94万t
9位	ロシア	77万t
10位	ボリビア	60万t

出典：FAOSTAT

大豆の輸入量（2022年） t:トン

	国	量
1位	中国	9108万t
2位	オランダ	400万t
3位	メキシコ	393万t
4位	日本	350万t
5位	ドイツ	343万t
6位	アルゼンチン	331万t
7位	スペイン	323万t
8位	エジプト	319万t
9位	トルコ	303万t
10位	タイ	302万t

出典：FAOSTAT

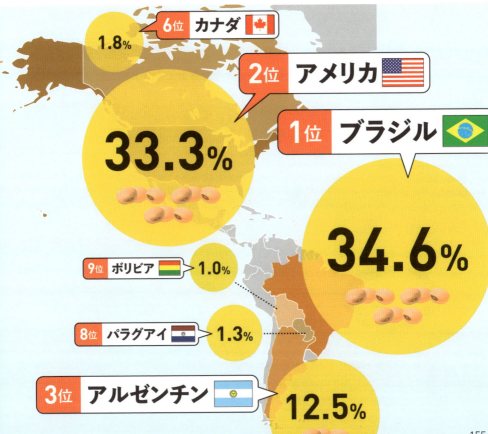

大豆の基礎知識

大豆油を搾った残り粕が飼料になる

　大豆の生産量が増加したのは、アジアなどの新興国の経済成長にともなって肉類の消費量が増え、家畜飼料の需要が拡大したため。大豆はトウモロコシに次ぐ濃厚飼料（炭水化物やタンパク質などの栄養素を含む飼料）の主原料。トウモロコシより価格はやや高いものの、タンパク質やビタミンが豊富で重要な飼料となる。飼料の原料となるのは遺伝子組み換え品種であり、多くの国では食品として使用できない。

　家畜の飼料には、粗飼料（牧草や乾草など繊維質を多く含んだ飼料）と濃厚飼料があり、農水省の調査によると、肉牛の肥育では85〜90％が濃厚飼料。養豚や養鶏にいたってはほぼ100％濃厚飼料が給餌されているため、大量の大豆（大豆粕）が必要となっている。

　大豆とともに、大豆油の生産量も増加している。大豆油はパーム油に次いで多く消費されている植物油であり、世界各国で調理に使用されている。

　大豆油は大豆を圧搾し、油分を抽出して製油したもの。油を搾った残り粕である大豆粕（大豆ミール）が飼料の原料となっている。同じ大豆から油だけでなく、飼料も調達できる生産性の高さが大豆の大きな特徴である。

　大豆の主要生産国であるブラジルやアメリカでは、主に遺伝子組み換え品種の大豆を生産しているが、日本では豆腐や納豆、油揚げなどに加工される食品用の非遺伝子組み換え品種が主に生産されている。

大豆の加工と多様な用途

大豆は大豆油を搾った残り粕（大豆粕）も栄養豊富な飼料となる。

大豆 → 圧搾 → **大豆油**
大豆油となる油分は約20％。残った大豆粕（大豆ミール）は重量比で75〜80％程度。

搾り粕 → **大豆粕（大豆ミール）** → **飼料**
大豆粕はトウモロコシに次ぐ濃厚飼料の原料となっている。

食品用
大豆は豆腐や納豆、大豆ミートなど幅広い大豆食品の原料となる。

日本の大豆事情
豆腐や納豆の原料も80％は外国産大豆

日本の大豆自給率は約7％（2021年）。飼料用大豆はほぼ100％輸入に依存している。大豆には天候不良や連作障害などで収穫量および品質が安定しない側面があり、日本の大豆生産量も2000年から20年間で100万トン以上減少。その間に自給率も低下した。

主要な輸入先はアメリカ、ブラジル、カナダ。アメリカとブラジルだけで総輸入量の約90％を調達している。大豆油用（搾油用）や飼料用の大豆だけでなく、食品用の非遺伝子組み換え大豆も主にアメリカから輸入している。

1970年代、日本政府はブラジルのセラード（熱帯サバンナ地帯）で大豆生産を実現するため、技術提供や資金援助を実施。ブラジルが世界一の大豆生産国となるきっかけをつくった。日本にとってもアメリカ以外の大豆調達先を開拓する狙いがあり、実際にブラジルから多くの大豆を輸入している。

日本における大豆の用途は、大豆油用65％、食品用30％。基本的には、大豆油を搾った残り粕（大豆粕）が飼料の原料となるため、大豆油用には飼料用としての消費も含まれている。

食品用の内訳をみると、輸入大豆が80％、国産大豆が20％となっている。国産の大豆はほぼ全量が食品用であるが生産量は足りていない。全国で食べられている大豆食品の大半は外国産の大豆が原料となっている。

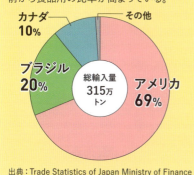

大豆の輸入相手国（2023年）
アメリカから約70％を輸入。米国農務省の報告によると大豆油用（搾油用）と食品用の割合は2.5対1。4対1の割合だった20年前から食品用の比率が高まっている。

- アメリカ 69%
- ブラジル 20%
- カナダ 10%
- その他
- 総輸入量 315万トン

出典：Trade Statistics of Japan Ministry of Finance

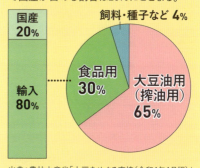

日本の大豆の用途
大豆油用が65％を占め、搾り粕も飼料として使われる。食品用の割合は30％であるが、世界平均よりはかなり高い。食品用の大豆で国産が占める割合は20％にとどまる。

- 大豆油用（搾油用）65%
- 食品用 30%
- 飼料・種子など 4%
- 国産 20%
- 輸入 80%

出典：農林水産省「大豆をめぐる事情（令和4年4月版）」

大豆の地政学

大豆がほしい中国と大豆を売りたいアメリカ

中国は世界で輸出されている大豆の約60％を買い占めていて、2020年に輸入量が初めて1億トンを突破。20年前から約4倍に増加している。

中国で大豆の需要が拡大したのは、食肉の生産量が増加したため。特に豚肉では世界総生産量の40％以上を占めている。家畜飼料の主原料となるトウモロコシは年間2億5000万トン以上を生産しているが、大豆の生産量は年間2000トン程度しかない。中国は農業大国であるが、大豆の自給率は約18％しかなく輸入に大きく依存している。

中国にとって大豆の主要な輸入先となっているのがアメリカである。大豆はアメリカにとってトウモロコシに次ぐ重要な輸出農産物であり、各農家はシカゴ先物市場でトウモロコシと大豆の価格を見ながら、それぞれ作付面積を決める傾向にある。アメリカではトウモロコシと大豆を輪作することで連作障害を抑制し、収穫量を安定させているため、トウモロコシだけでなく大豆でも主要生産国となっている。

2018年、アメリカが対中国の貿易赤字削減と安全保障の観点から、中国の輸出品に対して追加関税をかけたことで、米中の貿易摩擦が激化。中国もアメリカからの輸出品に報復関税をかけて大豆や工業製品の輸入を制限した。

しかし、双方が歩み寄り2020年1月、「第1段階の合意」に両国が署名。中国は大豆の輸入量を回復させた。アメリカにとっても中国の報復関税で大豆の在庫が増え、国内価格が下落していたため、輸入再開は大きな利益をもたらした。2022年の対中国貿易では、大豆が自動車や集積回路（半導体関連）を上回り、輸出額でトップとなった。

その一方、アメリカが半導体関連で対中国の輸出規制を強めるなど米中摩擦が再燃。その結果、中国はブラジルからの大豆輸入量を急速に増やし、2022年はブラジルからの輸入量がアメリカを上回った。2023年には糧食安全保障法※を制定し、中国産大豆の生産を強化するなど、大豆におけるアメリカ依存からの脱却にシフトしている。

アメリカの対中国輸出品目（2022年）
※輸出総額に占めるシェア

自動車や集積回路（半導体関連）、ガスなどを抑えて大豆が1位。2022年の年間輸出額でも大豆は190億2464万ドルでトップだった。

順位	品目	シェア
1位	大豆	11.9%
2位	自動車	5.6%
3位	集積回路	5.0%
4位	液化プロパンガス	4.0%
5位	石油（れき青油含む）	3.5%

出典：Global Trade Atlasからジェトロが作成
（※2022年上半期の輸出総額からシェアを算出）

※「糧食安全保障法」は中国語にならった表記。日本語では「食糧安全保障法」と表記することもある

中国にとって大豆が重要な理由

食料安全保障

肉類生産量の増加にともなって飼料としての大豆の需要が拡大。食の多様化で肉類消費量が増え、食用油の需要も大幅に増加した。大豆は両方の需要を満たす。

大豆自給率：約18%
食用の大豆は国産である程度足りているが、飼料用の大豆は大部分を輸入に頼っている。

食用油自給率：約30%
輸入大豆は食用品にできない遺伝子組み換え品種の大豆であるが食用油は遺伝子組み換え品種からも作れる。

遺伝子組み換え大豆

飼料 ← → 大豆油

出典：自給率は中国海関統計/中国農村統計/中国農業農村部「中国農業展望報告」から算出

アメリカと中国の貿易摩擦に巻き込まれた大豆

2018年7月、アメリカが中国からの輸出品の一部に追加関税をかけたことで米中の貿易摩擦が激化。中国もアメリカからの輸出品に報復関税をかけて大豆などの輸入を制限した。その後も米中ともに追加関税の対象を増やして対立したが、2020年1月、双方の歩み寄りで「第1段階の合意」に署名。

米中貿易摩擦（2018年7月〜）

 ← 追加関税 ←

中国 → 報復関税（※大豆などの輸入を制限） → アメリカ

米中貿易交渉「第1段階の合意」（2020年1月）

米中の閣僚会合の末、中国は年間2000億ドル以上となるアメリカ産農産物の追加購入に合意。それに対して、アメリカは計画を進めていた関税率引き上げの延期を決定。2020年、中国はアメリカ産大豆の輸入量を回復させた。

大豆の輸出増

ブラジル

食料資源 5 牛肉

日本は世界3位の輸入量で消費量の約65％が外国産

　牛肉は、豚肉や鶏肉に比べると供給量はやや少ないが、世界的に需要が拡大している。インドは国民の約8割を占めるヒンドゥー教徒が牛を食べられないため、水牛の肉を生産している。

　生産量が最も多いのはアメリカ。2位はブラジル。輸出量ではブラジルがアメリカを抜いて1位となっている。

　輸入量では中国が1位。中国では急速に牛肉の消費量が拡大しており、2010年から10年間で輸入量が約17倍に増加。国内の牛肉生産量も急増している。日本も主要な牛肉輸入国であり、世界3位の輸入量となっている。

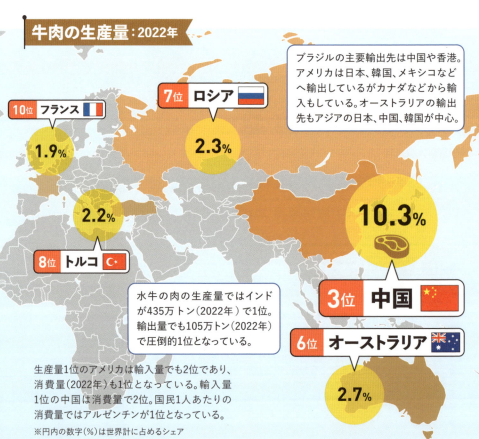

牛肉の生産量：2022年

- 10位 フランス 1.9%
- 7位 ロシア 2.3%
- 8位 トルコ 2.2%
- 3位 中国 10.3%
- 6位 オーストラリア 2.7%

ブラジルの主要輸出先は中国や香港。アメリカは日本、韓国、メキシコなどへ輸出しているがカナダなどから輸入もしている。オーストラリアの輸出先もアジアの日本、中国、韓国が中心。

水牛の肉の生産量ではインドが435万トン（2022年）で1位。輸出量でも105万トン（2022年）で圧倒的1位となっている。

生産量1位のアメリカは輸入量でも2位であり、消費量（2022年）も1位となっている。輸入量1位の中国は消費量で2位。国民1人あたりの消費量ではアルゼンチンが1位となっている。

※円内の数字(%)は世界計に占めるシェア

第5章 食料資源の地政学

牛肉の輸出量（2022年） t：トン

1位	ブラジル	198万t
2位	アメリカ	114万t
3位	オーストラリア	92万t
4位	アルゼンチン	62万t
5位	ニュージーランド	47万t
6位	オランダ	46万t
7位	カナダ	42万t
8位	ウルグアイ	37万t
9位	ポーランド	36万t
10位	アイルランド	34万t

出典：FAOSTAT

牛肉の輸入量（2022年） t：トン

1位	中国	268万t
2位	アメリカ	108万t
3位	日本	55万t
4位	韓国	47万t
5位	ドイツ	32万t
6位	イタリア	30万t
7位	フランス	29万t
8位	オランダ	28万t
9位	チリ	26万t
10位	イギリス	23万t

出典：FAOSTAT

牛肉の生産量（2022年） t：トン

1位	アメリカ	1289万t
2位	ブラジル	1035万t
3位	中国	718万t
4位	アルゼンチン	313万t
5位	メキシコ	217万t
6位	オーストラリア	187万t
7位	ロシア	162万t
8位	トルコ	157万t
9位	カナダ	137万t
10位	フランス	136万t
世界計		6934万t

出典：FAOSTAT
（※水牛の牛肉生産量は含まれない）

1位 アメリカ 18.5%
9位 カナダ 2.0%
5位 メキシコ 3.1%
2位 ブラジル 14.9%
4位 アルゼンチン 4.5%

牛肉

世界の牛肉&食肉情勢

経済成長と肉類消費量の密接な関係

農水省の試算によると、牛肉を1kg生産するには11kgの穀物飼料が必要となる。豚肉であれば6kg、鶏肉でも4kg必要であり、家畜の飼料コストが肉類の価格を上昇させている。

1970年はまだ40億人以下だった世界の人口が、2024年には80億人に倍増。人口の増加は経済成長を加速させた。世界経済の発展は特に新興国の所得を押し上げ、GDP（世界総計）の上昇とともに、穀物の需要が世界各国で増大。所得の増加により食の多様化が進み、肉類の需要拡大にもつながった。

さらに、穀物需要の増加で大規模農場による大量生産が主流になると、穀物飼料で家畜を肥育する肉類の大量生産も実現した。このように経済成長と肉類消費量は密接に関係している。近年は特に牛肉の需要が世界的に高まり、食の豊かさを象徴している。

日本は飼料穀物を輸入に依存しており、肉類の自給率は先進国の中で最も低いが、国産の農畜産物の輸出振興により、和牛を海外に輸出している。

主要国の肉類自給率

主要国の中で日本の肉類自給率が最も低い。人口14億人のインドや2億人のブラジル、ナイジェリアでも自給率は100％に達している。

日本	60%	イギリス	77%
中国	85%	フランス	104%
韓国	68%	ドイツ	117%
インド	115%	イタリア	82%
アメリカ	114%	ブラジル	139%
ロシア	99%	ナイジェリア	100%

出典：FAOSTAT（※2021年の統計で算出）

肉類消費量（1人あたり/世界平均）とGDP（世界総計）の関係

1970年から2020年までGDPと肉類消費量（一人あたり）はほぼ同じ上昇速度で増加。ともに50年間で倍増している。経済成長による所得の増加が肉類の消費を拡大した。

出典：USDA「PS&D」/国連World Population Prospects 2022/世界銀行National Accounts Main Aggregates Databaseを基に農林水産省で作成（※肉類消費量は牛肉、豚肉、鶏肉の計で1人あたりの年間消費量。GDPは1人あたりの名目GDP）

日本の牛肉事情
国産牛肉よりも外国産牛肉の消費量が上回る

日本の牛肉自給率は39％（2022年）。給餌する飼料も含めた自給率は11％まで低下する。スーパーなどでは国産の牛肉も店頭に並んでいるが、約60％を外国からの輸入に依存している。

主要な輸入先はアメリカとオーストラリア。この2カ国だけで総輸入量の約80％を調達している。アメリカとは日米貿易協定を、オーストラリアとは日豪経済連携協定を結んでいるため、一定の数量まで輸入関税が引き下げられ、販売価格も抑えられている。

国産牛肉は「国産牛」と「和牛」に大別される。乳用種（主にホルスタイン）のオスおよび交雑種（メスの乳用種とオスの肉用種との間で産まれた牛）が国産牛であり、和牛よりも生産数が多い。

和牛は血統が管理されており、子牛の価格が高く、肥育期間も国産牛より長いため、販売価格が高くなっている。外国では質の高い和牛の評価が高まりブランド化。アメリカや香港などを中心に輸出量も増加傾向にある。

和牛と国産牛の違い

和牛
国内で肥育された「黒毛」「褐毛」「無角」「日本短角種」の4品種。

国産牛
国内で肥育された和牛以外の品種。主に乳用種のオスまたは乳用種と肉用種の交雑種。

牛肉の輸入相手国（2022年）

アメリカとオーストラリアからそれぞれ40％前後を調達。カナダもTPP11で協定を結んでいるため輸入関税が引き下げられる。

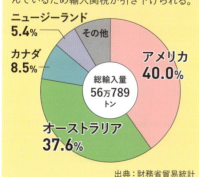

- アメリカ 40.0％
- オーストラリア 37.6％
- カナダ 8.5％
- ニュージーランド 5.4％
- その他

総輸入量 56万789トン

出典：財務省貿易統計

国産牛の輸出相手国（2022年）

2022年の輸出量は7454トン。金額ベースではアメリカが1位であるが、輸出先の中心はアジア。輸出の内訳はA5和牛が中心。

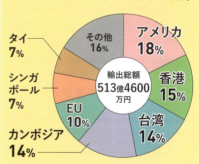

- アメリカ 18％
- 香港 15％
- 台湾 14％
- カンボジア 14％
- EU 10％
- シンガポール 7％
- タイ 7％
- その他 16％

輸出総額 513億4600万円

出典：財務省貿易統計（※輸出総額に占めるシェア）

牛肉

牛肉の地政学

穀物大国から牛肉を輸入する日本と中国

　外国産牛肉の価格には、輸送費や関税が上乗せされているが、国産牛肉より価格が安くなっている。これは生産コストの違いによるところが大きい。

　牛肉は出荷されるまでに20〜30カ月前後の長い肥育期間があり、大量の飼料が必要となるため、生産コストは必然的に高くなる。しかし、アメリカやブラジルなどの主要生産国では、家畜の飼料を比較的安く自国で調達できるため、飼料コストが抑えられている。

　さらに、フィードロッド（肉用牛の多頭数集団肥育場）方式の普及が進み、生産効率が高まったことなども、生産コストの削減につながっている。

　アメリカはトウモロコシ生産量が世界1位、大豆生産量も世界2位。ブラジルはトウモロコシ生産量で世界3位、大豆生産量は世界1位である。このような穀物大国によって牛肉の供給量が増加し、遠く離れた日本でも安く食べられるようになっている。

　近年は、中国でも牛肉の消費量が急増。輸入量をみても2016年から5年間で4倍近く増加している。中国における需要の急激な拡大は、牛肉の市場価格にも影響を及ぼしている。

　2021〜2023年にかけて、牛肉の市場価格が高騰した。これは牛肉の主要輸出国であるアメリカやオーストラリアで降雨不足や干ばつが続き、牛のエサとなる牧草や穀物が不足したことが大

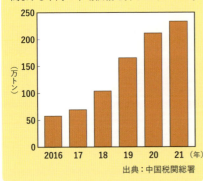

中国の牛肉輸入量

中国で牛肉の消費量が急速に拡大している。2016年からわずか5年間で輸入量は4倍近くまで増加。中国での爆発的な需要の高まりも牛肉の市場価格を押し上げている。

出典：中国税関総署

牛肉先物市場の価格が高騰

ウクライナ侵攻の影響で飼料コストが高騰。天候不良による飼料作物の減産も重なり、牛肉価格は2023年後半まで上昇が続いた。

出典：シカゴ先物市場の基近の週次価格動向

きな原因。コロナ禍におけるサプライチェーンの混乱も影響した。オーストラリアでは大規模な干ばつで肉牛の飼育頭数が減り、2021/22年度の牛肉出荷価格が過去最高値を記録。アメリカでも2022年の干ばつでトウモロコシが減産となり、飼料コストが上昇。その影響で牛肉の市場価格が高騰した。

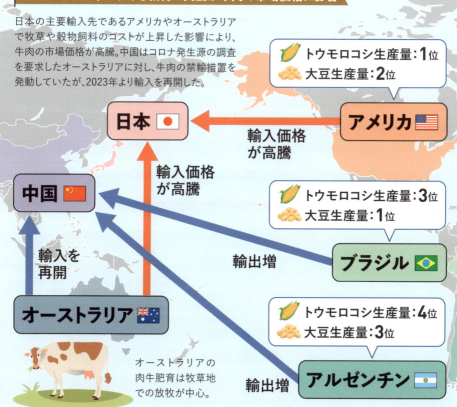

2021〜2023年における穀物の高騰が牛肉の市場価格に影響

日本の主要輸入先であるアメリカやオーストラリアで牧草や穀物飼料のコストが上昇した影響により、牛肉の市場価格が高騰。中国はコロナ発生源の調査を要求したオーストラリアに対し、牛肉の禁輸措置を発動していたが、2023年より輸入を再開した。

- アメリカ 🇺🇸 — トウモロコシ生産量:1位／大豆生産量:2位
- ブラジル 🇧🇷 — トウモロコシ生産量:3位／大豆生産量:1位
- アルゼンチン 🇦🇷 — トウモロコシ生産量:4位／大豆生産量:3位

アメリカ → 日本:輸入価格が高騰
ブラジル → 中国:輸出増／日本:輸入価格が高騰
アルゼンチン → 中国:輸出増
オーストラリア → 中国:輸入を再開／日本:輸入価格が高騰

オーストラリアの肉牛肥育は牧草地での放牧が中心。

2021〜2023年に外国産牛肉が値上がりした主な原因

オーストラリアで干ばつ（2019年）
2018〜19年にかけて続いた大規模な干ばつで牧草が育たなかったため、肉牛の飼育頭数が減少。その影響により2021/22年度は牛肉の出荷（取引）価格が過去最高値となった。

アメリカで干ばつ（2022年）
2021〜22年に発生した干ばつにより牧草が不足し、トウモロコシなどの飼料コストも高騰。ウクライナ侵攻の影響も加わり、2023年度は牛肉の価格が記録的な高値となった。

第5章 食料資源の地政学

食料資源 ⑥ 豚肉

中国は生産量・輸入量とも圧倒的シェアを誇る豚肉大国

　豚肉は、世界総生産量の40％以上が中国で生産されている。中国は輸入量でも1位であり、豚肉が人口14億人の食を支えるタンパク源となっている。

　生産量の上位には、スペインやドイツ、フランスなど欧州の国が並び、生ハムやソーセージといった豚肉の加工食品も古くから食べられている。しかし、国民1人あたりの消費量では、アジアの国が上位を占めている。

　近年は、豚の家畜伝染病が世界規模で感染拡大したことにより、主要生産国から出荷できなくなるなど、供給網が寸断される事態も頻発している。

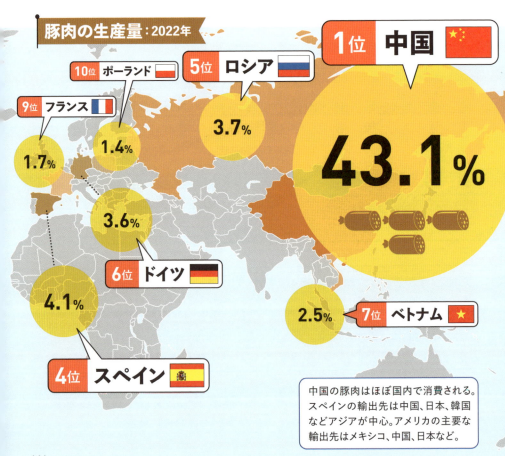

豚肉の生産量：2022年
- 1位 中国 43.1%
- 4位 スペイン 4.1%
- 5位 ロシア 3.7%
- 6位 ドイツ 3.6%
- 7位 ベトナム 2.5%
- 9位 フランス 1.7%
- 10位 ポーランド 1.4%

中国の豚肉はほぼ国内で消費される。スペインの輸出先は中国、日本、韓国などアジアが中心。アメリカの主要な輸出先はメキシコ、中国、日本など。

第5章 食料資源の地政学

豚肉の輸出量（2022年） 　t：トン

1位	スペイン	207万t
2位	アメリカ	192万t
3位	ドイツ	146万t
4位	デンマーク	108万t
5位	カナダ	107万t
6位	オランダ	101万t
7位	ブラジル	100万t
8位	ベルギー	62万t
9位	フランス	37万t
10位	ポーランド	34万t

出典：FAOSTAT

豚肉の輸入量（2022年） 　t：トン

1位	中国	174万t
2位	メキシコ	119万t
3位	日本	97万t
4位	イタリア	96万t
5位	ポーランド	72万t
6位	ドイツ	70万t
7位	韓国	54万t
8位	アメリカ	42万t
9位	ルーマニア	35万t
10位	イギリス	32万t

出典：FAOSTAT

豚肉の生産量（2022年） 　t：トン

1位	中国	5295万t
2位	アメリカ	1225万t
3位	ブラジル	518万t
4位	スペイン	506万t
5位	ロシア	453万t
6位	ドイツ	449万t
7位	ベトナム	310万t
8位	カナダ	226万t
9位	フランス	215万t
10位	ポーランド	180万t
世界計		1億2258万t

出典：FAOSTAT

8位 カナダ 1.8%
2位 アメリカ 10.0%
3位 ブラジル 4.2%

※円内の数字（％）は世界計に占めるシェア

消費量（2022年）は中国が1位、アメリカが2位。中国の消費量はアメリカの5倍以上となる。国民1人あたりの消費量は韓国が1位。次いでベトナムが2位、中国は3位となっている。

豚肉

日本の豚肉事情

飼料を含めた豚肉の自給率はわずか6％

　日本の豚肉自給率は49％（2021年）となっているが、飼料も含めた自給率はわずか6％まで低下する。養豚は輸入した飼料穀物で成り立っている。

　日本では豚肉が最も消費量の多い食肉であり、着実に需要が拡大。国民1人あたりの消費量をみると、1960年は年間約1kgであったが、2019年には12倍以上となる年間12.8kgまで増加している。しかし、生産量はピークの1980年代から減少し、2000年以降はほぼ横ばいで推移しているため、外国からの輸入量が増え続けている。2022年の輸入量は世界で3位。国内生産量とほぼ同じ量の豚肉を輸入している。

　豚肉の輸入先は複数の国に分散されており、地域では主に北米（アメリカ、カナダ、メキシコ）と欧州（スペイン、デンマーク）に分かれる。

　アメリカとは日米貿易協定を、カナダ、メキシコとはTPP11を、スペイン、デンマークとは日・EU経済連携協定を締結しているため、一定の数量まで輸入関税が引き下げられている。

　養豚には家畜伝染病のリスクがあり、豚熱（CSF）、アフリカ豚熱（ASF）、口蹄疫などは致死率がほぼ100％である。

　日本では、2018年に豚熱が発生。以降、2023年まで各地で感染が確認され、全国で約35万頭が殺処分されるなど大きな被害を出した。2024年も5月に岩手県や栃木県で感染が確認された。

豚肉の輸入相手国（2022年）

豚肉の輸入先はある程度分散されている。豚肉は家畜伝染病のリスクも大きいため、北米と欧州でそれぞれ調達ルートを確保することが安定的な供給には有効となる。

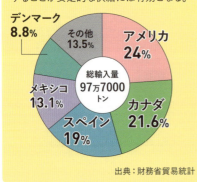

総輸入量 97万7000トン
- アメリカ 24％
- カナダ 21.6％
- スペイン 19％
- メキシコ 13.1％
- デンマーク 8.8％
- その他 13.5％

出典：財務省貿易統計

飼料を含む肉類の自給率

「食料自給率」とは国内で生産された割合を示したもの。飼料自給率を含めた自給率の数値が実質的な食料自給率となる。豚肉は食肉の中でも最も低い6％となっている。
（※カッコ内は飼料を含めない自給率）

- 豚肉 6％（49％）
- 牛肉 11％（39％）
- 鶏肉 9％（64％）

出典：農林水産省「令和4年度食料需給表（概算）」

※2020年に「豚コレラ」から「豚熱」に名称変更された

豚肉の地政学

国境を越えて伝染する家畜伝染病のリスク

近年、アフリカ豚熱（ASF）と口蹄疫がアジアで猛威を振るっている。

アフリカ豚熱は、2018年に中国でアジア初となる感染が発生し、豚の飼育頭数が約8000万頭以上減少する甚大な被害を出した。さらに2019年には、モンゴル、韓国、ベトナム、フィリピン、インドネシアなどアジア各国に感染が拡大。2023年末までにアジアの18カ国および香港で感染が確認されている。

口蹄疫は、豚だけでなく牛やヤギなども感染する伝染病。空気感染の例もあるなど感染力が極めて強い。2021年にアジアで口蹄疫の感染が拡大し、2023年末までにアジアの12カ国およびロシアで感染が確認されている。アジアでアフリカ豚熱、口蹄疫とも発症していない国（地域）は、2024年4月末時点で日本と台湾のみ。日本では空港などで感染対策が強化されている。

近年にアジアで発生した豚関連の家畜伝染病

隣国でアフリカ豚熱や口蹄疫が発生すると、日本では入国者への畜産物所持のチェックや畜産農場での部外者立ち入り禁止を徹底するなど、感染対策の強化を進めている。

凡例：
- アフリカ豚熱・口蹄疫が発生
- アフリカ豚熱のみ発生
- 口蹄疫のみ発生
- いずれも発生していない

●アフリカ豚熱の発生国と初発生年

国・地域	初発生年
中国	2018年
香港、モンゴル、北朝鮮、韓国、ベトナム、ラオス、カンボジア、フィリピン、ミャンマー、インドネシア、東ティモール	2019年
インド	2020年
マレーシア、タイ、ブータン	2021年
ネパール	2022年
シンガポール、バングラデシュ	2023年

●口蹄疫の発生国と発生年

国・地域	初発生年
中国、ロシア、ベトナム、カンボジア、マレーシア、タイ、インド、ブータン、ネパール、モンゴル、スリランカ	2021年
中国、カンボジア、タイ、マレーシア、インドネシア、インド、ブータン、ネパール、モンゴル、スリランカ	2022年
中国、韓国、ネパール、カンボジア、マレーシア、インドネシア	2023年

出典：WOAH（国際獣疫事務局）、各国のウェブサイト
（※発生に関する情報はWOAHに報告されたもの）

（※2024年4月末時点）
※口蹄疫は日本でも過去2010年に発生

食料資源 7 鶏肉

日本は生産量と輸入量で世界のトップ10入り

　鶏肉は、生産から加工まで一体化した生産システムが普及し、世界総生産量で豚肉とほぼ並んでいる。生産量1位はアメリカ。2位がブラジル、3位が中国となっている。鶏肉は生産国で消費される割合が高く、輸出されているのは総生産量の10％未満。主要輸出国はアメリカとブラジルであり、この2カ国で総輸出量の50％以上を占める。

　輸入量では中国が1位。イスラム教の戒律で豚肉を食べられない中東の国々でも輸入量が多くなっている。

　鶏肉の供給網は、鶏インフルエンザの発生によって混乱することも多い。

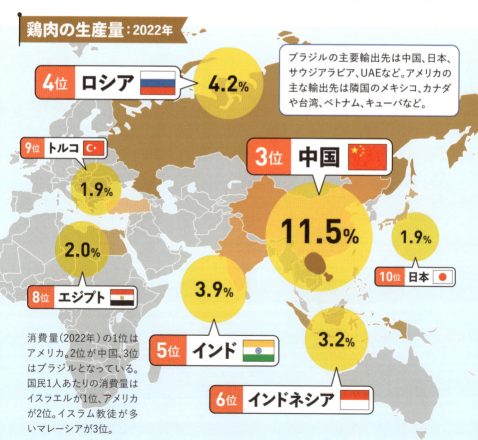

鶏肉の生産量：2022年

4位 ロシア 4.2%
9位 トルコ 1.9%
8位 エジプト 2.0%
3位 中国 11.5%
5位 インド 3.9%
6位 インドネシア 3.2%
10位 日本 1.9%

ブラジルの主要輸出先は中国、日本、サウジアラビア、UAEなど。アメリカの主な輸出先は隣国のメキシコ、カナダや台湾、ベトナム、キューバなど。

消費量（2022年）の1位はアメリカ。2位が中国、3位はブラジルとなっている。国民1人あたりの消費量はイスラエルが1位、アメリカが2位。イスラム教徒が多いマレーシアが3位。

鶏肉の輸出量（2022年） t：トン

1位	ブラジル	436万t
2位	アメリカ	374万t
3位	オランダ	109万t
4位	ポーランド	104万t
5位	トルコ	66万t
6位	ベルギー	42万t
7位	ウクライナ	41万t
8位	タイ	35万t
9位	ドイツ	32万t
10位	フランス	25万t

出典：FAOSTAT

鶏肉の輸入量（2022年） t：トン

1位	中国	129万t
2位	メキシコ	102万t
3位	オランダ	104万t
4位	アラブ首長国連邦	61万t
5位	日本	57万t
6位	サウジアラビア	51万t
7位	ドイツ	49万t
8位	フランス	47万t
9位	イラク	45万t
10位	イギリス	44万t

出典：FAOSTAT

第5章 食料資源の地政学

1位 アメリカ 15.8%
7位 メキシコ 3.0%
2位 ブラジル 11.7%

鶏肉の生産量（2022年） t：トン

1位	アメリカ	1960万t
2位	ブラジル	1452万t
3位	中国	1430万t
4位	ロシア	530万t
5位	インド	490万t
6位	インドネシア	404万t
7位	メキシコ	378万t
8位	エジプト	252万t
9位	トルコ	241万t
10位	日本	237万t
世界計		1億2363万t

出典：FAOSTAT

※円内の数字（%）は世界計に占めるシェア

鶏肉

日本の鶏肉事情

国産の鶏肉消費量が外国産を上回る

　日本の鶏肉自給率は64％（2022年）であり、国産が外国産を上回っている。飼料も含めた自給率になると9％まで低下するが、鶏肉は飼育期間が短く、ふ化してからわずか7〜8週間で出荷できるため、肥育期間の長い牛肉（20〜30カ月）や豚肉（6カ月前後）よりも飼料コストを抑えられる。そのため国産でも鶏肉は比較的安価である。

　鶏肉の主要輸入先はブラジルとタイの2カ国。ブラジルだけで総輸入量の70％以上を占めている。ブラジルでは養鶏の飼料となる穀物をすべて自国で比較的安く調達できるため、鶏肉の出荷額が安価であり、日本までの輸送費や輸入関税を加えても、国産の鶏肉よりも安く販売することができる。

　国産鶏肉の内訳は、最も流通している若どり（ブロイラー）が50％以上、銘柄鶏（大山どり、南部どりなど）が40％以上、地鶏（名古屋コーチン、比内地鶏など）は約1％となっている。

　養鶏では特に家畜伝染病のリスクが高く、鳥インフルエンザが世界各国に蔓延。野鳥から感染が拡大することもあり、日本でも毎年のように発生している。2023年は埼玉県や鹿児島県など全国4県で感染が確認された。しかし、早期の対応でウイルスを封じ込めるなど、感染の拡大を最小限にとどめている。

鶏肉の輸入相手国（2022年）

ブラジルとタイだけで輸入量の95％以上を占める。タイからは鶏肉加工品の輸入も多い。アメリカからも少量を輸入している。

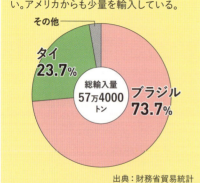

総輸入量 57万4000トン
ブラジル 73.7％
タイ 23.7％
その他

出典：財務省貿易統計

若鶏と地鶏の定義

出荷される国産の鶏肉は50％以上が若どり。次に多いのが若どりの飼料や飼育期間、飼育方法などに工夫を加えた銘柄鶏（若どり系）。地鶏のシェアは国産鶏肉の1％ほど。

若どり
ブロイラーともよばれる。短期間で成長するように作られた肉用鶏の品種。正確にはふ化後3カ月未満の鶏を若どりとよぶ。ふ化後7〜8週間で出荷できるため、飼育コストが低く抑えられる。

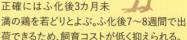

地鶏
在来種の血液が50％以上であり、ふ化した日から75日以上飼育することが地鶏認定の条件となる。他にも生後28日以降は平飼いをする（歩き回れる環境で飼育する）などJAS（日本農林規格）法の細かい規定がある。

日本の鶏卵事情

鶏卵が安価で安定供給されているしくみ

　日本の鶏卵自給率はほぼ100％であり、安定した価格で供給されている。

　養鶏で飼育する鶏は、鶏肉になる肉用種と、鶏卵を産む卵用種に大別される。卵用種でも食用の卵を産む鶏を「採卵鶏」、採卵鶏を産む鶏を「種鶏」とよぶ。種鶏はオスとメスを同じケージで飼育し、生まれてきたメスのヒヨコだけを採卵鶏として育てていく。

　採卵鶏のヒヨコはふ化してから150日前後で卵を産みはじめるが、採卵鶏は受精せずに卵を産むため、卵はすべて無精卵。これが鶏卵として店頭に並んでいる黄身と白身の卵である。

　養鶏場では採卵鶏を１カ所に集めて大量に飼育。採卵鶏１羽あたり年間300個前後の卵を産むため、毎日多くの卵を出荷することが可能となっている。

　採卵鶏の排卵期間はだいたい１〜２年ほど。卵を産むペースが落ちる前に新たな採卵鶏と入れ替えるため、常に多くの採卵鶏を飼育する必要がある。しかし、種鶏からオスのヒヨコが生まれると殺処分されるケースが多いため、動物愛護の観点から、これを見直す動きが世界各国で出てきている。

卵を産む採卵鶏とヒヨコを産む種鶏

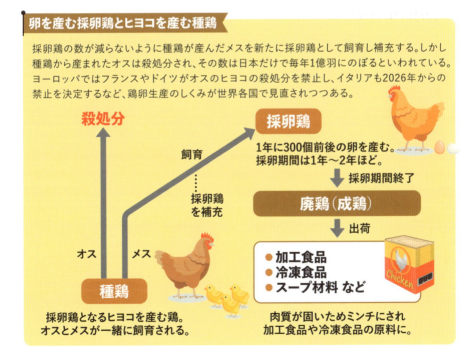

採卵鶏の数が減らないように種鶏が産んだメスを新たに採卵鶏として飼育し補充する。しかし種鶏から産まれたオスは殺処分され、その数は日本だけで毎年1億羽にのぼるといわれている。ヨーロッパではフランスやドイツがオスのヒヨコの殺処分を禁止し、イタリアも2026年からの禁止を決定するなど、鶏卵生産のしくみが世界各国で見直されつつある。

第5章 食料資源の地政学

食料資源 8 魚介類

中国が漁獲量でも養殖業生産量でも圧倒的なシェア

　世界で最も魚介類生産量が多いのは中国であり、世界総生産量の約40％を占めている。魚介類の生産量は、漁業生産量（漁獲量）と養殖業生産量の総計で算出され、中国はどちらの生産量でも世界1位。特に養殖業生産量では60％に迫るシェアを誇っている。

　漁業生産量だけでみると、中国に次ぐ2位がインドネシア、3位がインド。日本も世界で8位に入っている。

　養殖業生産量においても、中国に次ぐ2位はインドネシア。3〜5位もインド、ベトナム、バングラデシュと続き、アジアの国が上位を独占している。

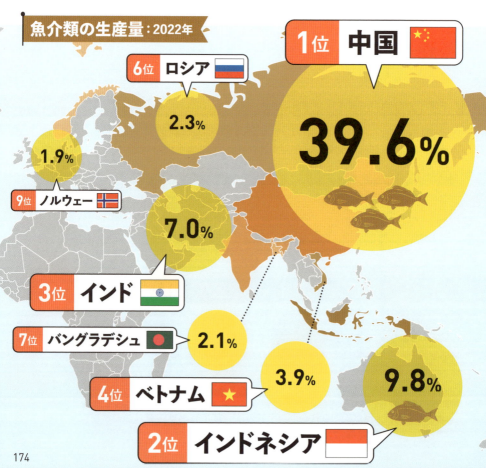

魚介類の生産量：2022年

- 1位 中国 39.6%
- 2位 インドネシア 9.8%
- 3位 インド 7.0%
- 4位 ベトナム 3.9%
- 6位 ロシア 2.3%
- 7位 バングラデシュ 2.1%
- 9位 ノルウェー 1.9%

第5章 食料資源の地政学

魚介類の輸出量（2020年） ドル：金額ベース

1位	中国	186億5100万ドル
2位	ノルウェー	111億5300万ドル
3位	ベトナム	85億1500万ドル
4位	チリ	60億5800万ドル
5位	インド	58億1000万ドル
6位	タイ	57億3900万ドル
7位	オランダ	55億7800万ドル
8位	エクアドル	54億3800万ドル
9位	ロシア	54億2600万ドル
10位	インドネシア	50億4400万ドル

出典：FAO Fisheries & Aquaculture
（※海藻類を含む）

魚介類の輸入量（2020年） ドル：金額ベース

1位	アメリカ	229億7300万ドル
2位	中国	152億2000万ドル
3位	日本	134億8200万ドル
4位	スペイン	73億4200万ドル
5位	フランス	64億7600万ドル
6位	イタリア	61億5000万ドル
7位	ドイツ	60億2100万ドル
8位	韓国	54億2700万ドル
9位	スウェーデン	50億6600万ドル
10位	オランダ	46億1300万ドル

出典：FAO Fisheries & Aquaculture
（※海藻類を含む。金額には輸送費も含む）

中国はイカの輸出が多い。チリは養殖サーモンの輸出大国。ノルウェーはサバの主要な輸出国であり、ベトナムやインドではエビが主な輸出品となる。

- 8位 アメリカ 2.1%
- 5位 ペルー 2.4%
- 10位 チリ 1.8%

※円内の数字（%）は世界計に占めるシェア

魚介類の生産量（2022年） t：トン

順位	国	生産量
1位	中国	8856万t
2位	インドネシア	2203万t
3位	インド	1577万t
4位	ベトナム	876万t
5位	ペルー	550万t
6位	ロシア	533万t
7位	バングラデシュ	475万t
8位	アメリカ	474万t
9位	ノルウェー	426万t
10位	チリ	421万t
世界計		2億2321万t

出典：FAO Fisheries & Aquaculture
（※漁業生産と養殖業生産の計。海藻類を含む）

輸出量でも1位は中国。次いで2位がノルウェー、3位がベトナム。各国で輸出する魚種は異なる。輸入量はアメリカが1位。次いで2位が中国。3位が日本となっている。魚介類の消費量でも中国は圧倒的1位である。

魚介類

日本の魚介類&漁業事情

世界でも異例となる大幅な漁獲量の減少

　世界の魚介類生産量は、1990年から30年間で約2倍に増加している。漁業生産量（漁獲量）は1980年代後半から横ばいとなっているが、養殖業の生産量は大幅に拡大。海水面養殖業（※主に海水魚の養殖）、内水面養殖業（※主に淡水魚の養殖）とも増加している。

　一方、日本の魚介類生産量は、1984年の1282万トンをピークに下降局面となり、2022年には1/3以下となる391万トンまで減少している。

　養殖業生産量はほぼ横ばいで推移しているものの、漁獲量が激減。なかでも漁業の中核である沖合漁業（排他的経済水域内の日本近海で行われる漁業）の水揚げが減少している。魚種別では、特にサンマの漁獲量がピークの1/10以下となっており、1kgあたりの価格（水産庁発表の年平均価格）も、2018年は184円であったが、2022年には581円まで跳ね上がっている。

　日本近海での漁獲量が減少した原因は特定されていないが、海水温の上昇や潮流の変化などが指摘されている。

世界の魚介類生産量の推移（※漁業生産量＋養殖業生産量）

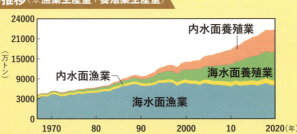

1970年から50年間で3倍以上増加。漁業生産量はほぼ横ばいであるが、養殖業生産量が大幅に増えている。主に淡水魚を養殖する内水面養殖業の伸びも大きい。

出典：FAO「Fishstat（Global capture production、Global aquaculture production）」（日本以外）および農林水産省「漁業・養殖業生産統計」に基づき水産庁で作成

日本の魚介類生産量の推移（※漁業生産量＋養殖業生産量）

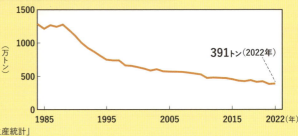

1985年の1282万トンが約40年後の2022年には1/3の400万トン以下に減少。養殖業生産量は微減であるが、漁業生産量が減少。特に沖合漁業の水揚げが激減している。

出典：農林水産省「漁業・養殖業生産統計」

ウクライナ侵攻の影響により
ロシア産水産物の関税引き上げ

　日本の魚介類自給率をみると、1985年は93％であったが、2022年には54％まで低下している。一方で魚介類の輸入量は増え続けており、2022年には初めて輸入総額が2兆円を突破した。

　魚介類は、中国からの輸入量が最も多い。次いでチリ、アメリカ、ベトナムなど。魚種によって輸入先が決まっているため、魚介類全体では調達先が分散されているが、魚種単位では特定の国からの輸入に依存している。

　輸入量が国内生産量を上回る魚種は、サケ・マス類（主に養殖サーモン）やタラ（真鱈）、カニ類（主にタラバガニとズワイガニ）など。サケ・マス類はチリから、タラはアメリカから、カニ類はロシアからそれぞれ総輸入量の60％以上を調達している。

　2022年、ウクライナへ軍事侵攻したロシアに対し、日本政府は石油や石炭など多品目の輸入を段階的に停止する禁輸措置を発動したが、カニやウニなどの水産物は国内の需要を考慮し、輸入を継続している。ただし、政府はWTO協定に基づく関税暫定措置法の一部を改正。ロシア産水産物にかかる輸入関税を引き上げている。

魚種別の輸入相手国（2022年）

日本の漁獲量が減少している中、調達ルートを世界各国へ広げることによって多種多様な魚種の需要を満たしている。魚種別の輸入量（金額ベース）では1位がサケ・マス類。次いで2位がカツオ・マグロ類、3位がエビとなっている。

魚種	輸入量1位の国	輸入量
マグロ類	台湾	5万8051トン（32.8％）
サケ・マス類	チリ	14万5062トン（63.0％）
サバ	ノルウェー	5万926トン（81.3％）
タラ	アメリカ	8万8033トン（66.2％）
うなぎ稚魚	香港	7236トン（67.4％）
イカ	中国	5万988トン（43.3％）
カニ	ロシア	1万4306トン（63.2％）
エビ	インド	3万6755トン（23.4％）

出典：財務省貿易統計（※カッコ内は各魚種の総輸入量に占める割合）

魚介類の輸入相手国（2022年）

漁業生産量、養殖業生産量ともに世界1位の中国が最大の輸入相手。魚介類の輸入では魚種によって調達ルートが異なるため、輸入相手国も偏ることなく分散している。

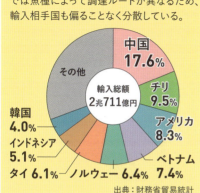

輸入総額 2兆711億円
中国 17.6％
チリ 9.5％
アメリカ 8.3％
ベトナム 7.4％
ノルウェー 6.4％
タイ 6.1％
インドネシア 5.1％
韓国 4.0％
その他

出典：財務省貿易統計

魚介類

魚介類&漁業の地政学

各国の漁場エリアを定める排他的経済水域

　国の領土と同様に、海にも国の主権が及ぶ「領海」があり、沿岸国が管轄する海域は国連海洋法条約で定められている。この条約に基づき、沿岸国は引き潮時の海岸線（低潮線）から12海里（約22.2km）までを領海とする。

　沿岸国の主権は、領海の上空や海底の地下にまで及ぶ。また領海内に外国船が許可なく進入した場合は、自国の法律で裁く権利がある。ただし、外国船には沿岸国の秩序や安全を乱さない限り、領海内を自由に通航できる無害通航権が認められている。

　領海の外側の境界線から24海里（約44.4km）以内の海域を「接続水域」という。この水域では、領海内への不法侵入や違法品の密輸など外国船の犯罪行為を取り締まる目的であれば、沿岸国が規制をかけることができる。

　接続水域の外側の境界線から200海里（約370.4km）までの「排他的経済水域（EEZ）」では、沿岸国が漁業や資源開発といった経済活動の権利を有する。他国は漁も資源開発もできない。

　EEZや領海などに含まれず、どの国の主権も及ばない海域が「公海」である。公海ではすべての国の船舶が自由に航行し、漁業を行うことができる。

国際の条約で定める海域の規定

各国が独占的に漁業を営むことが認められているのは沖合200海里までの排他的経済水域である。ただし、領海の外側までは排他的経済水域内であっても外国船籍が自由に航行することができる。

海域区分	国連海洋法条約による定義	陸（領土）からの距離
領海	沿岸国の主権がおよぶ海域。領海にある船舶には沿岸国の国内法令が適用されるが外国船舶は無害通航権を有する。	12海里＝約22.2km（※瀬戸内海のような領土の内側にある内水を含む）
接続水域	接続水域は、自国の領土、領海内における通関上、財政上、出入国管理上、衛生上の法令違反の防止・処罰に関する規制を行うことができる水域。	24海里＝約44.4km（領海の外側の海域）
排他的経済水域（EEZ）	沿岸国がその範囲内において天然資源の探査・開発、漁業など経済的活動の主権的な権利と、海洋の科学的調査、海洋環境の保護・保全等についての管轄権を有する水域。範囲。	200海里＝約370.4km（接続水域を含む）
公海	すべての国が公海の自由（航行・上空飛行・漁獲の自由、海洋の科学的調査の自由等）を享有する。	いずれの国の排他的経済水域、領海、内水またはいずれの群島国の群島水域にも含まれない海洋。

陸地の周囲に広がる水深200m程度の海底を「大陸棚」という。各国の大陸棚はEEZと同じ200海里までの海底（および地下）となるが、海底の地形や地質が一定条件を満たせば、その範囲を最大で350海里（約648km）まで延長することができる。大陸棚では沿岸国が地下資源の探査や開発を行う権利があるため、大陸棚の延長は沿岸国にとって大きな利益となる。

国連海洋法条約で定められている海域の区分

沿岸国は国連海洋法条約により自国の大陸棚の天然資源を開発するための「主権的権利」が認められている。国連の大陸棚限界委員会の審査において、地形・地質的につながっていると認定された場合は200海里を超えて大陸棚を延長し、自国の主権的権利を拡大できる。

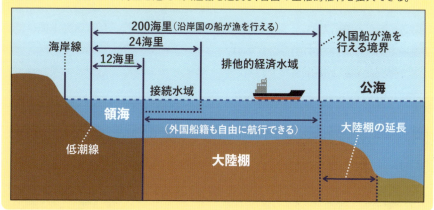

延長が認められた日本の大陸棚

※2024年3月末時点

2008年に日本政府は7つの海域で大陸棚の延長を申請。国連の大陸棚限界委員会による審査を経て、2024年4月末までに小笠原諸島沖の海域など約31万km²の海域（および海底）が新たに日本の大陸棚として認定されている。新たに認定された大陸棚の海域には石油や天然ガス、レアメタルなどの海底資源が埋蔵されている可能性もあり、探査・開発の権利を得たことは資源の調達にもつながる。

出典：海上保安庁

魚介類

隣国と2国間の漁業協定

　1996年、日本は国連海洋法条約の締結国となり、同条約に基づいて排他的経済水域（EEZ）が確定。日本が独占的に漁業を行えるのは、海岸線から200海里（約370.4km）までの海域となった。同様に日本が遠洋漁業を行っていた海域が外国のEEZとなり、優良な漁場を失うことにもつながった。

　EEZが重なり合う隣国同士が2国間で漁場を調整する場合もあり、日本は中国や韓国と漁業協定を結んでいる。

　1975年に締結された日中漁業協定では、日本と中国がお互いのEEZで相互入漁することを容認。そのため東シナ海の尖閣諸島周辺において、日本の領海内での中国漁船の漁は違法となるが、領海の外側のEEZであれば、中国漁船でも漁を行うことが許されている。

　2000年には日中漁業協定の改定により、暫定水域等が設定され、東シナ海のほぼ全域で中国漁船が漁を行えるようになった。ただし、中国漁船の乱獲を防ぐため、漁獲量の等量化などが日本と中国の双方で調整されている。

中国漁船が漁を行える暫定水域等

日中漁業協定の改定により、日本と中国の重なり合う排他的経済水域（EEZ）において暫定水域等が設定され、中国漁船が漁を行える「漁業法適用特例対象海域」が拡大された。ただし、同海域に入漁する中国漁船の隻数や漁獲割当量が取り決められ、日本と中国の漁獲量を等量化するための協議が両国の間で行われている。領海への進入など違反を犯した中国漁船に対しては、日本の法律によって拿捕するなどの措置が可能となる。

出典：海上保安庁

―領海線　―中間線
（※日本が日中の排他的経済水域の境界線と主張）
日本の排他的経済水域（EEZ）内の暫定水域等
（※中国漁船が漁を行える漁業法適用特例対象海域）

第6章

産業資源の地政学

半導体や自動車など産業資源の開発および調達は
経済安全保障、地域安全保障を支える基盤となり、
気候変動対策においても重要な役割を果たす。

産業資源 1 半導体

多分野の高度化、効率化を支える産業の最重要物資

　半導体とは、電気を通す金属などの「導体」と、電気をほとんど通さないゴムなどの「絶縁体」との中間の性質をもつ物質や材料である。主な半導体にはシリコン（ケイ素の純度を高めた化合物）などがある。現在では、このような半導体を材料に用いたトランジスタ（電気信号を増幅したり切り替えたりする部品）や集積回路（多数のトランジスタなどを配線接続した回路）も含めて半導体とよばれている。

　半導体には、ロジック半導体やパワー半導体など、機能や役割の異なる種類があり、各種類で用途も異なる。

半導体の企業別売上高（2023年）

スイス 🇨🇭
8位 STマイクロエレクトロニクス 3.2%

韓国 🇰🇷
2位 サムスン電子 7.5%
6位 SKハイニックス 4.3%

半導体の企業別売上高（2023年）

順位	企業名	売上高
1位	インテル	486億6400万ドル
2位	サムスン電子	399億500万ドル
3位	クアルコム	290億1500万ドル
4位	ブロードコム	255億8500万ドル
5位	エヌビディア	239億8300万ドル
6位	SKハイニックス	227億5600万ドル
7位	アドバンスト・マイクロ・デバイセズ	223億500万ドル
8位	STマイクロエレクトロニクス	170億5700万ドル
9位	アップル	170億5000万ドル
10位	テキサス・インスツルメンツ	165億3700万ドル

出典：Gartner

第6章 産業資源の地政学

半導体の市場規模は約5300億ドル（2023年の総売上高）。企業別でみると、上位10社のうち7社がアメリカ企業となっている。しかし、半導体業界には半導体チップの受託製造を行うファウンドリーという業種がある。世界最大手のTSMCは台湾企業で、2023年の売上高は2兆1600億台湾ドル（約648億ドル）。これは企業別売上高で1位のインテルを上回っている。TSMCには最先端の製造技術があり、他社の半導体生産を代行する形で支えている。

ファウンドリーの売上シェア（2023年）

1位	TSMC（台湾）	57.1%
2位	サムスン電子（韓国）	12.0%
3位	グローバルファウンドリーズ（アメリカ）	6.4%
4位	UMC（台湾）	6.3%
5位	SMIC（中国）	5.5%
6位	華虹（中国）	2.8%
7位	タワー（イスラエル）	1.3%
8位	VIS（台湾）	1.2%
9位	IFS ※インテルの製造部門（アメリカ）	1.1%
10位	PSMC（台湾）	0.9%

出典：TrendForce（※2023年7〜12月期の半導体製造受託による売上高から各企業のシェアを算出）

3位のクアルコム、4位のブロードコム、5位のエヌビディア、7位のAMD、9位のアップルなどは、TSMCに製造を委託している。

アメリカ

1位	インテル	9.1%
3位	クアルコム	5.4%
4位	ブロードコム	4.8%
5位	エヌビディア	4.5%
7位	アドバンスト・マイクロ・デバイセズ（AMD）	4.2%
9位	アップル	3.1%
10位	テキサス・インスツルメンツ	3.1%

1位のインテルは、パソコンなどに搭載するCPU（中央演算処理装置）を製造・販売している半導体メーカー。2位のサムスン電子は、スマートフォンや家電で知られるが、半導体も製造・販売している。3位のクアルコムは半導体の開発・設計を専門に行っている企業。（※ファウンドリー企業はこのランキングに含まれない）

※各社の数字（%）は半導体市場の総売上高に占めるシェア

世界の半導体情勢

ロジック半導体の微細化で先頭を走る台湾

　半導体市場で最も売り上げおよび需要が大きいのは、ロジック半導体である。これは電子機器で頭脳の役割を果たす半導体であり、CPU（中央演算処理装置）やGPU（画像処理装置）として搭載される。用途として、CPUは主に情報処理を行うスマートフォンやパソコンに、GPUは主に画像処理を行うAI機器などに搭載されている。

　ロジック半導体は、電気信号の増幅や切り替えを行うトランジスタを微細に加工することで性能が向上する。これを微細化という。微細化されるほど情報処理能力が高まり、消費電力も削減される。微細化された10nm未満の先端ロジック半導体は、台湾のTSMCが60％の生産シェアを占める。

　アップルの最新スマートフォンや、エヌビディアの生成AIなどは、TSMCの製造する先端ロジック半導体がなければ成り立たない。2024年3月時点で、TSMCは3nmの量産を実現しており、技術面で世界をリードしている。

　韓国のサムスン電子は、先端ロジック半導体でTSMCに次ぐシェアをもつ。さらに、半導体市場でロジック半導体に次ぐ売り上げのある半導体メモリーでは世界1位のシェアを誇る。

半導体の種類と用途

半導体は機能や役割で異なる種類に分類される。データを保存するメモリーも半導体の一種である。最も開発競争が激しいのはロジック半導体であり、売り上げや商業規模も半導体の中で最も大きい。

主な種類	主な機能	主な特徴	主な搭載製品
アナログ半導体	音、光、温度などの情報をデジタル信号に変換する	電気信号（アナログ信号）を処理することができる	デジカメ、音響機器、センサー装置
パワー半導体	高い電圧や大きな電流の制御や変換ができる	電化製品の電力消費を低減して省エネ化に貢献する	EV、家電製品、発電機器、ドローン
半導体メモリー	データを記憶し保存する	DRAM、フラッシュメモリーなどの種類がある	SDカード、SSD
ロジック半導体	大量の情報を高速で処理し電子機器の頭脳として働く。開発競争が最も激しい。	CPU（中央演算処理装置）、GPU（画像処理回路）として搭載される	スマートフォン、パソコン、自動運転、AI（※人工知能）

CPUで情報処理を行う中核部分がコアであり、コアの数が多いほど処理能力は高くなる。

ロジック半導体の用途として最も多いのはスマートフォン。アップルやサムスン電子の新機種には先端ロジック半導体が搭載されている。

ファブレスとファウンドリー

　半導体企業には、分業型と垂直統合型という2つの業態がある。分業型では開発・設計を行うファブレス企業からファウンドリー企業に半導体チップの製造が委託される。一方、垂直統合型では設計から製造まで1社で一貫生産を行う。半導体市場では分業型の比率が拡大しているが、インテルとサムスン電子は垂直統合型に属する。

　アメリカには、クアルコムやエヌビディアなど主要なファブレス企業が集まっており、設計部門で世界のトップにいるが、先端半導体の製造においては台湾や韓国の後塵を拝している。

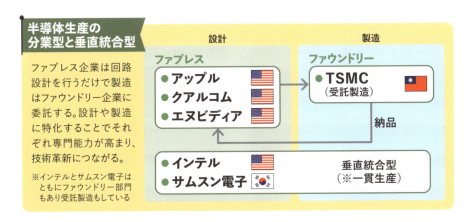

半導体生産の分業型と垂直統合型

ファブレス企業は回路設計を行うだけで製造はファウンドリー企業に委託する。設計や製造に特化することでそれぞれ専門能力が高まり、技術革新につながる。

※インテルとサムスン電子はともにファウンドリー部門もあり受託製造もしている

ロジック半導体の生産能力シェア（回路線幅別）

10～32nmの用途は自動車や家電、産業機械など。10nm未満はスマホやAIなど。10nm未満の生産シェアにおいては事実上、台湾はTSMC、韓国はサムスン電子、アメリカはインテルを指す。

40～90nm: 台湾 28%／中国 27%／アメリカ 4%／ヨーロッパ 3%／日本 18%／韓国 10%／東南アジア 10%

10～32nm: 台湾 31%／アメリカ 25%／イスラエル 6%／韓国 6%／中国 19%／ヨーロッパ 13%

10nm未満（先端ロジック半導体）: 台湾 60%／韓国 24%／アメリカ 16%

出典：SEMI World Fab Forecast（※2022年における製造工程の量産工場のみを計上）
※「先端ロジック半導体」に明確な定義はないが、ここでは10nm未満を「先端」に分類

日本の半導体事情

政府が半導体の安定調達に向けて4兆円を支出

　日本企業はパワー半導体や半導体メモリー、40nm以上のロジック半導体などで生産シェアをもっているが、10nm以下の先端ロジック半導体は生産していない。先端技術で大きく後れを取っており、輸入に頼っている。しかし、日本は半導体の部品および素材では世界1位、製造装置についても世界2位のシェアをもっており、先端ロジック半導体の細分化された製造工程の一部では存在感を発揮している。

　日本の数ある輸出品の中でも、半導体関連の部品（素材）や製造装置は、輸出額でトップ5に入っている。

日本の主要輸出品（2022年）

半導体関連の部品や製造装置に関しては世界的に評価されていて主要輸出品となっている。

順位	品目	金額	シェア
1位	自動車	130116億円	(13.3%)
2位	半導体等電子部品	56761億円	(5.8%)
3位	鉄鋼	47386億円	(4.8%)
4位	半導体等製造装置	40652億円	(4.1%)
5位	自動車の部分品	38476億円	(3.9%)

出典：財務省貿易統計（※カッコ内は輸出総額に占めるシェア）

日本の主要輸入品（2022年）

半導体等電子部品が発電燃料や医薬品に次いで5位。内訳は部品よりも主に半導体自体の輸入。

順位	品目	金額	シェア
1位	原油	134527億円	(11.4%)
2位	LNG	84614億円	(7.1%)
3位	石炭	78199億円	(6.6%)
4位	医薬品	57617億円	(4.9%)
5位	半導体等電子部品	49032億円	(4.1%)

半導体製造装置の国別シェア

半導体の製造装置で日本はアメリカに次ぐシェアをもつ。特に重要度の高いコータ・デベロッパ（感光剤の塗布と現像を行う装置）では約90%のシェアを誇っている。

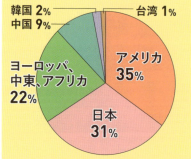

- アメリカ 35%
- 日本 31%
- ヨーロッパ、中東、アフリカ 22%
- 中国 9%
- 韓国 2%
- 台湾 1%

半導体部素材の国別シェア

半導体の製造過程で必要となる素材や部品では日本が50%近いシェアを誇る。特に半導体チップの土台となるシリコンウエハーは日本企業2社で世界シェア1位である。

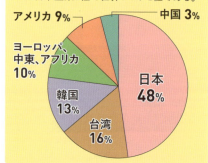

- 日本 48%
- 台湾 16%
- 韓国 13%
- ヨーロッパ、中東、アフリカ 10%
- アメリカ 9%
- 中国 3%

出典：経済産業省「令和3年度重要技術管理体制強化事業（重要エレクトロニクス市場の実態調査及び情報収集）」

TSMCの工場を熊本に誘致

日本政府は先端ロジック半導体の生産シェア1位であるTSMCを熊本に誘致し、2024年2月に新工場が開所している。この工場では自動車用のロジック半導体などの生産を予定している。

政府は経済安全保障推進法で半導体を特定重要物資に指定するなど、国産半導体の量産化に向けて巨額の助成金を準備。TSMCの熊本工場には4760億円を助成し、2027年開所予定の熊本第2工場には追加で7320億円を助成する。日本政府が外国企業に対してこれだけの出資をするのは異例である。

TSMCとしても、台湾の島内では巨大工場を増やすことが難しくなっていた状況であり、巨額の助成を受けて外国に新工場を出せるメリットは大きい。台湾は世界における先端ロジック半導体の生産拠点であり、中国が軍事力を行使する台湾有事が勃発した場合には、先端ロジック半導体の供給が途絶えてしまう可能性もある。そういった万が一のリスクを考えると、日本への進出はTSMCにとって生産拠点を分散する役割も果たしている。

さらに日本政府は、2nmの先端ロジック半導体の国産化を目指すラピダスに9200億円を助成。ほかにも半導体メモリーやパワー半導体の工場への助成なども含めると、政府の半導体に関する助成は総額で約4兆円となり、さらなる出資も計画されている。

日本政府による半導体産業への主な支援先

ラピダスにはトヨタやデンソー、ソニー、ソフトバンクなどの企業も出資している。TSMCの熊本工場やラピダスで先端ロジック半導体を生産した場合、それを搭載した日本製品の開発も課題となる。

支援先	主要生産品	開所・稼働	助成金
TSMC熊本工場	ロジック半導体（28/22/16/12nm）	2024年2月開所	4760億円
TSMC熊本工場第2棟	先端ロジック半導体（6nm）	2027年開所予定	7320億円
ラピダス（北海道千歳市）	先端ロジック半導体（2nm）の国産化実現	2024年1月開所	9200億円
キオクシア 四日市/北上工場	NANDA型フラッシュメモリー	2024年7月完成予定（北上工場）	2429億円
マイクロンテクノロジー 広島工場	先端DRAM	設備投資をして2025年末に出荷予定	1920億円
ロームと東芝（※製造連携）	パワー半導体、SiCパワー半導体	ロームの工場と東芝系列企業の工場が拠点に	1294億円

出典：経済産業省（※2024年3月末時点/助成金の金額は支援を表明した予算規模であり全額が助成されるかは不明）

第6章　産業資源の地政学

半導体の地政学

アメリカが日韓台との連携で中国への規制を強化

　先端ロジック半導体は、AIや通信インフラの根幹を支える頭脳であり、国防や軍事兵器の分野でも欠かせない重要物資となっている。しかし、アメリカ国内では2024年の時点で、5nm以下の先端ロジック半導体を生産していない。先端品は台湾や韓国からの調達に依存する状態となっている。

　そこでアメリカ政府は、2022年に半導体産業の振興を目的とする「CHIPSおよび科学法」を制定。半導体関連企業への補助金の支給を法制化した。

　台湾のTSMCをアメリカに誘致し、アリゾナの新工場に50億ドルを助成。インテルにはアリゾナとオハイオの新工場に85億ドルを助成。韓国のサムスン電子にもテキサスの新工場に60億ドルの補助金を支給している。

　2024年3月時点で、アメリカ政府は半導体関連企業に総額500億ドル以上の巨額支出を発表しているが、これは対中国を意識した政策でもあり、助成を受けた企業は、先端半導体分野において中国での新たな設備投資を10年間にわたって制限される。自国企業に対しては、助成に関係なく中国への先端半導体技術の輸出を規制した。

　さらに、アメリカ政府はオランダ政府に対し、中国への露光装置の輸出規制を要請。ASML社（オランダ）のEUV（極端紫外線）露光装置がなければ、微細化したロジック半導体は製造できない。日本政府に対しても半導体製造装置の輸出規制を要請し、オランダ、日本ともに要請に応じている。

　アメリカは友好関係にある台湾、韓国、日本、オランダ（※NATO加盟国）を巻き込み、中国の先端半導体生産を

半導体に関わるアメリカの主な対中国の規制

アメリカ政府は安全保障の観点からHUAWEIと自国の半導体関連企業との取引を規制。2022年10月に半導体製造装置の中国に対する輸出規制を要請された日本政府は、翌年に法改正を施行し、輸出規制を実施した。

年月	対中国政策
2019年 5月	HUAWEI（中国）をエンティティリストに追加
2020年 5月	HUAWEIおよび関連企業に対する規制を強化
2020年12月	中国の大手ファウンドリーであるSMICをエンティティリストに追加
2021年11月	SKハイニックス（韓国）による中国工場へのEUV露光装置の導入を撤回させる
2022年 8月	「CHIPSおよび科学法」が成立
2022年10月	先端半導体技術の中国への輸出規制を強化。日本政府とオランダ政府にも対中国の輸出規制の法制化を要請

抑制しようとしている。しかし、中国政府も国内の半導体産業に巨額を投入し、中国の技術では不可能といわれていた7nmの先端ロジック半導体を製造するなど、対中輸出規制のタイミングが遅かったとの見方もある。

中国はロシアに向けて軍事転用が可能な半導体を輸出している事情もあり、アメリカは日本やオランダにさらなる対中規制の強化を要請している。

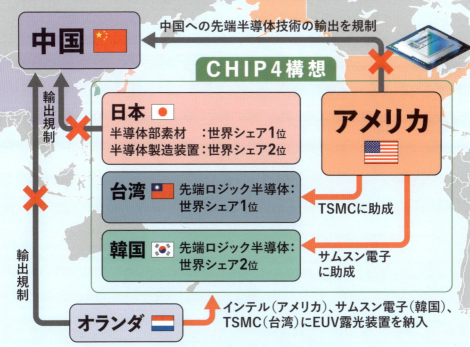

産業資源 ②

自動車

脱炭素社会に向けて脱ガソリン車の動きが加速

脱炭素社会に向けた動きが世界的に加速し、自動車業界でもガソリン車から二酸化炭素（CO_2）を排出しないEV（電気自動車）への移行が進んでいる。

自動車の生産台数では、中国がアメリカや日本を抜いて世界1位となった。中国はEVの販売台数でも1位となり、世界進出を展開しているが、主要国でEV補助金が終了（または改訂）した影響もあり、2023年後半あたりから世界的にEVの販売がやや減速している。

自動車市場を牽引してきた日本も輸出台数ではトップレベルを維持しているが、EVの販売では出遅れている。

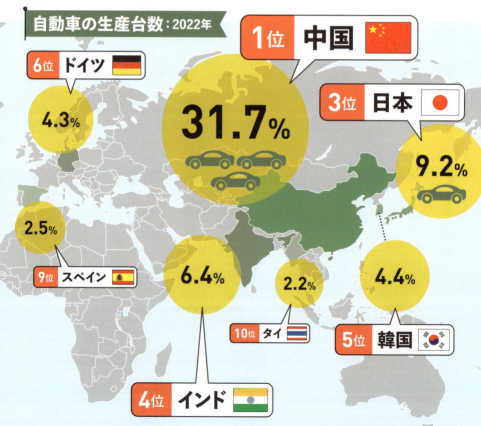

自動車の生産台数：2022年
- 1位 中国 31.7%
- 3位 日本 9.2%
- 4位 インド 6.4%
- 5位 韓国 4.4%
- 6位 ドイツ 4.3%
- 9位 スペイン 2.5%
- 10位 タイ 2.2%

※本書での「ガソリン車」は、内燃機関を搭載したエンジン車と同義でありディーゼル車も含む

自動車の輸出台数（2022年）

1位	日本	495万台
2位	ドイツ	408万台
3位	中国	328万台
4位	アメリカ	277万台
5位	韓国	266万台(注)
6位	メキシコ	179万台
7位	フランス	178万台
8位	チェコ	129万台
9位	カナダ	129万台
10位	ベルギー	128万台

出典：国連Comtrade Database（※バス・トラックも含む）
（注）：韓国のみ2021年の数値のため暫定的な順位

EV（電気自動車）の販売台数（2022年）

1位	中国	590万台
2位	アメリカ	99万台
3位	ドイツ	83万台
4位	イギリス	37万台
5位	フランス	34万台
6位	ノルウェー	17万台
7位	スウェーデン	16万台
8位	韓国	13万台
9位	カナダ	11万台
9位	イタリア	11万台

出典：IEA EV Outlook 2023
（※プラグインハイブリッド車も含む）

第6章　産業資源の地政学

2位 アメリカ 11.8%
7位 メキシコ 4.1%
8位 ブラジル 2.7%

※円内の数字（%）は世界計に占めるシェア

自動車の生産台数（2022年）

1位	中国	2702万台
2位	アメリカ	1006万台
3位	日本	783万台
4位	インド	545万台
5位	韓国	375万台
6位	ドイツ	367万台
7位	メキシコ	350万台
8位	ブラジル	236万台
9位	スペイン	221万台
10位	タイ	188万台
世界計		8501万台

出典：国際自動車工業会（OICA）
（※バス・トラックも含む）

日本の輸出先はアメリカが1位。次いで中国が2位、オーストラリアが3位となっている。全車種トータルの販売台数でも1位は中国。2位はアメリカ。インドが3位で、日本は4位。

自動車

世界の自動車情勢

CO₂排出量の削減に向けて自動車電動化へ

2015年にパリ協定（気候変動対策に関する国際協定）が採択されると、欧米を中心に各国で温室効果ガスの削減に向けた取り組みが活発化。その流れで脱ガソリン車の動きも加速した。

EVには、価格が高く、走行距離が短いといった課題もあるが、各国政府はEV購入者へ補助金を支給するなど、国を挙げてEVシフトを後押しした。しかし、補助金の削減や終了とともにEVの新車販売は失速。2023年後半からEVシフトの流れが鈍化している。

各国の主要メーカーは、EVだけでなく、ハイブリッド車(HV)やプラグインハイブリッド車(PHV)なども含めて、脱ガソリン車を推し進めている。

エコカーの種類と特徴

ハイブリッド車(HV)とプラグインハイブリッド車(PHV)は走行時に二酸化炭素(CO_2)が排出される。中国ではEV、PHV、FCVの3車種を「新エネルギー車」という枠組みに入れ、補助の対象とした。

車種	動力源	走行構造	二酸化炭素
EV(BEV) 電気自動車	電気(外部充電)	電動モーターを駆動させる。	排出ゼロ
HV(HEV) ハイブリッド車	ガソリン （※充電は不可）	エンジンで走行し、補助的に電動モーターを使用。電力は走行中に充電される。	排出削減
PHV(PHEV) プラグインハイブリッド車	ガソリン、 電気(外部充電)	エンジン走行と電動モーター走行の両方を兼ね備えている。	排出削減
FCV(FCEV) 燃料電池自動車	水素	水素と酸素の化学反応によって発電し、電動モーターを駆動させる。EVの一種。	排出ゼロ

EVの普及率 (2022年の新車販売台数に占める割合)

北欧のノルウェーやスウェーデンではガソリン車の廃止に向けてEVへの移行が世界で最も進展。欧州のドイツやイギリスでも普及率が高まっている。日本は世界の中で大きく後れを取っている。

ノルウェー	88%	アメリカ	7.7%
スウェーデン	54%	日本	3%
ドイツ	31%	中国	29%
フランス	21%	韓国	9.4%
イタリア	9%	インド	1.5%
イギリス	23%	オーストラリア	5.1%

出典：IEA Global EV Outlook 2023（※PHV車も含む）

EVの普及には充電スタンドの設置数の拡大などが課題となる。

※本書での「ガソリン車」は、内燃機関を搭載したエンジン車と同義でありディーゼル車も含む

脱ガソリン車で出遅れた日本

　自動車メーカーの新車販売では、日本のトヨタが世界1位となっている。2023年の純利益は4兆円を突破し過去最高を記録。しかし、EVの販売では世界の上位10社に入っていない。日本におけるEV（※PHVを含む）の普及率は2023年時点で3％。新車販売ではハイブリッド車（HV）の割合が最も高く、次いでガソリン車となっている。

　一方、世界では各国政府が脱ガソリン車を政策として推進している。世界で最もEVの普及率が高いノルウェーでは、2025年までにガソリン車の新車販売を廃止。EUやイギリスでは、2035年までに廃止すると発表している。日本でも2035年までに新車販売で電動車100％を実現する、との政府方針が発表された。しかし、2023年後半あたりから補助金の終了や利便性・経済性の課題が影響し、EVの販売は失速。HVやPHVが売上を伸ばしている。中国メーカーは新たに低価格帯のEVを発売するなど巻き返しを図っている。

企業別新車販売台数（2023年）

トップ10に日本のメーカーが4社ランクイン。EV車メーカーである中国のBYDが10位に入った。

1位	トヨタグループ（日本）	1123万台
2位	VWグループ（ドイツ）	923万台
3位	現代自動車・起亜（韓国）	730万台
4位	ステランティス（仏伊）	639万台
5位	GMグループ（アメリカ）	618万台
6位	フォード（アメリカ）	441万台
7位	ホンダ	398万台
8位	日産自動車	337万台
9位	スズキ（日本）	307万台
10位	BYD（中国）	302万台

出典：MarkLines

ガソリン車の削減・廃止を決定した主な国

ノルウェー	2025年までにガソリン車の新車販売を廃止
スウェーデン	2030年までにガソリン車の新車販売を廃止
EU	2035年までにガソリン車の新車販売を廃止（※合成燃料e-fuelを利用する場合はに販売可）
イギリス	2035年までにガソリン車の新車販売を廃止
アメリカ（※一部の州）	2035年までにガソリン車の新車販売を廃止（※カリフォルニア州など10以上の州で採用）
中国	2035年までに新車販売に占める新エネルギー車（EV、PHV、FCV）の割合を50％以上にする。
日本	乗用車は2035年までに新車販売で電動車100％を実現。商用の小型車については、新車販売で2030年までに電動車20〜30％、2040年までに電動車100％を目指す。

※2024年3月末時点での達成目標（※ガソリン車にはディーゼル車も含む）

中国が掲げている目標は、新エネルギー車の導入推進にとどまっている。日本の目標内容における「電動車」には、ハイブリッド車（HV）やプラグインハイブリッド車（PHV）も含まれる。電動車に含まれない車種は、ガソリン車とディーゼル車である。

自動車

自動車の地政学

アメリカが中国のEVを規制し日韓と連携

　2023年の自動車輸出台数（日本自動車工業会発表）は、中国が初めて日本を上回り、491万台で世界1位となった。EVを中心に勢いを増す中国は、世界最大の自動車大国となっている。

　中国はEVに搭載するリチウムイオン電池で圧倒的シェアを占めており、欧米や日本の自動車メーカーも中国製の蓄電池を採用するなど、中国産蓄電池がEVの市場を下支えしている。

　中国にとってEVの普及は国策であり、気候変動対策の柱のひとつとなっている。それだけでなく石油資源の多くを輸入に頼っている中国には、ガソリン車からEVに移行することで石油への依存を低減する狙いもある。さらに、中国はガソリン車やディーゼル車の分野で欧米および日本のメーカーに対抗することはできないが、EVが主流になれば、自動車産業が中国経済のより大きな柱となる。つまり中国にとってEVは、気候変動対策、エネルギー安全保障、経済安全保障のいずれにも関わる重要産業となっている。

　一方、アメリカではリチウムイオン電池が軍事兵器や通信システムなど、国防に関わる分野でも使用されていることから中国への依存を問題視。2022年にインフレ抑制法（財政赤字の削減や気候変動対策に関わる産業の助成な

EV車の企業別販売台数（2023年）

中国メーカーがトップ10に4社ランクイン。2位となったBYDは2023年10-12月期の販売台数に限れば、テスラを初めて上回り、1位となった。

1位	テスラ（アメリカ）	175万3000台
2位	BYD（中国）	145万2000台
3位	VWグループ（ドイツ）	73万1000台
4位	GMグループ（アメリカ）	60万4000台
5位	広州汽車集団（中国）	47万7000台
6位	浙江吉利控股集団（中国）	47万5000台
7位	現代自動車・起亜（韓国）	39万台
8位	BMWグループ（ドイツ）	36万5000台
9位	上海汽車集団（中国）	30万5000台
10位	ルノー・日産・三菱自（仏日）	28万9000台

出典：MarkLines

中国のEVに対して輸入関税を最大で38.1％に引き上げ

EU

※2024年6月末時点

中国メーカーの車載電池を搭載した日本と韓国のEV・PHVも税控除の対象から除外された。中国産から米国産の電池に切り替えるため、現代自動車はSKオンと共同でジョージア州に電池工場を開設。トヨタはノースカロライナ州に、パナソニックはカンザス州に工場を開設する。

※本書での「ガソリン車」は、内燃機関を搭載したエンジン車と同義でありディーゼル車も含む

どを推進する法律）を制定すると、国内産業の保護と安全保障の観点から、2024年1月より中国関連企業の車載電池を搭載した自動車を税控除の対象から除外。それだけでなく同年5月には、中国メーカーのEVにかけられる輸入関税を25％から100％まで一気に引き上げ、脱中国の動きが加速した。

翌6月には、欧州でもEU（欧州連合）が中国政府からの補助金で不当に安値販売をしているとして、中国メーカーのEVに追加関税を課すと発表した。

さらにアメリカ政府は、日本や韓国の車載電池メーカーを国内に誘致し、工場の開設に補助金を支出。2025年にはトヨタも車載電池工場をアメリカに開設するなど、友好国と連携することによって、アメリカは中国メーカーに依存しないリチウムイオン電池の供給体制を急ピッチで構築している。

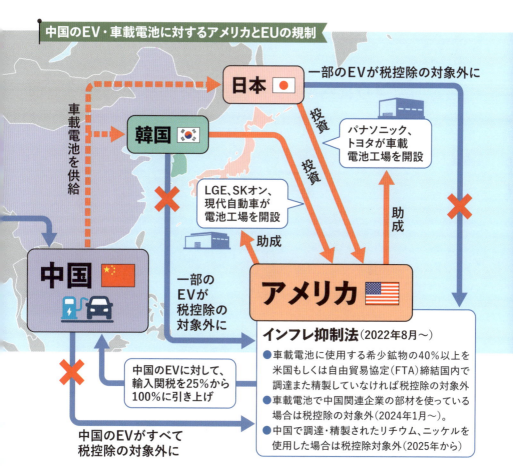

中国のEV・車載電池に対するアメリカとEUの規制

産業資源 3 綿花&衣料品

世界中の綿花がアジアの衣料品生産国に集まる

　綿花とは植物名ではなく、ワタという植物の種子を包み込んでいる毛状線維を指す。ワタの実（コットンボール）が熟して弾けると中から毛状線維の塊が現れる。収穫後に種を取り除き、残った線維が綿（コットン）となる。
　中国とインドが綿花の2大生産地であり、この2カ国で世界総生産量の40〜50％を占める。綿花の主要輸出国はアメリカであり、日本にも多く輸出されている。綿花には多数の品種があり特徴も異なるが、アメリカで品種改良されたアプランド綿という品種が世界の綿花生産において主流となっている。

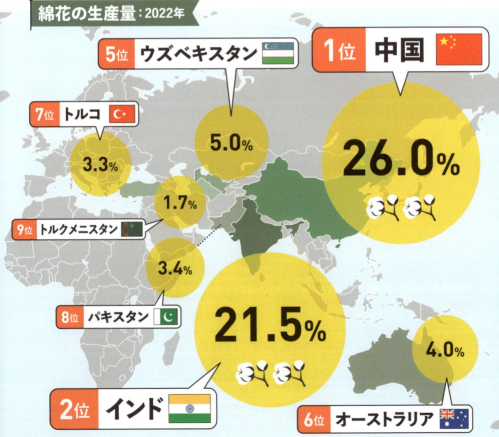

綿花の生産量：2022年

- 1位 中国 26.0%
- 2位 インド 21.5%
- 5位 ウズベキスタン 5.0%
- 6位 オーストラリア 4.0%
- 7位 トルコ 3.3%
- 8位 パキスタン 3.4%
- 9位 トルクメニスタン 1.7%

綿花の輸出量（2022/23年度） t：トン

1位	アメリカ	278万t
2位	ブラジル	145万t
3位	オーストラリア	134万t
4位	インド	24万t
5位	ベナン	21万t
6位	トルコ	18万t
7位	マリ	16万t

出典：USDA Global Market Analysis

アメリカは生産量の3割以上を輸出している。アメリカで生産されている綿は品質が高く種類も豊富であるため、世界中へ出荷されている。

綿花の輸入量（2022/23年度） t：トン

1位	バングラデシュ	152万t
2位	ベトナム	140万t
3位	中国	135万t
4位	パキスタン	98万t
5位	トルコ	91万t
6位	インド	37万t
7位	インドネシア	36万t

出典：USDA Global Market Analysis

主要な輸入国は衣料品の工場が集まるアジアの国が中心となっている。綿花の生産量で1位の中国や2位のインドはさらに輸入もしている。

第6章 産業資源の地政学

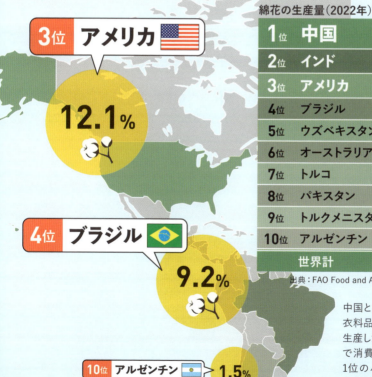

綿花の生産量（2022年） t：トン

1位	中国	1812万t
2位	インド	1499万t
3位	アメリカ	846万t
4位	ブラジル	642万t
5位	ウズベキスタン	350万t
6位	オーストラリア	280万t
7位	トルコ	257万t
8位	パキスタン	240万t
9位	トルクメニスタン	120万t
10位	アルゼンチン	111万t
世界計		6966万t

出典：FAO Food and Agriculture Organization

3位 アメリカ 12.1%
4位 ブラジル 9.2%
10位 アルゼンチン 1.5%

※円内の数字(%)は世界計に占めるシェア

中国とインドは人口が多く、衣料品の生産も盛んであり、生産した綿花の大半を国内で消費している。輸入量で1位のバングラデシュ、2位のベトナムはともに衣料品の主要な生産国でもある。

世界の綿花&衣料品情勢

衣料品の生地が綿から化学繊維に移行

18世紀中期、イギリスにおける産業革命で綿織物が発展。以来、綿は衣料品の生地として世界各国で使用されていたが、2000年前後からナイロンやポリエステルなど化学繊維の生産量が急増。化学繊維の生産拡大とともに、衣料品の生産量も飛躍的に増加した。

化学繊維には、主に石油を原料とする合成繊維と、植物由来の再生繊維がある。化学繊維で最も生産量が多いのは合成繊維のポリエステル。生産量では合成繊維のほうが圧倒的に多いため、化学繊維とは主に合成繊維を指す場合が多い。近年は合成繊維と綿の混合素材を使用した衣料品も増えている。

合成繊維は、大量生産がしやすく、素材としても軽くて耐久性があり、シワになりにくいなどの長所がある。しかし、石油を原料とするため生産過程で温室効果ガスおよび二酸化炭素(CO_2)が排出されるという短所もある。

化学繊維の生産量は、中国が全世界の70%以上を占め、中国での生産量の増加が、そのまま化学繊維の生産量増加につながっている。中国は綿(綿花)でも化学繊維でも主要生産国とな

衣料品の輸出量(金額ベース)(2022年)

各国の輸出量には欧米や日本などのアパレルメーカーの現地工場や委託工場で生産された衣料品も多く含まれる。中国やバングラデシュ、ベトナムには日本のユニクロの工場も多い。

1位	中国	1820億ドル
2位	バングラデシュ	450億ドル
3位	ベトナム	350億ドル
4位	トルコ	200億ドル
5位	インド	180億ドル

出典:WTO「世界貿易統計レビュー2023」
(※輸出量には化学繊維の衣料品も含まれる)

化学繊維の分類と種類

化学繊維は合成繊維と再生繊維に分類される。合成繊維は主に石油を原料として科学的に合成した繊維の総称。ナイロンやポリエステルなどの種類がある。再生繊維は植物の繊維を人工的に取り出し、化学繊維として再生させたもの。レーヨンが代表的な再生繊維。

っており、それらの繊維を生地に使用した衣装品の生産量および輸出量でも世界一である。中国は生地の供給国であり、人件費も安いことから、世界各国のアパレルメーカーが中国に工場を移し、衣料品を生産するようになった。

ファストファッションの台頭

現在、世界で生産されている繊維素材の70％以上が化学繊維である。衣料品の生地に使用される素材も化学繊維（主に合成繊維）が主流となっており、綿の需要は徐々に低下している。大量生産に適した化学繊維が普及したことに加え、人件費が安いアジアの国々を生産拠点にすることで、アパレル業界では衣料品生産のコストダウンが進展。その結果、ZARAやユニクロといったファストファッションブランドが台頭。高品質の衣料品を低価格で提供し、世界各国で売上を拡大している。

ファストファッションの売上（2022年度）

世界的なファストファッションブランドの売上はいずれも数兆円規模。1位のインディテックスはZARAなどを展開しているアパレルメーカー。

インディテックス（スペイン）
360億ユーロ（5兆9040億円）
（※2024年1月期の連結売上収益）

H&Mグループ（スウェーデン）
2360億3500万クローナ（3兆3918億万円）
（※2023年度の純売上高）

ユニクロ（日本）
2兆7665億5700万円
（※2023年8月期の連結売上収益）

GAP（アメリカ）
149億ドル（2兆2350万円）
（※2022年度の純売上高）

（※1ユーロ＝164円で換算/1スウェーデン・クローナ＝14.37円で換算/1ドル＝150円で換算）

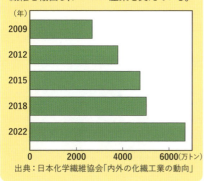

中国の化学繊維生産量の推移

中国では化学繊維の生産拡大が継続。2009年と比較して2022年の生産量は約3倍の6697万トンまで増加。世界各国へ化学繊維を輸出し、アパレル産業を支えている。

出典：日本化学繊維協会「内外の化繊工業の動向」

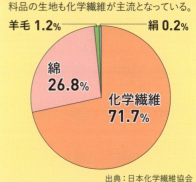

世界の繊維生産の内訳（2017年時点）

日本化学繊維協会が2017年に実施した集計によると、世界で生産されている繊維の71.7％は化学繊維であり、綿は26.8％だった。衣料品の生地も化学繊維が主流となっている。

羊毛 1.2％　絹 0.2％
綿 26.8％
化学繊維 71.7％

出典：日本化学繊維協会

日本の衣料品事情

衣服の供給量増加に対して販売価格が低下

経済産業省「商業動態統計調査（2022年）」によると、日本における衣料品の市場規模は、1990年から2022年の約30年間で、15兆3000億円から8兆7000億円に減少。それに対し、衣料品の輸入量は大幅に増加した。日本で販売されている衣料品のうち輸入品が占める割合は、2021年の時点で98.5％と報告されており、国内で生産された衣料品はわずか1.5％となっている。

衣料品の輸入先は、中国が総輸入量の50％以上を占めている。次いで2位がベトナム。3位以下もアジアの国々が並ぶ。主要輸入国には日本のアパレルメーカーも工場を開設している。

輸入品の増加に比例して、国内の衣料品供給量も増加。その結果、衣服1枚あたりの価格（平均価格）は、1990年から2019年の約30年間で半額以下まで下がっている。物価が上昇する中で、衣料品に限っては価格が低下した。

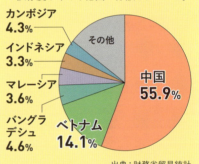

衣料品の輸入相手国（2021年）

衣料品の輸入先は中国が50％以上を占めているが2011年は80％だったため、中国への依存度が下がり他国へ分散されている。

- 中国 55.9％
- ベトナム 14.1％
- バングラデシュ 4.6％
- カンボジア 4.3％
- マレーシア 3.6％
- インドネシア 3.3％
- その他

出典：財務省貿易統計

衣料品の輸入率の推移

日本国内で売られている衣料品に占める輸入品の割合は約50％だった1991年から大きく上昇し、2022年には98.5％となった。

出典：日本繊維輸入組合「日本のアパレル市場と輸入品概況」（1992-2022）

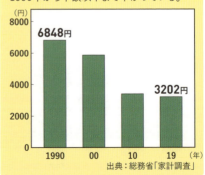

衣服1枚あたりの価格推移

綿より安価な化学繊維の衣料品が大量に輸入されることで1枚あたりの価格は低下。1990年から半額以下まで下がっている。

- 1990年 6848円
- 2019年 3202円

出典：総務省「家計調査」

世界の化学繊維事情

化学合成繊維のマイクロプラスチック問題

化学繊維の普及によって衣料品が大量生産される時代となり、世界のアパレル市場は拡大した。一方、その裏では衣料品の大量廃棄が問題となっている。途上国では衣料品廃棄物がゴミ集積場で山積みにされるケースも増加。化学繊維の中でも、特に合成繊維は土に返る素材ではないため、環境に放出されると汚染被害が懸念される。

海洋汚染の原因となる海洋プラスチックごみの問題にも、合成繊維は密接に関係している。合成繊維はプラスチックの繊維であり、微細な1本1本の合成繊維は剥がれ落ちると空気中や水中で繊維ごみとなる。海洋のマイクロプラスチックごみに関する国際自然保護連合（IUCN）の調査では、合成繊維の衣料品が、世界の海洋に存在するマイクロプラスチックの最大の発生源になっていると報告されている。

ポリエステルやナイロンなど合成繊維の衣料品を洗濯すると、排水とともに繊維ごみが流出。さらに繊維ごみは下水処理場のろ過工程をすり抜け、河川や海洋に放出されているという。

環境省はHPなどで、合成繊維の衣料品を洗濯する際、洗濯ネットの使用を推奨するなど、繊維ごみの放出を削減するための方法や工夫を発信している。

海洋のマイクロプラスチックによる汚染被害はまだ不明な部分もあるが、飲み込むと消化されず体内に蓄積する恐れがあり、海洋生物に与える影響が懸念されている。

合成繊維のマイクロプラスチックごみは洗濯機の排水により放出されている。

海洋中のマイクロプラスチックの発生源と内訳

（※微細なマクロファイバーやマイクロビーズなどマイクロプラスチックとして環境に放出されるものに限定）

ポリエステルやナイロンなどの合成繊維から発生する繊維ごみが海洋に放出され、マイクロプラスチックごみとなっている。合成繊維の衣料品からは洗濯以外でも、着ている人の動きで服にかかる摩擦や、繊維の劣化により空気中に多くの繊維ごみが放出されている。

出典：IUCN（国際自然保護連合）

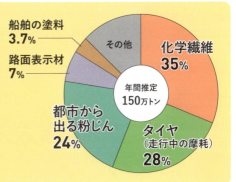

年間推定 150万トン
- 化学繊維 35%
- タイヤ（走行中の摩耗）28%
- 都市から出る粉じん 24%
- 路面表示材 7%
- 船舶の塗料 3.7%
- その他

第6章 産業資源の地政学

軍事兵器&防衛費

産業資源 4

年間130兆円以上の軍事費を投入しているアメリカ

アメリカは世界最強の軍事大国であり、軍事費は世界2位の中国と比べても約3倍となっている。さらに武器の生産や輸出でも世界1位である。

ロシアは2022年から続くウクライナ侵攻の影響で、軍事費が侵攻前の約1.5倍に増加。ウクライナは侵攻前の約10倍まで激増しており、他国からの支援で戦費を調達している（※軍事費に他国からの支援額は含まれない）。4位のインドも軍備を拡張し、20年間で軍事費を5倍以上に増やしている。

日本の軍事費（防衛費）は世界10位。武器の輸入でも7位となっている。

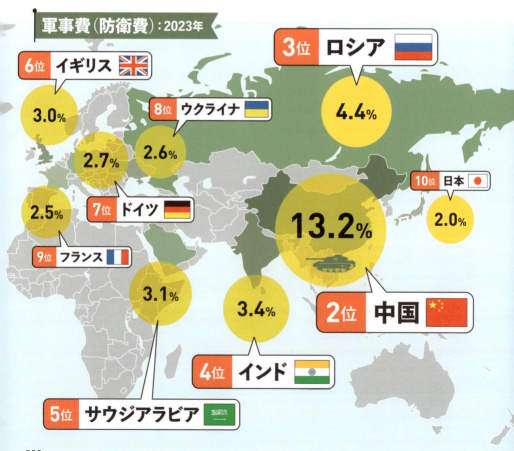

軍事費（防衛費）：2023年

- 6位 イギリス 3.0%
- 8位 ウクライナ 2.6%
- 3位 ロシア 4.4%
- 7位 ドイツ 2.7%
- 9位 フランス 2.5%
- 10位 日本 2.0%
- 2位 中国 13.2%
- 5位 サウジアラビア 3.1%
- 4位 インド 3.4%

武器の輸出額（2022年）

1位	アメリカ	145億1500万ドル
2位	フランス	30億2100万ドル
3位	ロシア	28億2000万ドル
4位	中国	20億1700万ドル
5位	イタリア	18億2500万ドル
6位	ドイツ	15億1000万ドル
7位	イギリス	15億400万ドル
8位	スペイン	9億5000万ドル
9位	イスラエル	8億3100万ドル
10位	ポーランド	4億5200万ドル

出典：世界銀行

武器の輸入額（2022年）

1位	カタール	33億4200万ドル
2位	インド	28億4600万ドル
3位	ウクライナ	26億4400万ドル
4位	サウジアラビア	22億7200万ドル
5位	クウェート	22億4900万ドル
6位	パキスタン	15億6500万ドル
7位	日本	12億9100万ドル
8位	ノルウェー	8億4800万ドル
9位	アメリカ	8億3700万ドル
10位	イスラエル	8億2900万ドル

出典：世界銀行

第6章 産業資源の地政学

米軍はアメリカ国内だけでなく40以上の国と地域に国外基地および軍事施設を開設。日本にも5万人以上の在日米軍が駐留している。

1位 アメリカ

37.4%

※円内の数字（％）は世界計に占めるシェア

軍事費（防衛費）（2023年）

1位	アメリカ	9160億1500万ドル
2位	中国	2964億3900万ドル
3位	ロシア	1094億5400万ドル
4位	インド	835億7500万ドル
5位	サウジアラビア	758億1300万ドル
6位	イギリス	749億4300万ドル
7位	ドイツ	668億2700万ドル
8位	ウクライナ	647億5300万ドル
9位	フランス	613億100万ドル
10位	日本	501億6100万ドル
世界計		2兆4433億9900万ドル

出典：ストックホルム国際平和研究所（SIPRI）
Military Expenditure Database 2024

GDPに占める軍事費の割合ではウクライナが36.6％で世界1位。軍事費が圧倒的トップのアメリカは3.3％。軍事費2位の中国は1.6％。日本は1.2％となっている。日本の武器（防衛装備）の輸入先は主にアメリカである。

軍事兵器＆防衛費

世界の核兵器事情

核兵器不拡散条約で「核兵器国」を認定

　軍事兵器の中でも、強大な破壊力をもつ核兵器に関しては、1970年に発効した「核兵器不拡散条約（NPT）」によって国際的に管理されている。締約国は日本を含む191の国と地域（2024年3月時点）。国連加盟国（193カ国）に匹敵する数の国が参加している。

　この条約の目的は、核兵器保有国の増加防止（不拡散）、核軍縮の促進、原子力の平和利用の推進など。不拡散は条約上の義務であるのに対し、核軍縮および原子力の平和利用については実質的な努力目標となっている。条約草案がほぼ固まった1967年の時点で、すでに核兵器を保有していたアメリカ、ソ連（現ロシア）、イギリス、フランス、中国の5カ国を核兵器国と認定。その他の国は非核兵器国と定義している。

　核兵器国に対しては、核兵器を他の国に譲渡したり、非核兵器国の核開発を援助したりすることを禁じている。一方、非核兵器国に対しては、いかな

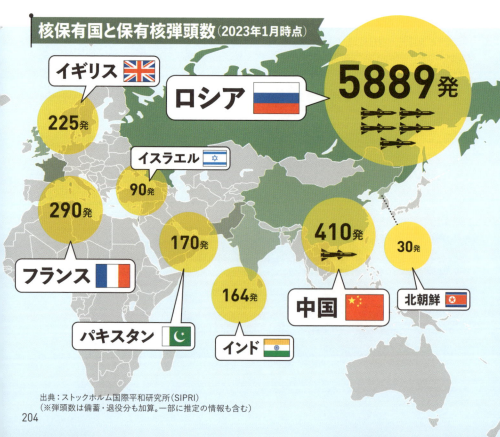

核保有国と保有核弾頭数（2023年1月時点）

- イギリス 225発
- ロシア 5889発
- イスラエル 90発
- フランス 290発
- パキスタン 170発
- インド 164発
- 中国 410発
- 北朝鮮 30発

出典：ストックホルム国際平和研究所（SIPRI）
（※弾頭数は備蓄・退役分も加算。一部に推定の情報も含む）

る目的でも核爆発を起こす装置を開発、製造、入手することを禁止している。

　さらに非核兵器国に対しては、原子力発電所や核燃料の製造・処理を行う施設を国際的に監視する制度（保障措置）が設定されている。この保障措置を国際原子力機関（IAEA）が担当し、各国の核関連施設で核燃料の軍事転用などが行われていないかを監視。国内に核燃料を使用する施設が存在している国はそれぞれ国際原子力機関との間で、監視や査察の実施に関する保障措置協定を結ぶことになっている。

核共有国（共有国5カ国）

NATO加盟国の中で、ドイツなど5カ国がアメリカと共有体制を取り、アメリカが保有する核兵器を自国の領土内に配備。搭載する戦闘機も用意している。共有する核兵器はNATOの承認がないと使用できない。5カ国で計約100発の核弾頭が配備されていると推定される。

NATO	
●ドイツ	🇩🇪
●イタリア	🇮🇹
●オランダ	🇳🇱
●ベルギー	🇧🇪
●トルコ	🇹🇷

アメリカ 🇺🇸

5244発

核兵器不拡散条約の非締約国（4カ国）

インド、パキスタン、イスラエルの3カ国は核兵器を保有しているが、核兵器不拡散条約の非締約国である。しかし、3カ国とも国際原子力機関（IAEA）とINFCIRC/66型保障措置協定をそれぞれ締結しており、この協定内容に基づき、国際原子力機関による核関連施設の査察が行われている。

●インド　　●パキスタン
●イスラエル　●南スーダン
（※南スーダンは核保有国ではない）

北朝鮮は核兵器不拡散条約の締約国であったが一方的に脱退を表明。しかし、2024年3月末の時点でまだ正式な脱退の発表はない。

世界計　1万2512発

日本の軍事兵器&防衛費事情

アメリカからの軍事兵器購入コストが増大

　日本の2023年度の最終的な防衛費は6兆8000億円に達した。2022年度より約1兆4000億円の増加。閣議決定した2024年度の防衛費予算案では、さらに1兆円が上積みされ、7兆9496億円となっている。国民1人あたりの防衛費は、年間6万円を超える計算になる。

　2023年度の防衛費の内訳をみると、必要経費である人件費、維持費に続いて装備品等購入費が約20％を占めている。これは主に戦車や戦闘機などの装備品を購入する経費である。

　日本は主に同盟国のアメリカから装備品を購入している。アメリカ政府は安全保障政策の一環として同盟国に対し、自国の装備品を有償で提供。この制度をFMS（対外有償軍事援助）という。日本にとっては最新鋭の装備品を調達できるメリットがある。しかし、アメリカ政府が開発費などを上乗せした価格で売られており、高額の装備品が多い。さらに、前払いが原則でありながら、購入した装備品の納入が遅れるケースも頻発している。2023年度のFMS契約額は1兆4768億円。前年比で1兆円以上の増額になるなど、防衛費が膨らむ一因となっている。

FMS契約額の推移

防衛省の2023年度予算案で、アメリカ政府から装備品を購入する対外有償軍事援助（FMS）の契約額は過去最高となる1兆4768億円。2022年度の3倍以上になった。

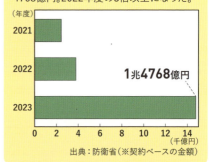

出典：防衛省（※契約ベースの金額）

防衛費の内訳（2023年度）

最も経費が高いのは、自衛隊員の給与や食事のための「人件・糧食費」で約2兆2000億円。「維持費」は装備品の修理やメンテナンスにかかる経費。「装備品等購入費」は新しい戦車や護衛艦、戦闘機などを購入するための経費となる。「施設整備費」は自衛隊員の教育訓練、艦船・航空機などの燃料、格納庫・隊舎などの建設に使われる経費。「基地対策経費」は基地のある地元自治体への支援などに使われる。
出典：防衛省「防衛白書 令和5年版」

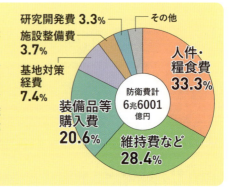

積み上がる防衛費のローン

2022年、日本政府は国家防衛戦略を策定。日本が軍事侵攻された場合、同盟国であるアメリカの支援を受けつつ、自国で侵攻を早期かつ遠方で阻止するために必要な防衛力を具体的に設定した。さらに同年、政府は2023年度から2027年度までの5年間における「防衛力整備計画」を発表。国家防衛戦略で示された防衛力の水準に達するまでの費用を総額43兆円程度とした。2027年までにイージス艦2隻、護衛艦12隻、ステルス戦闘機65機など、あらゆる分野の装備品を大量に調達する。

政府与党は、増額される防衛費の財源を確保するため、法人税、所得税、たばこ税を増税する方向で調整。加熱式たばこの増税も検討されている。

アメリカ政府とのFMS(対外有償軍事援助)契約は前払いが原則となっているが、高額装備品の購入に関しては複数年度に分割して支払うローン契約を結ぶケースが多い。基地施設の建設などにおいても同様である。次年度以降の予算に計上される支払い分(軍事ローンの残金)を「後年度負担」とよび、年々ローンが積み上がっている。

2023年度の後年度負担は初めて10兆円を突破した。2024年度にはさらに3兆円が積み上がり、13兆7488億円まで跳ね上がる。こうした後年度負担の積み上げは、防衛費が水面下でも増額されていることを意味している。

防衛省への納入契約企業 (2022年)

防衛省は日本企業からも軍事兵器や装備品を調達している。1位の三菱重工は軍需産業における国内最大手。2022年度は護衛艦や潜水艦など大型装備品の納入契約を締結している。

	契約先	金額	主な契約品
1位	三菱重工	4591億円	護衛艦、潜水艦
2位	川崎重工	2071億円	哨戒機、輸送機
3位	三菱電機	966億円	中距離地対空誘導弾
4位	NEC	900億円	自動警戒管制システム
5位	富士通	757億円	通信電子機器

出典:「令和4年版中央調達の概況」(防衛装備庁)

増え続けている防衛費後年度負担

後年度負担額について、2022年度までが5兆8642億円。2023年度はさらに大型装備品の大量購入などで一気に約5兆円が積み上がり、10兆7174億円に膨れ上がった。

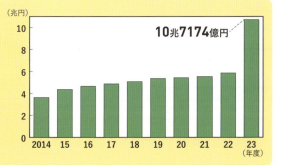

出典:防衛省「防衛白書 令和5年版」

軍事兵器の地政学

イランが中東の武装組織に対して軍事支援

　2023年10月、パレスチナのイスラム武装組織ハマスがイスラエルを奇襲したことに端を発し、イスラエルはパレスチナ・ガザ地区への侵攻を開始。2024年に入るとイスラエルはイランとの間でも双方がミサイルを打ち込む事態に発展した。さらに、イスラエルはレバノンの民兵組織ヒズボラとも国境を挟んで交戦。イラクの民兵組織とも敵対関係が続いている。

　イスラエルはアメリカから軍事支援を受けている。一方、ハマスやヒズボラ、イラクの民兵組織はいずれも親イラン組織であり、イランからの支援を受けている。中東各地でイランが支援する武装組織のネットワークは「抵抗の枢軸」とよばれ、イスラエルおよびアメリカの抵抗勢力となっている。

　ヒズボラやイラク民兵組織はイランと同じイスラム教シーア派の組織であるが、ハマスはスンニ派という別の宗派となる。しかし、反イスラエルの共通理念のもと協力関係を築いている。抵抗の枢軸に属する組織には、イランから工作活動を担うコッズ部隊が派遣され後方支援を行っているとされる。

　イスラエルと抵抗の枢軸による対立は、イランとアメリカの対立にも置き換えられる。1979年、イランで王制を打倒する革命が起こり、イスラム国家が樹立すると新政権はアメリカと国交を断絶。その後、イランの核開発をめぐってアメリカが経済制裁を発動するなど関係は悪化。2015年にイランが核開発の制限を受け入れる合意（核合意）

パレスチナのイスラム武装組織であるハマスを壊滅させる目的のため、イスラエル軍によって空爆されたガザ地区。イスラエルはレバノンの民兵組織ヒズボラとも戦闘を続けている。

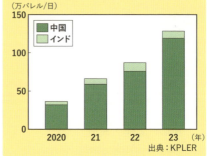

イランの原油輸出量

アメリカによる原油の禁輸措置でイラン産原油の輸出量は激減していたが、2023年は日量約129万バレルで5年ぶりの高水準となった。輸出先はアメリカの経済制裁を回避できる中国が約9割を占めるとみられる。

出典：KPLER

に達したが、2017年にアメリカが核合意から離脱し、経済制裁を再開した。

アメリカは日本を含む同盟国と協調してイランの収入源である原油の輸出制限を課した。イランの軍事資金を絶つ狙いがあったが、イランは経済制裁に同調しない中国への原油の輸出量を増やすなど巧みに対応している。

イエメンの武装組織であるフーシ派も抵抗の枢軸に属する。イスラエルによるガザ侵攻が起こると、フーシ派は紅海でイスラエルに関わる輸送船を標的として攻撃を開始した。しかし実際はイスラエルとは関係のない輸送船も攻撃に巻き込まれ、中東地域の海上輸送に大きな混乱をもたらしている。

軍事兵器＆防衛費

防衛費の地政学

増加傾向にある徴兵制を敷いている国

　欧州では徴兵制を復活させる国が増えている。徴兵制に関わる費用は軍事費（防衛費）に含まれる。2018年にスウェーデン、2024年にはラトビアで徴兵制が復活。ドイツでも2011年に廃止した徴兵制の再開が検討されている。

徴兵制のある主な国一覧（2024年3月末時点）

フィンランド、オーストリア、ギリシャ、トルコ、ベトナム、カンボジア、ラオスなどにも徴兵制がある。
中国も名目上は徴兵制となるが、常に志願兵で定員に達しているため徴兵は行われていない。

国	対象年齢	兵役期間	徴兵制度の主な特徴
ロシア	男18〜30歳	1年	2023年に兵役義務の上限年齢を27歳から30歳に引き上げて兵士を増員。
ウクライナ	男27〜60歳	1〜1年半	18〜26歳は徴兵の対象ではなく、志願者のみを入隊させている。
ノルウェー	男女19〜44歳	1〜1年半	2015年からNATO加盟国では初となる女性への徴兵も適用されている。
スウェーデン	男女18〜47歳	約1年	2018年に徴兵制が8年ぶりに復活。女性も徴兵の対象となった。
デンマーク	男18歳以上	4カ月	2026年から兵役期間を11カ月に延長。女性も徴兵の対象になった。
スイス	男性20〜50歳	なし	17週間の基礎訓練を受けた後、部隊に編入されたまま市民生活に戻る。
イスラエル	男女18歳〜	1年半	兵役義務があるのはユダヤ教徒とイスラム教のドゥルーズ派のみ。
イラン	男18歳〜	1年半	主に18歳で徴兵されるが大学進学者については入隊時期が延期される。
モロッコ	男女19〜25歳	1年	2018年に徴兵制が12年ぶりに復活。男女とも志願入隊が大半を占めている。
エジプト	男18〜49歳	1〜3年	兵役終了後も最長で9年間にわたり定期的に再訓練が課される。
メキシコ	男18歳〜	1年	志願制と短期徴兵制があり、志願制で入隊する割合のほうが高い。
キューバ	男18歳〜	2年	大学への進学が決まっている場合は兵役期間が短縮される。
ブラジル	男18歳〜	1〜3年	空軍は2年間、海軍は3年間に兵役期間が延長される。
韓国	男 満20〜28歳	約2年	入隊前の徴兵検査で心身の健康状態から1〜7級の等級に分類される。
北朝鮮	男女17歳〜、女子は志願制	5〜10年	男性は9〜10年、女性は5〜8年。兵役期間は世界で最も長い。
タイ	男21歳〜	2年	募集人数に達しない場合は、毎年4月に20代男性がくじを引き入隊者を決める。
シンガポール	男18歳〜	2年	兵役対象者はシンガポール軍だけでなく、警察部隊にも配属される。
ミャンマー	男女18歳〜	不明	2024年2月に軍が徴兵制の実施を発表。女性も徴兵の対象になった。
台湾	男18歳〜	1年	2018年から志願制へ移行しているが、軍事訓練は義務となっている。

※兵役期間は配属先により異なる場合あり。兵士の定員を設けている国では対象年齢でも全員を徴兵しない場合もある

第7章

人とお金の地政学

日本を含む世界の国々は、国際社会の一員として世界の平和と発展に貢献する役割を担っており、新興国への資金援助や難民の支援を行っている。

難民・移民

祖国・故郷を追われた避難民が全世界で1億人を突破

　世界では移民・難民が年々増え続けている。移民の中でも紛争や迫害など自発的ではない理由で他国への移動を強いられた人々は難民と定義される。国境を超えずに国内で移動した国内避難民も増加。2022年には難民も含めた避難民の総数が世界で1億人を突破し、2023年も前年を上回る数となった。

　難民の出身国をみると、内戦が続いているシリアが最も多い。次いでロシアによる侵攻が続くウクライナ、タリバン政権が支配するアフガニスタンの順となっている。2022年時点ではシリア、ウクライナ、アフガニスタンの3カ国だけで約1800万人もの人々が難民となっている。2024年以降は、内戦が激化しているスーダンからの難民がさらに増加するとみられている。

　難民を受け入れた数では、2022年時点で約376万人を受け入れているトルコが圧倒的な1位である。トルコはシリア難民の最大の受け入れ先であり、難民との共存を目指している。

　難民を受け入れている国は裕福な先進国ではなく、途上国が中心となっている。しかし、ドイツでは憲法で難民保護の義務を規定しており、先進国の中で最も多くの難民を受け入れている。

　イギリスでは2024年4月に、不法入

トルコにおけるシリア難民キャンプの様子。政府機関やNGOが支援に取り組んでいる。

世界の難民数（2022年末時点）

紛争や迫害、暴力、人権侵害、公共の秩序を著しく乱す事象により強制移動に直面した人の数。国内で移動した難民も含まれる。2011年から10年あまりで世界の難民数は2倍以上に増加。2022年には1億人を超えた。
出典：UNHCR「グローバル・トレンズ・レポート2022」

1億840万人

国者に関する新法案が議会で可決。この法案は難民申請の目的で不法入国した者に対し、ルワンダへの強制移送を行うという内容であり、イギリス政府はルワンダ政府に受け入れの見返りとして資金援助を行う。しかし、最高裁判所が強制移送に違法判決を下すなど、新法案は廃止の方向に向かっている。

アメリカでは、トランプ氏が大統領に再任された場合、前任時と同様に移民政策で規制を強化し、難民の受け入れ数も削減される可能性が予想される。

同様に欧州でも、民族主義を掲げる極右・右派政党が台頭。極右政権が誕生したイタリアをはじめ、フランス、オランダ、ポルトガル、オーストリアなどで極右・右派政党が躍進している。2024年6月の欧州議会議員選挙でも議席数を伸ばし、EUにおいても移民・難民政策の成り行きが注目されている。

シリアの内戦から逃れて移動したシリア難民の数が最も多い。ロシアとウクライナの戦争でも多くのウクライナ人が住居からの避難を余儀なくされ、2022年末時点で570万人にまで増加した。アフガニスタンからの難民も2021年に強硬派のタリバン政府が実権を握って以来、大きく増加している。

トルコはシリア難民を受け入れ、コロンビアは政情不安のベネズエラからの難民を受け入れている。ウガンダは隣国の南スーダンからの難民を多く受け入れ、パキスタンでは主にアフガニスタンからの難民を受け入れている。ドイツも移民受け入れに積極的でシリア難民、アフガニスタン難民とも受け入れている。

難民・移民

日本の難民事情

難民認定率が先進国の中で著しく低い日本

　2023年、1万3823人の外国人が日本で難民認定の申請を行い、303人が認定を受けた。難民認定制度が始まった1982年以降で最多の認定者数となったが、認定率はわずか2.2％で、1万人以上の申請者が不認定となった。

　日本の難民認定率は、世界の中でも極めて低い。主要国の認定率をみると、2022年の実績では、イギリス：68.8％、アメリカ：45.7％、ドイツ：20.9％、日本：5.3％となっている。日本の認定率は先進国の中で最下位である。

　日本は難民条約（※難民の地位や取り扱いを定めた条約）の加盟国であり、同条約には認定基準となる難民の定義も示されているが、明確な基準が定められていないため、国によって難民を認定する尺度に差が生じている。

難民認定申請者数と認定者数

難民認定者の数は少ないが、認定者の数は年々増加傾向にある。2023年はトルコ、スリランカ、パキスタンなどの申請者が急増した。

年度	難民認定申請者数	難民認定者数
2019	10375人	44人
2020	3936人	47人
2021	2413人	74人
2022	3772人	202人
2023	13823人	303人

出典：法務省発表資料

難民認定者の内訳（2023年）

難民認定者の内訳は、アフガニスタンが最多。申請者は法務省の出入国在留管理庁に申請し、入国審査官（難民調査官）により審査される。

アフガニスタン	237人
ミャンマー	27人
エチオピア	6人
イエメン	5人
中国	5人
その他	23人

出典：法務省発表資料

先進7カ国の難民数認定数（2022年）

難民認定数でドイツ、アメリカ、フランスは4万人を超えている。難民認定率のトップはイギリスで68.6％。日本は難民認定数で最下位。認定率もわずか5.3％でダントツの最下位となっている。

出典：UNHCR（国連難民高等弁務官事務所）と法務省の発表資料から作成。

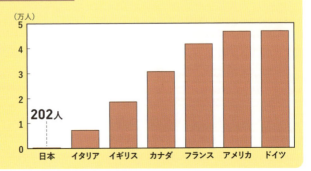

世界の気候難民事情

世界各地で増え続けている気候難民

　気候変動のあおりを受けて、近年急増しているのが「気候難民」である。

　気候難民とは、豪雨や洪水、干ばつなどの気候現象によって居住地域が甚大な被害を受け、移動を強いられた難民を指す。2023年に開催された気候変動枠組条約締約国会議（COP）28でも議題となり、地球温暖化対策とともに気候難民の救済も議論された。

　干ばつが続く地域では、居住環境に命の危険はなくても農作物が育たないため、食料や水の調達ができなくなり移動を強いられているケースも多い。

　アメリカでは中南米の国々から押し寄せる不法移民が大きな社会問題となっているが、この移民の中には、ハリケーンで壊滅的被害を受けたホンジュラスからの気候難民なども含まれる。

　海面上昇による浸水が進行しているフィジーやモルディブなどの島しょ国では、全国民が気候難民となる危険があり、一部の島ではすでに移動が始まっている。モルディブでは首都マレに隣接する人工島の建設に着手し、人口の約1割が移住する計画となっている。

　世界銀行の発表では、2050年までに世界各国で2億1600万人が気候難民になる可能性が指摘されている。

第7章　人とお金の地政学

2050年には気候難民が2億人以上に増える可能性

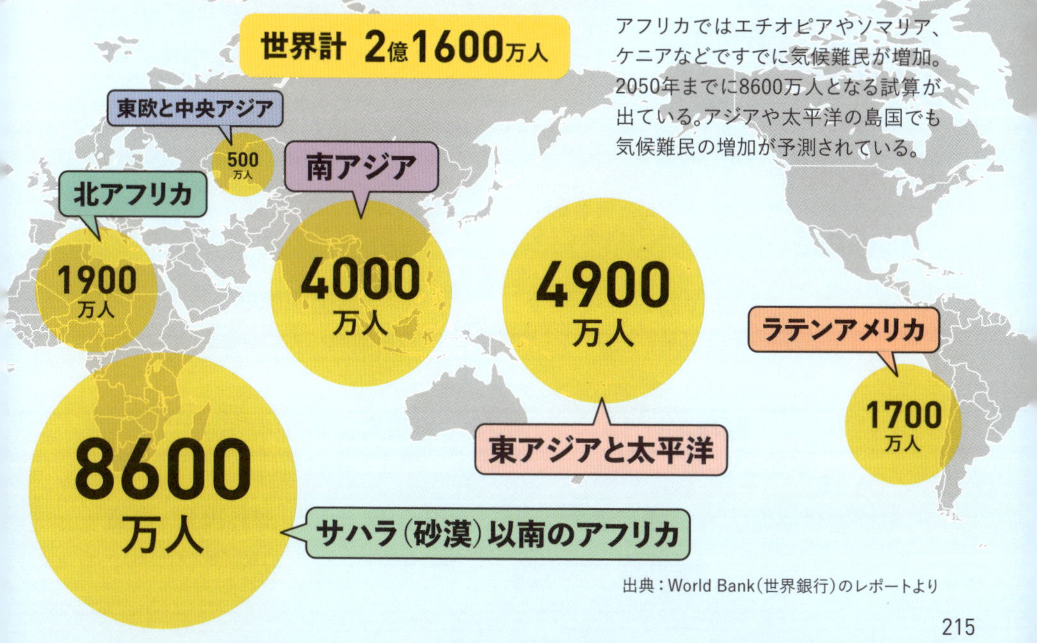

世界計　2億1600万人

アフリカではエチオピアやソマリア、ケニアなどですでに気候難民が増加。2050年までに8600万人となる試算が出ている。アジアや太平洋の島国でも気候難民の増加が予測されている。

- 東欧と中央アジア　500万人
- 北アフリカ　1900万人
- 南アジア　4000万人
- 東アジアと太平洋　4900万人
- ラテンアメリカ　1700万人
- サハラ（砂漠）以南のアフリカ　8600万人

出典：World Bank（世界銀行）のレポートより

お金（資金援助）

先進国が中心となって途上国の発展・成長を支援

　国際貿易の発展によって世界経済が成長を遂げると、国際社会が一体となり、さまざまな課題に各国が協力して取り組む体制が構築された。

　国際協力の中心的役割を担っているのが、日本も加盟しているOECD（経

融資・資金援助の国際機関

日本を含むG7の主要7ヵ国は、OECD、DACからパリクラブまでいずれの機関にも加盟している。

機構・団体	加盟国	主な財源	主な役割
OECD（経済協力開発機構）	G7を含む38ヵ国	加盟国の出資金	世界経済の発展や途上国の経済成長、貿易自由化などに貢献する。開発援助委員会（DAC）がODAを実施。
IMF（国際通貨基金）	G7を含む190ヵ国	加盟国のクォータ（出資割当額）	外貨不足や国際収支の赤字に陥った加盟国に、一時的な外貨貸付（融資）を行い経済の再建を支援する。
世界銀行	G7を含む189ヵ国	加盟国の出資金と世界銀行債の発行	主に途上国に対して、貧困削減や開発支援を目的とした整備資金を低利子や無利子で融資する国際機関。
パリクラブ	G7を含む22ヵ国	※融資は行わない	主要な債権国政府が集まり債務危機となった債務国の救済措置について協議する非公式な国際グループ。

※加盟国数は2024年3月末時点

ODA（政府開発援助）のしくみ

多国間援助はIMFや世界銀行に出資する形の援助となる。有償資金協力の融資を受けた国は返済する義務がある。資金援助だけでなくインフラの整備など技術協力という形の支援もある。

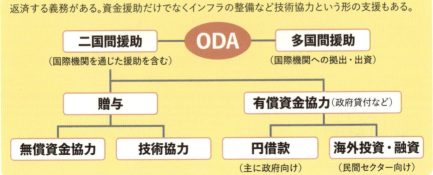

済協力開発機構）である。OECDは世界の平等な繁栄を目指し、傘下の開発援助委員会（DAC）がODA（政府開発援助）などを実施。ODAでは途上国に対する二国間援助が中心となっている。

IMF（国際通貨基金）や世界銀行でも融資を行って途上国を支えている。日本も過去には世界銀行から何度も融資を受け、発電所や高速道路、東海道新幹線などの建設資金を調達した。

しかし、融資を受けたものの、返済ができなくなり、デフォルト（債務不履行）となる場合がある。2023年末時点では、スリランカ、ガーナ、ザンビア、エチオピアがデフォルト状態となっており、アフリカでは他にも過剰債務に苦しむ国がいくつも存在する。

中国による「債務の罠」

中国では、アジアから欧州まで続く巨大経済圏を構築する一帯一路構想が推し進められており、周辺国に対して積極的に融資や開発支援を行っている。

巨額の貸付資金を保有する中国は、融資への審査や手続きを簡略化。途上国は世界銀行などから融資を受けるよりも迅速に資金を調達できるため、これまで数多くの国がインフラ整備などで中国マネーの助けを借りている。

その一方で、巨額の対中債務に苦しむ国が続出。スリランカでは返済の代わりに港湾の運営権を譲渡するなど、中国が債権国の立場を利用して、海外拠点を拡大する動きがみられる。

ODA実績支出総額（2023年）

G7の国が上位に並んでいる。1位のアメリカは10兆円（666億7000万ドル）を拠出。日本は3位となる3兆6000億円（240億ドル）を支出した。

1位	アメリカ	10兆5億円
2位	ドイツ	5兆8980億円
3位	日本	3兆6000億円
4位	イギリス	2兆8350億円
5位	フランス	2兆7105億円
6位	カナダ	1兆3965億円
7位	オランダ	1兆1055億円
8位	イタリア	9075億円
9位	スウェーデン	8280億円
10位	ノルウェー	7980億円

出典：外務省発表（暫定値）／（※1ドル＝150円で換算）

中国への債務残高が多い国（2022年末時点）

中国に港の権利を引き渡したスリランカは3位。インド洋に面した港湾を有するアジアの国や、鉱物資源に恵まれたアフリカの国が並ぶ。

1位	パキスタン	3兆9000億円
2位	アンゴラ	3兆1470億円
3位	スリランカ	1兆3260億円
4位	エチオピア	1兆230億円
5位	ケニア	1兆30億円
6位	ザンビア	9100億円
7位	バングラデシュ	9070億円
8位	ラオス	7870億円
9位	エジプト	7810億円
10位	ナイジェリア	6430億円

出典：世界銀行（※1ドル＝150円で換算）

お金（資金援助）

日本の資金援助事情

資金援助の国民負担は1人あたり年2万円

　2022年2月から続くロシアの軍事侵攻に対し、支援国からの援助を受けながら対抗しているウクライナ。戦闘の長期化で支援国の負担も増している。

　2022〜2023年にかけて、最も多額の支援を行ったのはアメリカである。支援総額は10兆円を突破し、2024年5月には、新たに約9兆2000億円（608億ドル）の追加支援が発表された。

　日本も総額1兆円を超える支援を送り、2024年には約6700億円（45億ドル）の追加支援を行うことも表明している。日本はアメリカやドイツと同様に国際社会を主導するG7（先進国首脳会議）の一員としての立場にあるため、欧米に協調して支援を続けている。

　さらに日本は、OECD（経済協力開発機構）傘下の開発援助委員会（DAC）の一員として、年間3兆円（2023年実績）を超えるODA（政府開発援助）を行っている。ODAには返済義務のある有償資金協力の援助も含まれる。

　ODAの財源の約70％は、税負担に頼らない国の投資活動である財政投融資等によって賄われている。財政投融資とは、国債の一種である財投債の発行などで調達した資金を財源として、長期および低利の資金供給や、大規模な長期プロジェクトの実施を可能とするための投融資活動である。

主要国のウクライナ支援額（2022年1月〜2023年10月）

アメリカ	11兆7063億円（713.8億ユーロ）
ドイツ	5兆7170億円（348.6億ユーロ）
ポーランド	3兆2783億円（199.9億ユーロ）
イギリス	2兆3468億円（143.1億ユーロ）
ノルウェー	1兆3136億円（80.1億ユーロ）
日本	1兆1168億円（68.1億ユーロ）
カナダ	9758億円（59.5億ユーロ）
チェコ	8757億円（53.4億ユーロ）
オランダ	8528億円（52.0億ユーロ）
フランス	7773億円（47.4億ユーロ）

ポーランド、チェコ、フランスは支援額の60％以上が避難民の受け入れコスト。日本も緊急人道支援として主にUNHCRやWTOなど国際機関に拠出する形で資金援助をしている。

出典：独キール世界経済研究所（※1ユーロ=164円で換算）

※1ドル=150円で換算

インド太平洋の安全保障に投資

日本のODAによる支援先は、毎年アジアの国が総支出額の50％以上を占めている。ODA（2022年）の内訳をみても、支出額の上位10カ国のうち7カ国がアジアの国となっている。

政府方針として、ODAは支援先の国の利益だけでなく、日本の利益にもつながることを前提に支援先が選定されている。日本にとっての利益とは、二国間関係の強化や海上輸送の円滑化、国連・国際機関等における日本の立場の確立、エネルギー資源の確保など。日本にとって望ましい国際環境の能動的な創出がODAの最終目的となる。

ODA（二国間援助）の支出額（2022年）

インド、バングラデシュ、フィリピンへの支援は中国のインド洋や南シナ海への進出を牽制し、各国との協力体制を強化していく狙いもある。

1位	インド	5800億6800万円
2位	バングラデシュ	3561億9750万円
3位	フィリピン	2202億1950万円
4位	イラク	1164億8400万円
5位	ウクライナ	1090億1100万円
6位	タイ	926億4300万円
7位	インドネシア	886億7250万円
8位	カンボジア	746億4300万円
9位	エジプト	682億9350万円
10位	トルコ	652億3650万円

出典：OECD（※1ドル＝150円で換算）

国民1人あたりのODA負担額（2022年）

1位	ノルウェー	940.1ドル（14万1015円）
2位	ルクセンブルク	828.3ドル（12万4245円）
3位	スウェーデン	518.8ドル（7万7820円）
4位	スイス	509.9ドル（7万6485円）
5位	アイルランド	470.7ドル（7万605円）
6位	デンマーク	467.3ドル（7万95円）
7位	ドイツ	422.5ドル（6万3375円）
8位	オランダ	367.8ドル（5万5170円）
9位	フィンランド	290.1ドル（4万3515円）
10位	アイスランド	242.0ドル（3万6000円）
…		
18位	日本	140.0ドル（2万1000円）

各国のODAの総額から算出した国民1人あたりの負担額は、ノルウェーが約14万円で1位となった。主要先進国では7位のドイツがトップ。日本は2万1000円で18位。上位10カ国にはすべて欧州の国が並んでいる。

出典：OECD（※1ドル＝150円で換算）

第7章 人とお金の地政学

索引

あ

- アジアインフラ投資銀行(AIIB) ……………… 48
- アフガニスタン ………………………………… 212
- アフリカ豚熱(ASF) ……………………… 152、169
- アメリカ …… 10、15、19、20、26、35、37、42、44、46、50、52、56、59、66、69、70、72、74、80、93、96、101、103、104、112、119、121、122、126、133、136、138、145、146、148、150、152、154、156、158、160、163、164、168、170、177、183、185、188、190、194、196、202、204、206、208、213、214、218
- アラブ首長国連邦 ………………… 17、49、59、70、130
- アルゼンチン ……………………………… 108、112、148

い

- イギリス …… 15、19、44、46、51、54、60、64、69、72、130、193、198、204、212、214
- イスラエル ………………………………………… 70、208
- イタリア ……………………………………… 19、62、93、213
- 一帯一路構想 ……………………… 45、48、51、59、217
- 一般炭 ……………………………………………… 84、86
- イラン ……………………………………………… 70、208
- 衣料品 ……………………………………… 196、198、200
- インテル ……………………………………… 183、188
- インド …… 58、66、72、98、101、126、132、136、142、147、160、174、196、202
- インドネシア ……………………… 85、126、169、174
- インフレ抑制法 …………………………………… 195

う

- ウクライナ …… 19、46、60、63、69、72、77、80、134、140、146、148、153、212、218
- ウクライナ侵攻 …… 19、22、33、40、72、74、78、97、104、146、151、152、177、202
- ウラン ……………………………………… 90、92、94、96

え

- エヌビディア ……………………………………… 185
- エネルギー安全保障 …… 26、28、63、70、85、86、194
- エネルギー自給率 ……… 52、54、56、58、60、62、64
- エルニーニョ現象 ………………………………… 147

お

- オーストラリア …… 51、59、78、85、86、98、106、108、110、114、119、126、130、136、138、145、163
- お金 ……………………………………………… 216
- オランダ ……………………………………… 188、213
- 温室効果ガス …… 63、82、85、88、93、97、112、192、198

か

- 外貨準備 ……………………………………… 133、134
- 外航貨物海上保険料 ……………………………… 40
- 外国為替市場 ……………………………………… 21
- 海上自衛隊 ………………………………………… 35
- 開発援助委員会(DAC) ………………… 216、218
- 化学繊維 ……………………………… 68、198、201
- 核燃料サイクル …………………………………… 95
- 核共有国 ………………………………………… 205
- 核兵器不拡散条約 ……………………………… 204
- 核(兵器)保有国 ……………………………… 51、204
- カザフスタン ……………………………………… 90
- ガソリン ……………………………………… 68、150
- カタール …………………………………………… 35
- カナダ …………………… 52、66、138、157、168
- カリーニングラード ……………………………… 47
- 韓国 …… 52、66、111、126、169、180、184、188、195
- 関税同盟 …………………………………………… 16

き

- 気候難民 ………………………………………… 215
- 気候変動対策 …… 26、28、86、88、94、109、192、194
- 基軸通貨 …………………………… 20、52、133
- 基本税率 …………………………………………… 13
- 牛肉 ……………………………………… 160、162、164
- 協調減産 …………………………………………… 69
- 魚介類 ………………………………… 174、176、178
- 漁業 ……………………………………… 174、176、178
- ギリシャ …………………………………………… 49
- 金(ゴールド) ……………… 38、52、119、130、132、134
- 金保有量 ………………………………………… 133
- 金融制裁 …………………………………… 22、24、134

く

- グアテマラ ……………………………………… 148
- クウェート ………………………………………… 35
- クリミア半島 ………………………………… 47、77
- 軍事兵器 ……………… 109、126、194、202、204、206

け

- 経済安全保障 ……………… 26、28、111、187、194
- 経済制裁 ………………………………… 22、72、134
- 経済連携協定(EPA) ………………………… 13、14
- 鶏卵 ……………………………………………… 173
- 原子力発電 …………………… 63、86、90、92、94、96
- 原子力発電所(原発) …………… 57、90、92、94、96、205
- 減反政策 ………………………………………… 144
- 原油 …………………… 38、53、57、68、70、72、79、209
- 原料炭 ……………………………………… 84、86、104

こ

- 公海 ……………………………………………… 178

索引

合成繊維 ……………………… 198、201
口蹄疫 ………………………………… 169
高炉 ………………………………… 100、103
国際原子力機関（IAEA）………… 205
穀物メジャー ………………………… 30
穀類自給率 ……… 52、54、56、58、60、62、64
国連安保理 …………………………… 22
国連海洋法条約 …………………… 178、180
黒海穀物イニシアチブ …………… 140
コバルト ……………………… 114、116、118、127
小麦 ………………………… 38、136、138、140
コメ ………………………… 142、144、146
コンゴ民主共和国 ………… 114、116、118

さ
最恵国待遇 …………………………… 12
再エネ発電賦課金 …………………… 87
再生可能エネルギー ………… 57、63、89
サウジアラビア ……………… 17、59、66、70
先物取引 ……………………………… 38
サプライチェーン …………………… 32、165
サムスン電子 …………………… 184、188

し
シーパワー …………………………… 44
シェール革命 …………… 53、66、74、76、81
シカゴ商品取引所（先物市場）… 39、140
資源メジャー ………………………… 30
資産凍結 …………………… 23、24、134
実質GDP ……………………………… 10
自動車 ……………………… 190、192、194
指標価格 ……………………………… 38
ジブチ ………………………………… 49
資本主義 ……………………………… 10
社会主義 ……………………………… 10
上海協力機構（SCO）……………… 58
集団的自衛権 ………………………… 19
自由貿易協定（FTA）……………… 14
食料安全保障 ……… 26、28、139、159
シリア ……………………………… 212

す
スイス ……………………………… 130
スウェーデン ……………………… 47、210
スーダン …………………………… 134
スエズ運河 ………………………… 35、36
スペイン …………………………… 166、168
スポット契約 ……………………… 30、79
スリランカ ………………………… 49、217
スロバキア ………………………… 63、96

せ
政府売渡価格 ……………………… 138
世界銀行 …………………………… 217
石炭 …………………… 82、84、86、104
石炭火力発電 …………………… 85、86、88
石油 …………………… 30、60、62、66、78、80、198
石油精製品 ………………………… 68、71、73

そ
粗鋼 ………………………… 101、102、104
ソ連 ……………………… 10、19、46、54、204

た
ターム契約 ………………………… 30、79
タイ ………………………… 125、145、172
第一次世界大戦 …………………… 52
大豆 ………………… 38、154、156、158、164
第二次世界大戦 ……… 12、19、52、54、56
太陽光発電 ……………………… 55、89、120
大陸棚 ……………………………… 179
台湾 ………………… 54、169、183、184、187、188

ち
地域安全保障 ……………………… 26、28
地域連合 …………………………… 16
チェコ ……………………………… 96
中央アフリカ ……………………… 134
中国 …… 15、24、42、44、50、54、58、60、66、90、98、
　101、102、104、106、108、110、112、114、
　116、118、120、122、125、126、128、130、
　132、136、142、148、152、154、158、160、
　164、166、170、174、177、180、187、188、
　190、194、196、198、200、202、217
チョークポイント ………………… 34、36
徴兵制 ……………………………… 210
直接支払交付金 …………………… 139
チリ ………………………… 108、111、112、177

て
低濃縮ウラン ……………………… 96
鉄鋼業 ……………… 84、86、98、100、102
鉄鉱石 ……………………… 98、100、104
デフォルト ………………………… 217
天然ガス …… 31、37、53、57、60、62、74、76、78、80
デンマーク ………………………… 168
電炉 ………………………………… 100、103

と
ドイツ …… 19、62、80、93、133、166、210、212、214、
　218
トウモロコシ ……… 38、140、148、150、152、164
特恵税率 …………………………… 13
トヨタ ……………………………… 193

鳥インフルエンザ	172
鶏肉	170、172
ドル	20、52、133
トルコ	140、212

な

内国民待遇	12
ナフサ	68
難民	212、214

に

肉類自給率	52、54、56、58、60、62、64
二国間援助	217
二酸化炭素（CO_2）	76、82、84、90、92、94、100、103、112、190、198
日米安全保障条約	26、50、56
日中漁業協定	180
日本	21、35、37、44、50、54、56、59、64、66、70、78、86、89、92、94、100、102、104、111、117、125、136、138、142、144、148、151、157、168、170、172、174、176、180、186、188、190、193、194、196、200、202、206、214、216、218

ね

ネオジム磁石	124、128
燃料費調整	87

の

濃厚飼料	151、156
ノルウェー	80、193
ノルドストリーム	77、80

は

ハートランド	45
バイオエタノール	150、152
排他的経済水域（EEZ）	178、180
パキスタン	49
パナマ運河	35、36
ハマス	36、208
パリ協定	88、192
バルト海	46
バルト3国	47
ハンガリー	63、96、140
バングラデシュ	81、174
半導体	28、182、184、186、188

ひ

ヒズボラ	208

ふ

ファウンドリー	183、185
ファストファッション	199
フィリピン	127、169
フィンランド	47、96、117
フーシ派	36、41
風力発電	55、89、128
福島第一原発事故	57、86、92
豚肉	166、168
豚熱（CSF）	168
プラグインハイブリッド車（PHV）	192
ブラジル	98、148、151、153、154、156、158、160、164、170、172
フランス	62、125、166、204、213
ブルガリア	96
紛争鉱物	118

へ

米軍基地	35、50、56
ベトナム	125、126、169、174、177、200
ベラルーシ	146
ペルー	174

ほ

防衛費	202、206、210
ポーランド	46、140
保護主義	12
ボリビア	112
ホルムズ海峡	34
香港	163、169

ま

マークアップ	138
マーストリヒト条約	18
マイクロプラスチック	201
マレーシア	78、122

み

南スーダン	212
ミニマム・アクセス米	144、146

め

名目GDP	10
メガFTA	15、16
メキシコ	52、69、148、168
綿花	196、198

も

モルディブ	49、215

ゆ

ユーロ	18、21
ユニクロ	199

よ

養殖	174、176

ら

ランドパワー	44、48、50、54、56

り

リーマン・ショック	53
リチウム	106、108、110、112、127

索引

リチウムイオン電池 …… 108、110、112、114、116、120、194
リパワーEU …… 63、81
リムランド …… 45、52
領海 …… 178

る
ルーマニア …… 140
ルワンダ …… 212

れ
レアアース …… 122、124、126、128
冷戦 …… 10

ろ
ロシア …… 19、22、24、33、40、44、46、50、58、60、62、66、69、72、77、78、80、90、96、104、114、130、134、136、140、146、151、152、177、189、204、212、218
ロジック半導体 …… 184、186、188
ロスアトム …… 96

わ
和牛 …… 163
ワルシャワ条約機構 …… 46

アルファベット

AI …… 184、188
AIIB …… 48
ASEAN …… 15、16
ASF …… 168
ASML …… 188
AU …… 16
AUKUS …… 51
BRICS …… 59
BYD …… 194
CATL …… 112
CIF価格 …… 40
CHIP4構想 …… 189
CHIPSおよび科学法 …… 188
CIS …… 99
COP26 …… 88
COP28 …… 88、93、215
CPU …… 184
CSF …… 168
CSTO …… 60
DAC …… 217、218
EC …… 18
EEZ …… 178、180
EPA …… 13、14
EU …… 17、18 、21、60、62、64、69、72、74、77、80、96、104、119、129、193、195
EUV（極端紫外線）露光装置 …… 188
EV …… 106、108、110、112、118、124、128、190、192、194
FMS …… 206
FOB価格 …… 40
FTA …… 14
GATT …… 10、12、144
GCC …… 17
GDP …… 10、54、56、58、60、62、64、162
GPU …… 184
G7 …… 22、72
HV …… 192
IAEA …… 205
IMF …… 133、216
INPEX …… 31
IPEF …… 126
IUCN …… 201
JERA …… 31
LNG …… 74、76、78、80
LPG …… 68、71
MA米 …… 144、146
MERCOSUR …… 16
NATO …… 19、46、62、64
NPT …… 204
ODA …… 217、218
OECD …… 216、218
OPEC …… 69
OPECプラス …… 69
PHV …… 111、192
QUAD …… 59
RCEP …… 15、57
SBS方式 …… 145
SCO …… 54、58、60
SMR …… 92
SWIFT …… 24、134
TPP11 …… 15、57、64、145、168
TSMC …… 183、184、187、188
UNASUR …… 16
USC方式 …… 85
USMCA …… 17
WTI原油 …… 39
WTO …… 10、12、145、177
WTO協定税率 …… 13
ZARA …… 199

223

■ **監修者略歴**（※詳細な略歴はP.3に掲載）

●**総監修**

小山 堅（こやま けん）

1959年長野県生まれ。日本エネルギー経済研究所専務理事・首席研究員。東京大学公共政策大学院客員教授、東京工業大学科学技術創成研究員特任教授を兼務。

●**部分監修（第5章）**

古橋 元（ふるはし げん）

1972年神奈川県生まれ。放送大学教養学部教授。博士（農学）。農林水産政策研究所の食料需給分析チーム長も兼ねる。

●**部分監修（第6章/半導体）**

山田 周平（やまだ しゅうへい）

1968年兵庫県神戸市生まれ。桜美林大学大学院特任教授。専門は中華圏の産業動向や経済安全保障。

■ 編集協力　谷口洋一（株式会社アーク・コミュニケーションズ）
■ デザイン　小林幸恵（有限会社エルグ）
■ イラスト・図版　有限会社エルグ、Shutterstock
■ 編集担当　齋藤友里（ナツメ出版企画株式会社）

本書に関するお問い合わせは、書名・発行日・該当ページを明記の上、下記のいずれかの方法にてお送りください。電話でのお問い合わせはお受けしておりません。

- ナツメ社webサイトの問い合わせフォーム
  https://www.natsume.co.jp/contact
- FAX（03-3291-1305）
- 郵送（下記、ナツメ出版企画株式会社宛て）

なお、回答までに日にちをいただく場合があります。正誤のお問い合わせ以外の書籍内容に関する解説・個別の相談は行っておりません。あらかじめご了承ください。

ナツメ社Webサイト
https://www.natsume.co.jp
書籍の最新情報（正誤情報を含む）はナツメ社Webサイトをご覧ください。

家計と世界情勢の関係がまるわかり！ 暮らしと物価の地政学

2024年11月1日　初版発行
2025年1月10日　第2刷発行

総監修者　**小山 堅**
発行者　**田村正隆**

Koyama Ken,2024

発行所　**株式会社ナツメ社**
東京都千代田区神田神保町1-52　ナツメ社ビル1F（〒101-0051）
電話　03（3291）1257（代表）　FAX　03（3291）5761
振替　00130-1-58661

制作　**ナツメ出版企画株式会社**
東京都千代田区神田神保町1-52　ナツメ社ビル3F（〒101-0051）
電話　03（3295）3921（代表）

印刷所　**ラン印刷社**

ISBN978-4-8163-7624-5

Printed in Japan

<定価はカバーに表示してあります>
<乱丁・落丁本はお取り替えします>

本書の一部または全部を著作権法で定められている範囲を超え、ナツメ出版企画株式会社に無断で複写、複製、転載、データファイル化することを禁じます。